THE TAO OF INHERITANCE AND INNOVATION
ON ZHONGZHOU INTERNATIONAL
BRAND STRATEGY

新时代河南企业创新发展论丛

传承与创新

"中州国际"的民族品牌铸就之道

陈　峥／著

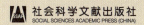

社会科学文献出版社
SOCIAL SCIENCES ACADEMIC PRESS (CHINA)

　　本书为国家社会科学基金项目"我国创新型民营企业家生成机制研究"（22BJY104）阶段性成果。

新时代河南企业创新发展论丛

总 主 编 薛玉莲

执行主编 牛全保　罗仲伟　李东进

编 委 会 （以姓氏笔画为序）

牛全保　田启涛　孙　坚　李东进　李志兰

罗仲伟　赵现红　董伶俐　谢香兵　蔡树堂

潘　勇　潘克勤　薛玉莲

总　序

地处中原地区的河南是华夏文明的重要发祥地，这片热土孕育出了璀璨的历史文明和无数的英雄人物。河南是华夏文明中商人、商业、商业文化的重要发源地，也是考古学界、史学界的共识。自古以来，这里就有比较浓厚的商业氛围，人们也有较为敏锐的商业意识，涌现出滋润中华商业及商业文化的众多人物和事迹，脍炙人口、流芳后世。

3800年前的商代，河南商丘人王亥"肇牵车牛远服贾"，也就是用牛车拉着货物到远地的外部落去做生意，被奉为商业鼻祖。作为最早从事货物交易的商族人，后来被外部落的人赋予"商人"称谓。"商人"一词，沿袭至今。据历史考古，在商丘柘城老君堂遗址中曾出土商代早期的贝币200多枚，成为"商人"交易的见证。

孔老夫子的高足子贡，是河南浚县人，他善于经商致富，并以坚守"为富当仁"信条彪炳史册。正是在子贡的资助下，孔子才得以周游列国。被后人称为"商圣"的范蠡，是河南南阳人，他帮助越王勾践灭吴复国，在尊荣集于一身、权力达至顶峰之际，却"于天上看见深渊"，选择急流勇退、泛舟五湖，最后隐身于商业。其间三次经商成巨富，三散家财，自号陶朱公，成为中国儒商之始祖。河南新郑人弦高，在经商途中遇到了秦师入侵，遂以自己的十五头牛为代价智退秦军，挽救了郑国。享有"商祖"之誉的白圭是河南洛阳人，其在战国时期就创立的"人弃我取，人取我予"经商策略，至今仍为人们广泛运用。《吕氏春秋》的作者吕不韦是河南濮阳人，被誉为中国历史上最成功的商人、古今中外第一风险投资商，成为恢宏的豫商代表人物。西汉时的河南唐河人樊重善于农稼，爱好货殖，且乐善好施、扶危济困，是流芳史册的商人楷模之一。同时期的洛阳畜牧商人卜式，为帮助汉武帝打败匈奴平定边患，捐出了一半的财产充作军费，并且于战争结束后再次捐款用于移民实边。

明末清初，河南巩义的康氏家族以置办土地和店铺起家，靠河运贩盐发财，靠土地致富，创下"富过十二代，历经 400 年不败"的康百万时代，"头枕泾阳、西安，脚踏临沂、济南；马跑千里不吃别家草，人行千里全是康家田"是其真实写照，时列三大"活财神"之首，也使古代豫商达到了发展巅峰。

总之，在中华文明的历史长河中，豫商是中国商帮中非常重要的群体。千年豫商曾经创造了辉煌的历史，为中国的商业理论、商业实践和商业文化的确立和发展做出了伟大的贡献。

豫商作为中华文明发展史上最早的商业群体，其经商精神与中国传统文化一脉相承，并有独具特色的文化特征。豫商将儒家文化与商业结合起来，往往处变不惊、深藏不露，克服了根深蒂固的"学而优则仕""尊儒黜商"的传统观念，推崇文化，兼容并蓄，亦儒亦农亦商。有研究者指出，概括而言，豫商的商业特性主要体现在诚信为本、质量求胜，为富当仁、扶危济困，政商相融、爱国情怀，把握市场、注重供求等四个方面。当然，豫商商业特性及豫商文化的养成，离不开传统而深厚的中原儒家文化以及中原文化与豫商文化的和谐融通。

当改革开放的春潮席卷中原大地之时，由民营企业家群体构成的新一代豫商应运而生并快速成长。伴随着建设中国特色社会主义市场经济的历史进程，他们抓住破茧而出、再次崛起的良机，通过艰苦奋斗、顽强打拼，不断地创造辉煌成绩，不停地超越自己，书写了一个又一个商业传奇，铸就了新豫商这个响亮的"品牌"。如今，新豫商作为河南的一张新时代名片越来越响亮，影响越来越大，由新豫商创建和经营的新豫企，成为河南经济发展的中流砥柱，为经济和社会的发展做出了不可或缺的突出贡献。

随着中国特色社会主义进入新时代，河南作为全国重要的经济大省、人口大省，有厚实基础、有独特优势、有巨大潜力保持经济持续稳定发展，从而使新豫商、新豫企站在了新的历史起点上。特别是黄河流域生态保护和高质量发展、促进中部地区崛起两大国家战略叠加，为新豫商、新豫企的高质量发展提供了机遇。

习近平总书记 2019 年 9 月亲临河南视察工作时，把"中原更加出彩"与中国梦联系在一起。新豫商、新豫企深感初心如磐，使命在肩。为此，在深入、系统地研究豫商发展史，总结豫商经验，弘扬豫商精神的基础上，不断壮大新豫商队伍，振兴新豫企经济，不仅是河南民营经济实现突破、达成超越的现实要求，也是实现区域经济发展、"中原更加出彩"的客观需要。

正是在上述背景下，河南财经政法大学组织以工商管理学院为主的相关专业师生，深入企业基层开展调研，旨在以全球经济竞争为视野，从工商管理等学科的学术层面深入研究、细致刻画进入 21 世纪后中原大地上产生的具有典型性的领先企业创新实践，客观、准确地反映新豫商、新豫企因应新产业革命而创新发展的特色、远景和管理学启示，同时从区域层面展望新时代企业经营管理的发展趋势。而将陆续形成的研究成果结集成多部专著，就成为这样一套富有特色的丛书。

总体上看，这套丛书力争体现以下特色。

一是时代前瞻。紧紧扣住数字智能新时代对微观经济实体提出的现实挑战和提供的重大机遇，梳理新豫商、新豫企的具体创新性实践，发现和揭示具有示范性、引领性甚至颠覆性的企业创新实践路径，而不是简单地对经典教科书或传统管理理论的重新整理。

二是问题导向。聚焦数字智能新时代新豫商、新豫企的战略决策和经营管理，着眼于最具特色的新豫企创新实践及其突破性实绩，展现新豫商、新豫企的时代经营特性和商业精神，而不是面面俱到的新豫企发展史或者新豫商企业家的个人奋斗史。

三是案例分析。以经典、规范的案例研究方式对新豫商、新豫企的创新实践展开学术分析，通过符合逻辑的学理性思考和分析，增进对新豫商、新豫企经营管理实践和创新的认识，并构建企业经营管理理论，而不是对企业经营经验和绩效的一般性总结。

新豫商、新豫企涉及一个动态发展的过程，对新豫商、新豫企的认识同样是一个不断深入的过程，这样就需要研究长期持续下去，以不断反映这片热土上激动人心的伟大创造和变化，不断充实中国特色社会主义工商管理理论和相关学科内容。衷心希望这套丛书的出版有助于促进对新豫商、新豫企的研究，推动更多有特色、高质量的研究成果为新时代管理实践服务，为工商管理理论创新服务，为工商管理教育服务。

前　言

　　自 1978 年中共十一届三中全会开启了改革开放历史新时期以来的 40 余年，在社会经济高速发展、居民消费能力不断升级、国际交流日益活跃的背景下，我国酒店行业迅速发展壮大；同时其过程亦跌宕起伏、挑战不断，尤其近几年国内外经济环境的变化对酒店业冲击巨大。而作为河南省民族酒店品牌标杆企业的中州国际酒店集团，却始终稳扎稳打、屡创奇迹：它在 30 年前的市场经济转型中实现了从事业单位向企业法人的转型，在此后的行业优势比较中实现了从单体酒店向连锁酒店集团的转型，在当前的数字化背景下实现了传统酒店业的智能化升级、绿色低碳发展和跨界多元融合。鉴于此，研究"中州国际"这一民族酒店品牌的传承与创新之路，应该能够为河南本土乃至全国相关行业及企业的高质量发展提供启示和借鉴。

　　作为一名长期关注我国企业家成长的高校科研人员与企业高管教练，笔者多年来在与企业家们的交流中发现，大多数企业家所提出的最迫切需要，往往停留于操作层面的具体指导，如"如何应对市场变化""如何开展团队建设""如何设计品牌定位"等，却少有企业家深入反思其企业"所处的环境""所承担的使命""所拥有的核心竞争优势"等重大的所谓"事业理论"问题。毫无疑问，关注和解决企业的日常经营管理问题，从来是企业管理团队的职责所在，但如果仅停留在企业日常经营管理的具体操作层面，而非持续不断地从事业理论的战略高度来审视自己的企业，其结果必将如管理学大师德鲁克（Drucker）所言："只能在修修补补的困境中度日，最终于事无补"。回溯中州国际酒店集团的成长史，作者惊喜地发现，其历任管理团队进行决策的出发点与大多数同行有别，即多从反思企业自身的业务本质、客户基础、价值主张等开始，并且这种反思在企业发展的不同阶段始终不断深化与持续更新。可以说，中州国际酒店集团的企业发展与战略变迁就是一部生动的管理团队的主观认知进化史，同时也是管理团队对于市场竞争从被动"反应"到主动"适应"，并积极拥抱变革与不确定性的持续进化过程。

哈耶克（Hayek）说"过去百年间经济学理论的每一次重大进展，都是'主观主义'（Subjectivism）的更深入应用"，因为企业家的"破坏性创新"行为之所以可能，首先就在于其思维也就是主观认知的迭代。有鉴于此，笔者重在关注"中州国际"的民族酒店品牌铸就之"道"，而非仅从"术"的层面解读企业的发展历程。同样是关注人才培养、企业文化、跨界融合、社会责任等企业品牌建设的核心问题，本研究希望能够超越组织行为学层面，通过解析该企业决策和变革行为背后"事业理论"的适应性重构过程，挖掘历任企业家在企业的不同发展阶段，如何克服自身的认知盲点、持续性自我重建的认知递进。毕竟归根结底，企业家无不是企业的人格化，而人之为人的基本特征就在于人是思维和认知的主体，因而尽管企业在发展中所处的内外环境都有其特殊性和偶然性，但只有基于"企业家认知演化"视角的研究才能最终揭示企业保持品牌持久竞争力的根本驱动力量。

不仅如此，考虑到当前学界对企业成长的主流研究虽不乏关注企业家认知提升与创新实践的关系，但尚未进一步打开企业家创新行为背后的认知"黑箱"，揭示企业家认知演化的路径、各阶段特征和根本驱动力量，本书亦尝试从管理学和经济学交叉学科的视角来完善这一领域的研究。鉴于本研究所关注的问题涉及情境性和动态性而难以使用统计方法加以甄别，因此打开企业家的认知"黑箱"，探究其"如何思考"（How）及"为何选择创新"（Why），要比仅研究其"如何提出行动方案"（What）更具有先导意义。为此，笔者采用纵向案例研究方法，即基于行业企业内外数据分析、纵向跟踪研究和深度访谈构建质性资料库，用以还原历史事件；并以现代管理学之父德鲁克的事业理论及奥地利学派经济学家彭罗斯的企业成长理论作为分析工具，再现中州国际酒店集团在与社会生态系统相关主体的互动过程中其"事业理论"的形成、重构和递进过程；同时以时间序列明确社会生态环境特征、企业家认知演化及阶段特征、企业自主创新行为之间的关系等。

实践出真知。作者在调研和写作中时常感叹，尽管"中州国际"管理团队未必在学理上对所谓企业家的主观认知论有深入研究，但是他们的管理实践已经走在了理论的前面。多年来该企业正是从"继承性资源"（Inherited Resources）中不断地开发新的价值，并具有为未来发展提前储备"未使用服务"（Unused Services）的战略洞察力。这使得该企业在传承母体酒店60余年优秀基因以及借鉴国际同业300余年成功经验的基础上，得以不断地反思、检验、重构、创新其事业理论，从而不仅能够满足现有客户的需求，而且更能够"看见"非客户（Non-customer）的未来价值。例如集团人力资源部常诙谐地自称为"市场二部"，就因为他们能够在较高的认知成熟度和复杂度下，看到人才竞争丝毫不亚于客源之争："企业家精神"并非企业的领导者独有，因为尽管组织提供了标准化的流程和资源，但因员工运用资源的方式不同，服务优势往往体现在员工个人或小群体之中；企业的成长只有通过打造"教练式文化"实现组织化赋能，才能助力员工个人成长及其企业家精神的释放，让每一位员工成为企业新质生产力的创造者和使用者。众所周知，"人才之困"向来是酒店行业发展的壁垒之一，而中州国际酒店集团在不断扩张并需要大量人才之际，不仅在发展中为自身培养了充足的优质人力资源，更将自身铸就成中原酒店业的"黄埔军校"。综上所述，本书选择从企业家主观认知的特殊视角解读和探索"中州国际"民族酒店品牌的传承与创新之道，以期为中国管理学的理论创新有所贡献。

本书出版得到了河南财经政法大学工商管理学科和豫商文化与河南企业高质量发展研究院的大力支持，工商管理学院牛全保教授和王永伟教授对本研究方法及写作视角给予了有益指导，谨此致谢！中州国际酒店集团董事长兼总经理王志先生和集团董事兼执行总经理朱莉女士为笔者长期以来的"中州国际"案例研究提供了大力支持，集团创始人张华友先生及集团旗下酒店多位项目经理提供了智慧分享，谨此致谢！王志先生兼任河南财经政法大学工商管理硕士企业家导师，笔者得益于中州国际酒店集团与我校工商管理学科多年的校企合作，有幸走进集团深度调研，并参与"中州国际"民族品牌的建设与发展，本书所引用的有关中州国际酒店集团的资料与案例即来源于此，并已经中州国际酒店集团审核及授权笔者使用，谨此致谢！另外，感谢工商管理学院各位同仁的洞见，为本书的写作不断带来灵光和启发；笔者的研究生张欣欣参与了本书第四章的文献与案例整理，期待能与之继续携手探索学术与实践的广阔天地。

陈　峥

2024 年 6 月 16 日于郑州

目　录

第一章
中州国际酒店集团的发展成就
与事业理论

　　河南中州国际酒店集团有限公司（以下简称"中州国际酒店集团"）是中国旅游饭店业协会副会长单位、亚太酒店协会副会长单位、全国工商联房地产商会酒店文旅业分会副会长单位、河南省旅游协会执行会长单位，是业内公认的我国中西部地区经营规模最大、经营实力最强的专业化酒店投资、咨询、管理集团企业，是酒店行业在河南省的民族品牌扛鼎者。该集团法人注册地为河南省郑州市，中州国际酒店集团以其在国内外精心布局的100 余家旅游连锁饭店为经营实体与文化媒介，正持续不断地向不同层级的消费者释放着"中州国际"的民族酒店品牌影响力。1978 年改革开放以来，我国民族酒店品牌只有短短四十余年的成长历程，与已经成长数百年的众多国际知名酒店品牌相比，如 1777 年创立于英国的洲际酒店集团、1897 年创立于德国的凯宾斯基酒店集团、1919 年创立于美国的希尔顿酒店集团等，在酒店品牌影响力方面，包括品牌核心竞争力、品牌价值、品牌传播、品牌管理、品牌形象、品牌发展战略等，依然存在较大的差距。然而后来者可以居上，中州国际酒店集团随着我国改革开放的历史潮流稳步发展壮大并成为国内酒店行业先进标杆的成长历程，为我国酒店行业民族品牌的铸造提供了有益的借鉴。

第一节 中州国际酒店集团的发展成就及其管理系统

一 中州国际酒店集团的历史渊源与发展成就

（一）中州国际酒店集团的历史渊源

中州国际酒店集团的直接前身是成立于 1999 年 5 月 21 日的河南省中州宾馆酒店管理有限公司，创始人是总经理张华友先生和常务副总经理王克立先生，法定代表人是万根先生，2002 年更名为河南中州国际集团管理有限公司，2010 年由王志先生任总经理。2012 年 12 月 20 日河南中州国际酒店管理集团有限公司成立，王志先生任法定代表人、董事长兼总经理。2021 年 5 月 21 日更名为现在的河南中州国际酒店集团有限公司。集团最早的历史渊源，可以追溯到 1959 年成立的河南省中州宾馆以及 1980 年成立的河南国际饭店。河南省中州宾馆和河南国际饭店隶属于河南省接待办公室和中共河南省委外事工作委员会办公室。河南省中州宾馆是当时河南省人民政府的重点工程之一，被视为河南省的"国宾馆"，自 1961 年正式开业以来，河南省中州宾馆先后接待过邓小平、李先念、习仲勋等党和国家领导人，以及第二次世界大战的传奇人物英国陆军元帅伯纳德·劳·蒙哥马利、越南共产党领导人胡志明、加拿大总理皮埃尔·特鲁多等众多政要名流，其精益求精的服务水准和富丽堂皇的硬件设施闻名遐迩；① 河南国际饭店对标高水准国际酒店服务品质与硬件设施，是河南省第一家旅游涉外型三星级饭店。

1992 年春天邓小平南方谈话发表以后，我国改革开放事业的市场化进程加快。正是凭借这股春风，河南省中州宾馆和河南国际饭店也开始了自己的市场化转型之路，即在秉持省内第一、国内领先的精益求精服务标准不变并且将其发扬光大的同时，由之前主要为党政机关服务的行政接待型宾馆，

---

① 《大河报》记者：《中州宾馆：神秘非常的"5902"工程》，《大河报》2009 年 9 月 14 日 A11 版。

向后来主要为全社会消费者服务的市场经营型宾馆转变。河南国际饭店于1994年开始与声名远播的法国雅高酒店集团合资,1999年中外合资五星级豪华酒店郑州索菲特国际饭店正式开业。与此同时,与河南国际饭店仅一墙之隔的河南省中州宾馆不仅在硬件设施方面重新进行了五星级改造,而且于1995年开始与全球最大的酒店集团英国洲际集团合作,当年即引入其名下的"皇冠假日"和"假日"等高端品牌,2003年又引入其名下的"智选假日"高端品牌。2001年中共河南省委、省人民政府作出了在全省范围内大力发展旅游业的"大旅游、大产业"①重大决策。正是在此背景下,河南省人民政府决定将河南省中州宾馆与河南国际饭店重组合并,强强联合,优势互补,中州国际集团于是应运而生。

图 1-1 20 世纪 60 年代的河南省中州宾馆

资料来源:中州国际酒店集团提供。

随着国家现代化进程的加快,河南省酒店业的发展也方兴未艾,尤其是民营资本兴办的各级各类酒店,如雨后春笋般在省内发展壮大。然而,酒店业在当时尚属新兴行业,训练有素的专业化酒店管理人才十分缺乏。作为该

---

① 《2001 年河南省政府工作报告》。

图 1-2　1980 年成立的河南国际饭店

资料来源：中州国际酒店集团提供。

行业在河南省的先行者，河南省中州宾馆和河南国际饭店当时已经培养和储备了大批的酒店业管理人才，于是众多新开业的酒店投资人纷纷寻求合作，希望中州国际集团对自己新开业的酒店进行委托管理。这个适逢其会的历史性机遇不仅促成了中州国际酒店管理集团的成立，也成为集团输出自己的酒店管理模式与本土品牌，并以此作为集团长期发展战略的最初源头与契机。此后随着国家改革开放事业的不断深入和集团业务的稳步发展，在河南省接待办公室以及河南省国资委、财政厅、劳动厅的共同推动下，2011~2012 年期间，集团顺利进行了股份制改革，采取股权激励的方式，由公司高管及职业经理人骨干持有部分股份，于 2012 年 12 月成立了混合所有制的河南中州国际酒店管理集团有限公司。2021 年，为了适应新形势下企业发展的需要，公司进一步改制并正式更名为河南中州国际酒店集团有限公司（见图 1-3）。

（二）中州国际酒店集团的发展成就

作为一家以轻资产输出为主营业务的专业化酒店管理公司，中州国际酒店集团几十年来的发展成就体现在集团积极适应本行业对成熟酒店管理与知名酒店品牌输出的巨大市场需求，目前集团已经在安徽、江西、北京、河

第一阶段	第二阶段	第三阶段	第四阶段
·河南省中州宾馆始建于1959年,是河南省政府重点工程之一,宾馆自成立以来一直担负着省委、省政府、省人大、省政协等主要接待任务。	·河南国际饭店始建于1980年,是河南省第一家旅游涉外三星级饭店。 ·1995年河南第一家五星级酒店河南中州皇冠假日酒店开业。 ·1999年河南首家中外合资五星级酒店郑州索菲特国际饭店开业。	·2001年在"大旅游、大产业"的决策背景下,河南省人民政府将河南省中州宾馆与河南国际饭店重组,成立中州国际集团。 ·2002年7月河南中州国际集团管理有限公司成立。 ·2012年12月河南中州国际酒店管理集团有限公司成立。 ·2021年5月河南中州国际酒店集团有限公司成立。	·2022年5月27日,河南中州集团有限公司揭牌。 ·未来,中州国际酒店集团将积极融入中州集团一体两轮两翼发展战略,聚焦主责主业,实现新的高质量发展。

图 1-3　中州国际酒店集团发展路线

资料来源:中州国际酒店集团提供。

南、湖北、海南、云南、新疆、山西、山东等省份以及新西兰、帕劳等旅游目的地国家成功投资、管理酒店 100 余家,成为我国中西部地区规模最大、实力最强、最具行业权威性,并集酒店、度假村和景区投资、管理、培训、咨询等业务为一体的专业化酒店管理集团企业。中州国际酒店集团之所以能够持续不断稳步发展,是因为集团不仅拥有成熟的母体酒店和完善的管理体制作为支撑,也拥有德才兼备的专业管理人才队伍和独具特色的企业文化生态体系,在此基础上,中州国际酒店集团长期精心铸造并成为强大的酒店行业民族品牌。

作为民族品牌先锋,中州国际酒店集团有着良好的市场口碑和较高的品牌冠名率,品牌连锁效应日益凸显。近年来,根据集团的发展战略,集团相继在开封、鹤壁、周口、洛阳、信阳、三门峡、郑州登封等旅游资源丰富的城市布局五星级酒店，取得了良好的社会效益和经济效益，已经成为当地一道亮丽的风景线和城市名片。尤其近年来中州国际酒店集团开始尝试以品牌、资本和开发为纽带谋划发展，不仅顺应了国内消费升级和旅游住宿经济发展的大势，而且大大促进了"中州国际"的品牌影响力提升。不仅如此，除了在酒店行业内谋求稳步发展，集团还积极响应中共河南省委、省人民政府提出的"大旅游、大产业"号召，进一步探索酒店业与旅游业融合发展实践。例如，在托管小浪底中州国际饭店的基础上接管小浪底黄河三峡景区，在管理登封大熊山景区的同时管理大熊山中州景秀度假村、中州悦隐·大槐树四合院民宿、新密中州悦隐·伏羲山会盟山居、信阳中州悦隐·南湖山居等，已经初步实现了"酒店管理+旅游管理"的有机融合。与此同时，由于集团总部的鼓励与大力支持，集团旗下各酒店在自身业务与文化产业融合发展方面，也开创行业先河。例如，海口大鹏中州国际饭店经营的大鹏美术馆，已经成为当地开展文化活动的重要场所和网红打卡地，驻地文化活动的开展又吸引了更多的客户入驻。

实际上，究竟企业应该先"做强"再"做大"，还是应该先"做大"再"做强"，是许多企业尤其是以托管业务为主营方向的酒店管理企业在自身发展中都会遇到的问题。中州国际酒店集团成立早期选择先"做大"，高、中、低端酒店同步发展。面对市场中众多酒店业主的托管需求，中州国际酒店集团开始以"做强"为本，放弃低端酒店业务，重点发展中、高端酒店。集团始终坚持在不断加强集团自身的制度与机制建设、确保集团自身的良性运营的基础上，在能够有效保证业主酒店托管效益和托管质量的前提下，逐步扩大集团托管酒店的数量与规模。同时，集团在托管业务发展过程中始终秉持"以品牌吸引业主，以客源锁住业主，以系统支撑业主，以效益保障业主"的发展战略，努力提升全集团范围内的管理、网络、品牌和人才建设水平，致力于打造能够代表民族水准的特色酒店品牌，从而实现集团与顾客、业主、员工、社会的多方共赢，向全社会展现成熟稳健的企业形象。

值得强调的是，地处中原腹地的中州国际酒店集团作为酒店行业的专业化管理企业，在对外输出自己的酒店品牌和酒店管理的同时，从来不曾自高自大、故步自封，而是始终走在对外开放的前列，坚持向国际同行的高标准学习和看齐。也正是凭借与英国洲际、法国雅高两大世界知名酒店集团在多年合作中形成的管理、资源、品牌、文化、人才、市场运作能力等方面的高端国际品质，同时融入河南省中州宾馆、河南国际饭店在其悠久历史中形成的以精益求精为特色的本土服务理念和中原文化精神，中州国际酒店集团在经营管理过程中通过模式导入、品牌输出、资源整合、文化再造等手段，立足河南，辐射全国，终于成就了集团的本土民族品牌与连锁酒店事业。迄今为止，集团旗下已拥有"中州国际大饭店""中州国际饭店""中州度假酒店""中州华鼎饭店""中州华悦饭店""中州华舍""中州悦隐""中州丽呈酒店""中州颐和酒店""中州商务酒店""中州景秀度假村""中州颐和公寓"等以"中州+"冠名的十二大知名酒店品牌。回顾既往，自创业伊始，集团通过科学的运营管理、积极的品牌推广及大力的市场开发，始终不断增强自身品牌的市场影响力，有效提升市场竞争力。目前这十二大品牌的全数推出，终于完善了集团独有的兼具国际品质和本土特色的中州国际品牌体系。

应该充分肯定，中州国际酒店集团成立以来，坚持"发展品牌战略，创新管理机制，立足中原，辐射全国，走向世界"的企业战略目标，并以其独具特色的"中州国际模式"以及旗下各单体酒店在本行业的标杆示范作用，拉动了河南省酒店业的发展，也收获了国内外50余项重量级的荣誉奖项，包括连续十一年获得"中国饭店金马奖""中国旅游住宿业金光奖""最受消费者欢迎中国民族品牌酒店集团"等奖项，还被评为"中国饭店业60强"，并在综合排名（含国际品牌酒店、高端型民族品牌酒店、中端型民族品牌酒店、经济型酒店四大类）中获得最好成绩第30强，在中国"中高端民族品牌饭店"系列排前15位等。这些殊荣充分彰显中州国际品牌的雄厚实力及多维度的发展能力，也充分肯定了中州国际酒店集团引领行业高质量发展、集团规模不断扩大、品牌影响力持续增强、致力于成为中国旅游饭店业民族品牌先锋和行业典范所做出的不懈努力。

中州国际酒店集团一直坚守打造民族高端酒店品牌的初心，坚持以文化驱动发展的管理体系，坚守专业化运营、多元化发展的经营理念，秉承"中州国际，让生活更美丽"的企业使命和"专业、诚信、共赢"的核心价值观，以卓越的品牌影响力推动发展质量的持续提升。展望未来，中州国际酒店集团将依托自身品牌和管理优势，以托管、合作等方式稳步扩大规模，创造出比以往更好的经济效益和社会效益。大鹏展翅，志在千里，如今的中州国际酒店集团，已经在中原大地成长壮大、羽翼丰满。未来飞得更高、更远、更快，立足中国、走向世界。与众多国际知名酒店品牌在世界舞台上比高低的目标，已经进入中州国际酒店集团管理层的视野。

二 中州国际酒店集团的管理架构与管理团队

（一）中州国际酒店集团的管理架构

中州国际酒店集团作为一家专业化酒店投资、咨询、管理的集团企业，依托其与英国洲际、法国雅高两大世界著名酒店集团的合作，形成了长达 20 多年的互利共赢关系，同时其自身也借此在国内酒店行业管理、资源、品牌、文化、人才、技术、市场等领域成为行业翘楚。不仅如此，同样基于本土优势与国际品质的有机结合，在 30 多年的经营发展过程中，集团通过模式导入、品牌输出、资源整合与文化再造等方式，以"中州国际，让生活更美丽"为企业使命，立足中原，辐射全国，积极与国际标准接轨，大力拓展国内外市场，优化产品，优化服务，稳步发展，不断壮大。在事业不断发展壮大的同时，其内部的管理架构也日益健全与完善，终于形成了与其自身事业发展和管理需求相适应并独具特色的"叠十字形"管理架构（见图 1-4）。

众所周知，随着知识经济、通信技术和人工智能的发展，传统企业内部的管理架构已出现不适应现代经济活动的情况。概而言之，传统的管理架构对组织的覆盖通常是"金字塔"形的，此种架构因层级过多，常常造成上下级沟通困难并可能导致各部门互相推诿塞责。鉴于此种弊端，许多企业采取扁平式管理架构且颇有成效，但扁平式管理架构覆盖的组织层级片面单一，并不适合以酒店托管为主要业务的中州国际酒店集团。正是基于以上两

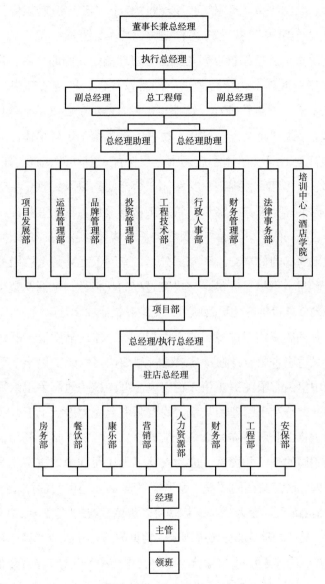

图1-4　中州国际酒店集团的"叠十字形"管理架构

资料来源：中州国际酒店集团提供。

方面的综合考虑，作为一个管理输出型的大型专业化酒店管理集团公司，中州国际酒店集团采取了独具特色的"叠十字形"管理架构以适应自身特殊的管理需要。从图 1-4 可以看到，所谓"叠十字形"管理架构，实际上是两个扁平式"十字形"管理架构的叠加。其中，上面的扁平式"十字形"架构，协调的是集团总部管理层与集团各管理部门之间的关系，目前集团总部共设有项目发展部、运营管理部、品牌管理部、投资管理部、工程技术部、行政人事部、财务管理部、法律事务部、培训中心（酒店学院）9 个部门；下面的扁平式"十字形"架构，协调的是集团下属各单体酒店管理层与单体酒店各管理部门（单体酒店通常设房务部、餐饮部、康乐部、营销部、人力资源部、财务部、工程部、安保部 8 个部门）以及经理、主管、领班之间的关系。两个扁平式"十字形"管理架构的叠加，不仅有效促进了集团总部与单体酒店之间的上下沟通与指挥统一，在集团总部层面和单体酒店层面，也有利于组织内部的信息交流和知识分享，有利于提高每个层级的管理者和每个团队（项目、班组）成员参与决策过程的积极性，从而使整个企业组织对企业所处内外环境的变化更为敏感，更具有灵活性和竞争性。

中州国际酒店集团经过多年的摸索和实践，才逐渐塑造出既适应现代化管理要求，又适应企业自身独特需求的管理架构。所谓"叠十字形"管理架构，其组织中枢由有限关键决策人物组成小型内核，他们为组织提供持久的核心能量，并充分利用管理团队强大的资源整合能力进行上下分层式的扁平化管理，通过将企业所面临的众多分散的信息资源加以整合利用，并经同一个系统沟通不同的部门和团队，成功实现了迅速而准确的决策与管理。不仅如此，中州国际酒店集团的"叠十字形"管理架构，还尤其适合曾经具有国企背景的大型集团公司。因为这种架构既可以避免家族式民营企业中常见的家长式领导行为，又可以避免部分传统国企中常见的因实行所谓"集体领导"而带来的无人负责任的双重弊端，"叠十字形"管理架构可以对市场环境的变化做出灵活反应，并赋予一线管理者更多参与决策的权力，因此有利于大幅提高企业管理效率。同时，每个基层管理团队尤其是一线管理人员直接面对消费者，所以独立行使项目公司所有的经营管理职能，而高层管理者不必直接参与一线工作，这也使得整个集团的高层管理者有更多的时间和精力研究制定集团的总体发展战略，从而可以在宏观层面更加卓有成效地推动集团的进一步壮大发展。

（二）中州国际酒店集团的管理团队

企业的管理架构只是企业管理的制度所系，企业的管理制度要能够有效支撑企业的发展，还需要一支德才兼备的管理团队来有效运作。唯其如此，考虑到中州国际酒店集团确实创造了当代中国酒店业的一个奇迹，它成长于经济不太发达的中原地区，却创造了东南沿海发达地区大多数同类企业所不能企及的业绩，因此要进一步深入研究中州国际酒店集团及其品牌的发展成就，就还需要对其管理团队进行进一步的分析。毕竟企业本身并不能进行自我管理，企业管理始终是由"人"也就是企业的管理团队通过管理制度的有效运作来进行的。在这个意义上分析企业管理，实际上就是分析企业家和企业的职业经理人。

对于中州国际酒店集团的管理团队，本研究将其分为两大层面进行探讨。概而言之，上层管理团队由集团总部的高级管理人员构成，虽然人数屈指可数，但是他们大多拥有企业股份，扮演的是经典意义上的企业家的角色，管理责任重大。基层管理团队则由职业经理人构成，他们主要分布在由集团托管的各单体酒店的领导和管理岗位，目前总数有近300人，他们是中州国际酒店集团的主要管理骨干群。值得指出的是，这近300人中的绝大部分虽然接受过大学专科及以上的高等教育，但是作为具有丰富行业实际管理经验的专门人才，他们是由中州国际酒店集团所考察、选拔和培养出来的，这些人大多数具有在集团内部"皇冠假日""索菲特""假日""中州宾馆""国际饭店"等品牌酒店从业多年的行业经历及管理经验，也因为自身的成长经历而对成长于此的中州国际酒店集团怀有深厚的职业感情。

实践经验证明，团队领军人物是最重要的。因此，本书详细介绍的是目前中州国际酒店集团高层管理团队的灵魂人物——中州国际酒店集团董事长、总经理王志先生和集团董事、执行总经理朱莉女士。

王志于1994年大学毕业，经过层层海选，与来自全国重点大学的毕业生共23人一起被分配到河南国际饭店工作，成为中外合资五星级酒店郑州索菲特国际饭店的储备人才。当年有不少新同事们在茶余饭后纷纷表达对前路的彷徨，然而王志自始就对自己的职业生涯与人生规划有着清晰的定位。

他在成名之后曾多次在采访中表示，自从大学毕业到酒店报到的那一天起，他就决定要在国际品牌连锁酒店行业成长发展，立志要成为一名资深的酒店职业经理人。① 三十年酒店行业的摸爬滚打与经验凝聚，终于打造出了这样一位成功的中国本土酒店业管理精英。毋庸置疑，在成功的企业家身上通常可以看到，他们多是在投身职业生涯时就立下鸿鹄之志的。也就是华人首富李嘉诚先生所言："付出就想马上有回报的人适合做钟点工，期望能按月得到报酬的人适合做打工族，有耐心按年度领取收入的人是职业经理人，能耐心等待三五年的人适合做投资家，而用一生眼光去权衡的人就是企业家。"②

自从 1994 年 7 月大学毕业进入企业起，王志先后从事过客房服务员、人事主管、经理助理等一线服务工作及初级管理岗位，后历任中州国际酒店集团总经理助理、副总经理，2010 年任总经理，2012 年 12 月起任集团法定代表人、董事长兼总经理，现任河南中州集团有限公司副总经理、河南中州国际酒店集团有限公司董事长兼总经理，并兼任中国旅游饭店业协会副会长，河南省旅游协会执行会长，全国酒店星级评选委员会国家级星评员，国家文旅部文化和旅游行业智库专家库成员，河南省文化和旅游厅文旅智库首批专家成员，郑州大学旅游管理学院特聘教授，郑州大学专业硕士研究生行业（基地）导师，河南财经政法大学工商管理硕士企业家导师、校友会MBA 分会会长等社会职务。

王志先生因在行业的特殊贡献被授予 2012~2018 年连续 7 个年度中国饭店业"推动行业发展功勋人物"，2017 年"中国酒店业年度十大影响力人物"，2018 年"全球文旅及酒店业影响力人物"，全球旅游业"马可波罗勋章"，2018~2019 年度"中国酒店业杰出领袖人物"，2019 年"建国七十周年文旅产业杰出贡献人物"，2020 年"中国酒店业十大影响力人物"，2021年中国文旅英才榜"中国酒店业年度影响力人物"，2021 年五洲钻石奖·中国文旅产业年度杰出企业家，2022 年、2023 年、2024 年中国文旅英才榜

---

① 《高端访谈：中州国际酒店管理集团有限公司董事长兼总经理王志》，河南酒店网，载"中州国际酒店集团"微信公众号，2017 年 11 月 27 日。
② 《陕西都市快报》，2013 年 6 月 2 日。

"中国酒店业年度影响力人物"；被河南省文旅厅、河南省旅游协会授予2018年"河南省旅游饭店业领军人物"，2019年"河南省旅游行业杰出贡献奖"，"河南休闲农业与乡村旅游推动力人物"；多次被中共河南省委省直机关工作委员会、河南省接待办公室、中州国际集团授予"河南省直机关优秀共产党员""河南省接待办先进工作者""中州国际集团优秀共产党员""中州国际集团先进工作者"等荣誉称号。

1994年至今已然30个春华秋实，从步入酒店大门到掌管酒店锁钥，王志董事长成功的秘诀究竟是什么？正如前引李嘉诚先生称"用一生眼光去权衡的人就是企业家"，王志曾明确表示："首先，要确定好自己一生的职业目标。我从进酒店工作的第一天起，就知道国企员工不可能通过本职工作致富，但是要通过自己的努力让我所工作的酒店成为行业知名品牌，我同样可以赢得甚至更能赢得社会的尊重。其次，明确职业目标以后要努力不懈、持之以恒，带着韧性去坚持梦想。虽然开始自己的职业生涯时就志存高远，但我并不是好高骛远之人。我觉得，在酒店业工作三年能做领班、五年能做主管、七年能当上部门副经理就已经算很成功了。很多人最后没能成功，不是因为能力不足，而是输给了不能坚持。当年我们23名大学生同时来到河南国际饭店，坚持到现在的也就只有4个人，他们现在都已经成为国内酒店行业的翘楚。成功哪里有捷径，答案唯有坚持！"[1]

作为一名同样从中州集团"大院"走出的高管，集团董事、执行总经理朱莉女士在26年的旅游饭店管理职业生涯中积淀了高瞻远瞩的战略思维和决策能力。她深知，战略决策是企业生存和发展的关键，要考虑当前市场状况，还要预测未来行业的发展趋势，成功的战略决策需要保持一致性还要有超前敏锐的市场洞察力和灵活性，以应对不断变化的市场环境。在她的领导下，集团成功应对了一次次行业挑战，实现了业绩的稳步增长，集团品牌知名度及影响力得到了很大的提升。

朱莉女士在集团化管理、战略管理、运营管理、品牌管理、行业培训等

---

[1]　《王志：坚持，成就梦想　坚守，创造传奇》，《河南旅游新生活》2018年第1期。

方面展现了卓越的领导才能。她深谙市场需求，坚持科学的品牌管理和精准的市场定位，推动集团在服务质量、客户体验和品牌建设等方面持续改革与提升，带领管理团队成功打造了多元化的复合型品牌体系，使"中州国际"品牌在竞争激烈的市场中脱颖而出。朱莉女士非常重视企业文化建设，她倡导创新思维，推动集团在模式创新、机制创新、技术创新、人才管理和组织创新等方面不断进步。她亲手设计了以"内部输出、管理培训一体化"为特色的中州国际酒店学院人才培养体系，并带领集团在企业文化宣传、品牌管理、新媒体平台推广等方面独树一帜，她主编的集团内部刊物《中州＆国际》季刊杂志，在全国同行业杂志评比中荣膺前三。她不仅对集团的发展尽心尽力，对河南旅游饭店业及中国旅游饭店业的发展也十分关注，对行业举办的活动积极参与，为行业的发展献计献策，成为行业高管女性的典范。

朱莉女士连续荣获第十七、第十八、第十九届中国饭店金马奖—中华英才榜"中国酒店业新领军人物"，2018年被中国旅游协会授予"新时代旅游行业女性榜样"管理菁英称号，2018年荣获中国酒店业金象奖"卓越贡献人物"，2019年荣获中国旅游住宿业金光奖"中国酒店业杰出女性人物"，2021年荣获第二十一届中国饭店金马奖—中国文旅英才榜"中国酒店业最佳创新人物"，2022年、2023年、2024年分别荣获第二十二、第二十三、第二十四届中国饭店金马奖"中国酒店功勋奖""中国酒店杰出总裁""中国酒店新锐领军人物"，并多次被河南省接待办公室、中州国际集团授予"河南省接待办先进工作者""中州国际集团先进工作者"等荣誉称号。

作为河南省旅游饭店业在中国旅游饭店业协会的首位副会长，王志先生也是河南省旅游饭店业在中国旅游饭店业协会的代表；朱莉女士还兼任中国妇女旅游委员会委员、亚太酒店协会副会长、全联房地产商会酒店文旅分会副会长、河南省旅游协会常务理事、河南旅游饭店业协会副会长、河南省旅游饭店业协会女总经理专委会会长、河南检察职业学院旅游管理专业建设指导委员会专家等社会职务。他们的多重身份无疑有利于通过更广阔的大平台发出"河南声音"，进一步扩大河南旅游饭店业者与国内外同业者的交流平台，助推河南旅游饭店业接轨国际舞台，实现河南旅游产业的转型升级和高质量发展。当然酒店管理者个人的成功，首先应该体现为酒店本身的成功，体现为一个国家酒店行业的成功。对于此，他们是时刻铭记在心的。2024年4月2日，由中国民族贸易促进会文化与旅游工作委员会主办的"新质生产力赋能中国民族品牌饭店高质量发展大会暨中国民族品牌饭店评定启动仪式"在广州白天鹅宾馆隆重举行，王志应邀出席大会并被聘为"中国民族品牌饭店"评定委员会专家委员，同时还作为嘉宾出席了以"新质生产力赋能中国民族品牌饭店高质量发展"为主题的圆桌对话。在对话中，他反复强调的并不是个人的职业成就，而是中州国际酒店集团的成功之道。他强调"只有民族的，才是世界的"。对于饭店业从业者而言，只有坚持中国民族品牌的自信自强，才是立身之本和发展之道。就此他以中州国际酒店集团的品牌发展历程同与会嘉宾作了分享。随着改革开放的深入，大量国际品牌涌入，为此，中州国际酒店集团将国际品质与本土特色相结合，以独具特色的"中州国际模式"在国内酒店行业发挥引领示范作用，先后被原国家旅游局、中国旅游饭店业协会、中国饭店协会授予"中国饭店业民族品牌先锋""中国饭店业民族品牌 20 强""中国最佳本土酒店管理集团""中国最具竞争力民族酒店品牌""最受消费者欢迎中国民族品牌酒店集团"等荣誉称号。中州国际酒店集团的发展史就是"中州国际"民族品牌的发展史，也是中原文化和中国民族品牌自信力的生动表现。他在论坛的最后总结中强调，"只有民族的，才是世界的"。民族精神来源于坚守与传承，走向世界靠的是开放与创新。所以广大酒店从业者要坚守民族文化的沃土，以坚毅果敢的愚公精神和锲而不舍的夸父之志，打造扎根黄土的民族饭店品牌，做大做强中国的民族饭店品牌，让中国的民族饭店品牌在世界民族饭店品牌的高山上开出灿烂的花来。他同时呼吁社会各界大力扶持中国的民族品牌饭店，不断从经营环境与制度安排上完善中国民族品牌饭店的创业创新机制，从而鼓励中国的酒店从业者更加奋发进取，打造出更多更好更具有国际竞争力和影响力的中国民族饭店品牌。[①]

---

① 中州国际酒店集团微信公众号，2024 年 4 月 12 日。

第二节　中州国际酒店集团的事业理论及其与时俱进

一　事业理论作为分析工具的引入

（一）企业管理团队的主观认知引领企业成功

王志董事长说，"我从进酒店工作的第一天起，就知道国企员工不可能通过本职工作致富，但是要通过自己的努力让我所工作的酒店成为行业知名品牌，我同样可以赢得甚至更能赢得社会的尊重""很多人最后没能成功，不是因为能力不足，而是输给了不能坚持。成功哪里有捷径，答案唯有坚持"。用管理学的专业术语解释，他的话正体现了现代管理学大师德鲁克先生提出的"事业理论"。[①] 德鲁克强调，一个企业家之所以能够成功，就在于在其一生的职业生涯中，始终对自己和自己的企业所处的内外部环境、企业所肩负的使命和核心竞争力有着清醒的认知并且可以与时俱进。换言之，正是因为首先有了这样的主观认知，企业家才会有相应的积极行为，继而建立相应的管理系统，取得相应的业绩成就。如此也就是奥地利经济学派的"主观认知论"所强调的，正是企业家及其管理团队的主观认知及其演化，促成了其行为的发生、组织的健全与业绩的获得。既然如此，在前文探讨了中州国际酒店集团的发展成就与管理系统后，还应当进一步关注其成长背后的内在驱动力量，即该集团的管理高层和团队对本企业的内外部环境、企业使命与竞争优势的认知及其演化，以及该集团的事业理论及其与时俱进的过程。

事业理论（The Theory of the Business）是现代管理学大师彼得·德鲁克（Peter Drucker）在 1954 年出版的《管理的实践》一书中首次提出的一个管理学概念（见图 1-5）。[②] 1994 年他在《哈佛商业评论》上发表《事业理

---

① Drucker P. F., "The Theory of the Business," *Harvard Business Review*, 1994: pp. 95-104.
② Drucker, P. F., *The Practice of Management*, New York: Harper Collins, 1993, Original Publication, 1954.

论》（The Theory of the Business）一文称，每一个组织，无论它是否为企业，都有其事业理论；并且只有拥有一个清晰有力、和谐一致、集中有效的事业理论，才有可能指导企业明确自己的核心业务、目标市场以及其可能为客户提供的价值。[1] 毫无疑问，德鲁克言之成理。例如，1870 年德意志银行创始人和首任总裁、第一位全能银行家乔治·西门子（George Siemens）曾提出其事业理论：在近代德国的工业化进程中，由德意志银行用社会融资的方式，将停留在农业社会中四分五裂的德意志各邦国统一起来。正是在这一事业理论的持续指导下，德意志银行经过 20 多年苦心经营，终于发展成为欧洲最大的金融机构，并将这一优势地位成功保持至今，即使其间经历了两次世界大战，经历了大战前后两次恶性通货膨胀和希特勒上台，德意志银行根基始终岿然不动，事业发展常新。

德鲁克提出，一个组织的事业理论通常由三个部分组成。第一部分是组织的管理者对组织所处的内外部环境，包括社会及其结构、市场、顾客、技术等的认知，它定义了组织因何取得回报。第二部分是组织的管理者对组织使命的认知，它定义了组织存在的理由，表明了组织认为它对整个经济和社会应该做出何种贡献。例如，20 世纪第二个十年，美国电话电报公司（AT&T）确定自己的组织使命为"让每一个美国家庭、每一个美国企业都安上电话"。正是在此使命的激励下，美国电话电报公司在其后的 30 多年中取得了巨大的商业成功。当然同样是因为这个使命，该公司因为过度膨胀以至于触犯了美国的反垄断法，并于 1984 年被拆分。第三部分是组织的管理者对实现组织使命所必须具备的对核心能力的认知，它定义了组织的核心竞争力与优势所在，明确了组织必须努力的方向，因此组织可以凭此维护本组织的领先地位。例如，美国西点军校 1802 年创立时强调，其核心竞争力在于培养值得信赖的基层军官，从而在军事教育界独占鳌头。又如美国 Service Master 公司强调，其核心竞争力在于为客户提供支援管理服务，而不仅仅提供物资设备和工具，从而开创了美国业内服务经济的先河。

---

[1] Drucker P. F., "The Theory of the Business," *Harvard Business Review*, 1994: pp. 95–104.

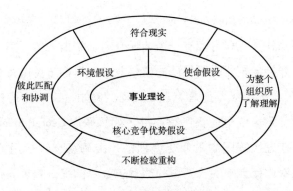

图 1-5 德鲁克事业理论

综上所述，事业理论关注的并非一个组织“做什么”（What）的具体行为，而是驱使该组织行动起来的其背后强大的经营哲学，正是这种经营哲学决定着企业“为什么做”（Why）。换言之，如果把企业组织比作一座冰山，那么呈现在海平面以上 13% 的冰山可见部分，不过是企业的战略规划、财务制度、团队建设、营销策略等；而从根本上决定这些可见的决策行动方案的，是海平面以下 87% 的冰山主体部分，尽管由于其不可见而通常被外人所忽视，但这才是企业的经营哲学之所系。总之，企业的事业理论中关于企业环境、使命和核心竞争力的设定，决定了该企业存在的目的和意义。可以说企业的行为、做什么事情和不做什么事情的依据、什么是有意义并且可衡量的成果等，均是依此而定。例如，宜家公司的创始人英格瓦·坎普拉德（Ingvar Kamprad）曾提出这样的假设：大部分人的财富是有限的，宜家要服务的是大部分人，因此宜家只能通过提供实惠而不失品位的产品服务于他们。企业家的这些假设显然不仅涉及顾客、竞争对手以及他们的价值观和行为，也涉及技术及其变化趋势以及公司本身的优势和劣势，涉及一家公司如何取得回报等，而所有这些就构成了宜家公司的事业理论。

德鲁克的事业理论为企业提供了一套高屋建瓴的分析框架，有助于企业管理者明确企业的发展方向和核心价值，以及如何在竞争激烈的市场中取得成功。反思现实，许多企业管理者在自己的企业面临困境时，总是期盼天才管理者或者咨询专家能降临自己的企业。然而在笔者与企业管理团队成员的交流中，常常发现他们最迫切需要的往往是操作层面上的指导，例如"如何设计营销方案""如何开展团队建设""如何促进部门间沟通"等，却很少关注企业所处的环境、企业的使命以及企业的核心竞争力等重大的事业理论问题。毫无疑问，关注和解决企业的一般性经营管理问题亦是企业管理者的职责，但如果管理者仅仅从企业经营管理的具体操作层面，而不是从事业理论的高度来审视自己的企业，其结果往往如德鲁克所言"只能在修修补补的困境中度日，最终于事无补"。

需要进一步强调的是，德鲁克的事业理论绝非纯粹的理论说教，而是具体的提问方式和问题解决路线图。在通常情况下，管理者们相信管理过程是"发现问题—分析问题—解决问题"的完美链条，其结果却常常陷入"暂时解决了问题，但不久后又回到原点"的怪圈。原因就是这些管理者只停留在为既定问题寻求答案上，而忽略了问题提出本身的正确性，也就是所谓的"70%的管理者处理的是假问题"。这种情况表明，正确地构建问题是组织管理的第一要务。关于此，伟大的科学家爱因斯坦也有类似观点："如果我有一个小时来解决问题，那么我会用55分钟来发现问题，而寻找解决问题的答案只要5分钟就够了。"他还表示："但是现实中，往往是人们只用5%的时间就界定了问题，而用95%的时间来寻找答案。"不仅如此，管理者永远不可能以问题出现时的认知层级来解决问题，这是因为问题出现时管理者的初始认知可能受到个人经验、知识水平和当时情境的限制，无法全面理解问题的复杂性和多维性。而解决问题就需要进行深入分析，拓宽认知边界，进行更高层次的思考和采用更全面的方法。这对管理者持续学习、成长和知识更新提出了要求。

既然正确地构建问题要比盲目地寻求答案更为重要，那么对企业管理者来说，哪些问题是最重要的呢？关于此，德鲁克向企业管理者提出了著名的"最重要的五个问题"：

我们的使命是什么？

我们的顾客是谁？

我们的顾客需要什么？

我们能（为顾客的需求）贡献什么？

我们的计划是什么（如何贡献）？

德鲁克指出，在当今商业实践中，许多企业管理者考虑的并不是以上五个问题，而是"我们如何把产品卖给顾客"。在这种提问方式的主导下，顾客这个主体不知不觉在企业管理者的眼中消失了，于是互动式的营销变成了单方面的推销，企业只考虑怎么把产品强塞进顾客手中，却不考虑顾客的实际需求，不考虑顾客究竟获得了什么价值。德鲁克强调，一个企业的领导者首先应该思考并回答的是"我们的使命是什么？"这是领导一家企业的起点，也是成为一个企业领导者的起点。企业使命是企业长期存在的价值和理由。任何企业存在的意义，是由它能为社会做出什么贡献所决定的。为了把使命落到实处，企业管理者不得不明确"我们的顾客是谁？我们的顾客需要什么？我们能（为顾客的需求）贡献什么？"企业领导者必须通过对以上这三个问题的思考，把企业提供的成果与顾客认定的价值对应起来，并且计划越具体、越清晰、越细致越好。例如，西尔斯百货公司管理层给自己提出的三个问题，为企业管理者树立了一个正面典型。第一，我们选择谁作为顾客？20世纪初，西尔斯公司选择了分散在农村的广大农民作为自己的潜在顾客群。公司相信，农村生活水平会越来越高，农民的生活需求会越来越多。第二，这些农民想要的是什么呢？他们想要的是像城里人一样过上好日子。第三，我们能为这些农民认定的价值做些什么？西尔斯百货公司的做法是围绕着农民认定的价值，做了一系列有组织的工作，包括建设物流中心、邮递体系、采购队伍等。当时农民信不过邮购的产品，所以西尔斯公司作出无条件退款的承诺，打消了农民的顾虑，从而成功地将潜在顾客变为现实顾客，公司业务因此迅速增多。

（二）企业的事业理论必须与时俱进

值得注意的是，事业理论的形成并非一劳永逸，相反必须根据组织内外环境的变化不断与时俱进。关于此，德鲁克详细论述了企业的本质和初创企业的管理者所不可忽略的注意事项。对于稳定发展的企业，他提醒管理者要定期重新界定企业所面临的新现实，因为组织当初建立和经营所依据的环境假设可能已经与今天的现实不相符。实际上，在实际生活中常常可以看到，一个企业在经历了多次高速成长之后，往往会出现停滞、衰退，甚至面临破产、倒闭。在反思这类企业失败的教训时，人们最初往往只关注企业的僵化、快速扩张、资金短缺、官僚主义、员工的懒惰等，解决的方案则无非是战略规划、重组、再造、团队激励等。可是尽管陷入困境的企业通常急于做出某种"反应性"决策，即本能地急于寻找解决问题的答案，但是并没有根据情况的变化正确地提出问题，或者提出了正确的问题但没有提出正确的解决方案，没有让自己的事业理论做到与时俱进。而有效的事业理论恰恰要求企业管理团队主动适应环境的变化，要求事业理论与时俱进。这也就意味着管理团队必须始终保持清醒认知，必须不断根据企业内外环境的变化提出正确的问题。如此也就是德鲁克所强调的"对问题的界定是有效决策中最核心的要素，但往往是管理者们最容易忽视的"。[1]

德鲁克进一步提出，企业管理者要做的不仅是根据企业内外环境的变化正确地设定问题，还应该把问题的解决方案具体落实到行动计划上去。因为归根结底，企业管理者无非是做两件事：一是做正确的事（Doing the Right Thing），二是以正确的方式做事（Doing the Things Right）。[2] 一是注重效果，二是注重效率，而在效率与效果无法兼得时，管理者首先应着眼于效果，然后再设法提高效率。而问题的解决绝非一劳永逸。如前文所述，外部环境的假设决定了公司的利润来源；公司使命的假设决定了哪些结果在公司眼中是有意义的，即公司认为自己应该为经济和社会做出什么样的贡献；核心竞争力的假设说明了公司为保持自己的领导地位所独具的资源优势。以上三点尽管听上去简单，然而实践证明，要真正达成一项不仅清晰，而且前后一致并且卓有成效的事业理论，不仅需要企业管理者花费相当多的时间，需要付出艰苦的思考和反复实验，而且即使是已经被实践证明为卓有成效的事业理论，在德鲁克看来，也会随着实践的发展因为时过境迁而过时。所以企业管理者

---

① Drucker P. F., *The Effective Executive*, New York：Harper Collins, 1967.

② Drucker P. F., *The Effective Executive*, New York：Harper Collins, 1967.

需要对自己的事业理论持续不断地进行检验和更新，使之尽可能保持最佳状态，并满足以下基本要求。

首先，关于环境、使命和核心能力的假设必须始终保持更新以符合新发生的现实。例如 20 世纪第二个十年，英国玛莎百货（Marks & Spencer）将其使命定义为"通过成为英国第一个无阶级划分、服务全社会的零售商，来推动英国的社会变革"，随后公司不断致力于开发自己新的核心能力。当时，成功的百货零售商的核心竞争力是高超的采办货物能力，而玛莎百货的管理者们认为，百货零售商要比生产商更了解客户，因此应当是由他们这些零售商，而不是制造商来设计与开发商品。于是他们找到制造商，要求后者按照自己作为零售商提出来的设计、规格和成本为消费者生产商品。虽然这个新方法花了 5~8 年时间才得以成立并为传统供应商所接受，但确实在商业上大获成功。

其次，关于环境、使命和竞争优势三方面的假设必须始终保持彼此匹配和协调。例如，在美国通用汽车公司一百多年长盛不衰的岁月里，这条规则就发挥了至关重要的作用。当初通用汽车公司关于市场的假设与它的最优化生产流程协调得非常好，到 20 世纪第二个十年中期，随着现实情况的变化，通用汽车公司又决心引入新的企业核心竞争力，即制造流程的财务控制以及资本配置理论。由此出发，通用汽车公司终于发明了现代成本会计和第一套合理的资本配置程序，从而进一步优化了自身的企业环境、使命和竞争优势这三方面的彼此匹配和协调。

再次，事业理论必须始终在反思的意义上而非教条的意义上为整个组织成员所了解和理解。经验证明，这一要求在组织的创建阶段比较容易实现。因为在企业初创阶段，即使是出于新鲜感，企业成员对于本企业的事业理论通常也是兴趣盎然的；况且当时企业的成功与否尚未确定，企业的事业理论也不能成为"死板的教条"。随着组织的日渐成功，企业成员常常会越来越倾向将公司的事业理论视为理所当然，而对这一理论的反思却越来越少。于是整个组织可能会养成得过且过的风气，凡事只求走捷径；员工考虑问题只从是否有利于自己出发，而不再以组织的战略目标为依据；整个组织开始停止思考与反思，尤其停止向自己提出有现实价值的问题；企业成员也许背熟了自己的事业理论的标准答案，却忘记了当初之所以提出问题的反思方式本身。

最后，事业理论必须不断得到检验与校正，即必须始终保持和包含自我变革的能力。事业理论不是"刻在石板上供人顶礼膜拜的教条"，而是一个假设，是一个试图解释持续变化中的认知对象即社会、市场、顾客和技术的假设。所以不言而喻，任何一个事业理论都必须具有持续的自我革新能力。企业管理者必须主动放弃已经不合时宜或者无前景的产品、服务、政策和分销渠道等，以期释放资源并创造未来。同时，企业管理者还必须对企业的外部环境特别是对潜在顾客进行深入研究，毕竟社会上"潜在顾客"（Non-customers）总比"顾客"多，把他们转化成顾客就是企业了不起但很容易被忽视的成就。至于事业理论遭遇危机的警告信号，经验表明，一是在实现原定目标时，有可能意味着原有事业理论的过时；二是在快速增长时，可能因为企业的快速发展而引起关于企业环境、使命和核心能力的假设条件的变化；三是在意外成败发生时，无论是意外成功或者失败，无论是自己的意外成功或者失败，或是竞争对手的意外成功或者失败，只要是在企业管理者的意料之外，都可能意味着企业和企业环境发生了重大变化，因此这非常需要引起管理者的警觉，思考是否又到了需要重构自己事业理论的时候。

二 中州国际酒店集团事业理论的形成与演进

（一）中州国际酒店集团事业理论形成的市场经济基础

哈耶克（Hayek）表示，"过去一百年间经济学理论的每一次重大进展都是主观主义的更深入应用"。[①] 奥地利经济学派的"主观认知论"（Subjectivism-Based View）强调，是企业家的认知引导了其行为的发生与成就的获得，并非意味着认同企业家的认知是无源之水、无本之木。恰恰相

---

① 陈峥：《"未使用服务"之主观认知与企业成长》，《管理评论》2013 年第 9 期。

反，无论是企业家认知的产生还是发展，都是企业家对企业所处内外客观环境的主观反映，中州国际酒店集团事业理论的形成与演进过程正是如此。中州国际酒店集团所处的成长环境，从根本上来说，就是以社会主义市场经济为取向的我国改革开放大潮。

对于我国社会主义市场经济体制的发展，有必要在此简要回顾邓小平同志的理论贡献，可以概括为两方面：一是肯定了市场经济的信息发现机制，二是肯定了市场经济的社会互利机制。① 关于市场经济的信息发现机制，他强调，之所以必须搞市场经济而不是计划经济，归根结底，在于受制于人类认知能力的有限性，没有任何个人或者机构可以掌握为制订完美的经济计划所不可或缺的全部信息，因而推行计划经济势必产生官僚主义并阻碍经济发展。就此他在 1980 年就讲得很明白："我们的各级领导机关都管了很多不该管、管不好、管不了的事。谁也没有这样的神通，能够办这么繁重而生疏的事情。这可以说是目前我们所特有的官僚主义的一个总病根。"② 既然"总病根"已经找到，他提出，对症下药，在错综复杂的经济活动中，就只能由所有企业及经济活动的参与者个人，通过与其利益相关的商品在市场交易中的价格涨落，去自行搜集并整理与其利益相关的各种信息并自行作出决策及承担决策的后果。改革开放伊始邓小平即强调："当前最迫切的是扩大企业和生产队的自主权。"③ 1988 年他又称："我们要真正下放权力，把人民群众和基层组织的积极性调动起来。"④ 1989 年与新任中共中央政治局常委们谈话时，他再次向新一代领导人点明发挥市场经济信息发现机制的作用的极端重要性："不搞市场，连世界上的信息都不知道，是自甘落后。"⑤ 至于市场经济的社会互利机制，早在 1948 年刘邓大军挺进中原时他即警告部下不得侵犯民族工商业："资本家做生意，当然要赚钱，但是一个商号倒闭

---

① 陈峥、王志等：河南财经政法大学党的十九届六中全会研究专项"社会主义市场经济观念流变"，2023。

② 《邓小平文选》（第二卷），北京：人民出版社，1993，第 327 页。

③ 《邓小平文选》（第二卷），北京：人民出版社，1993，第 145 页。

④ 《邓小平文选》（第三卷），北京：人民出版社，1994，第 160 页。

⑤ 《邓小平文选》（第三卷），北京：人民出版社，1994，第 364 页。

了，或者我们把它没收了，要影响到比资本家剥削多得多的人民的生活。"①
特别能凸显邓小平与计划经济拥护者不同的，是1954年他就刘少奇1949年
关于保护民族工商业的讲话所表明的态度，"那些讲话对我们当时渡江南下
解放全中国的时候不犯错误是起了很大很好的作用的"，因为当时"最怕的
是'左'，而当时又确实已经发生了'左'的倾向"。②唯其从来承认市场
经济条件下资本逐利的社会互利效应，"文革"结束后会见民族资本家代表
人物荣毅仁时，他即称赞民族资产阶级在发展民族工商业上是"有功"③
的。1984年，党内有人以"雇工剥削"为由攻击某个体户，他又在中共中
央顾问委员会发表讲话称："既然'傻子瓜子'发财'使人民高兴'，那么
就说明让'傻子瓜子'经营一段时间并不会对社会主义造成'伤害'。"④
至于所谓"一段时间"是多长时间，1992年在南方谈话中他强调："安徽出
了个'傻子瓜子'问题。许多人主张动他。我说不能动，城乡改革的基本
政策一定要长期保持稳定。"⑤

（二）中州国际酒店集团事业理论的形成

邓小平主导的以市场经济为导向的经济体制改革，正是中州国际酒店集
团事业理论形成的环境与基础。回顾历史，在计划经济时代，河南省中州宾
馆由财政承担宾馆的运营成本，宾馆承担党政机关的行政接待任务。河南省
中州宾馆嬗变的契机是1992年邓小平南方谈话之后在全国兴起的国企改革
高潮。尽管自1978年中共十一届三中全会开启当代中国的全面改革开放，
国企改革就已经发动，不过在20世纪80年代后期，国企改革的举措仍然局
限于改革为以厂长负责制为主要形式的各种经营承包责任制。据1994年开
展的全国性清产核资数据，全国12.4万户国企的资产损失达2231亿元，不
良资产挂账2206亿元，合计约4437亿元，占当时国企总资产的10.7%。不

---

① 《邓小平文选》（第一卷），北京：人民出版社，1994，第102～106页。
② 《邓小平文选》（第一卷），北京：人民出版社，1994，第205页。
③ 《邓小平文选》（第三卷），北京：人民出版社，1994，第161页。
④ 《邓小平文选》（第三卷），北京：人民出版社，1994，第91页。
⑤ 《邓小平文选》（第三卷），北京：人民出版社，1994，第371页。

仅如此，1992 年全国国企的亏损面达到 22.7%，1993 年扩大到 29.8%。①
正是针对这种严峻局面，1993 年底，中共十四届三中全会通过了《关于建
立社会主义市场经济体制若干问题的决定》，制定了对大型国企实行公司化
和对中小型国企实行民营化的“抓大放小”方针。所谓“抓大”，即将大型
国企改制成为公司化的“实力雄厚、竞争力强的大型企业和企业集团”；所
谓“放小”，即采取“改组、联合、兼并、租赁、承包经营和股份合作制、
出售”等方式，将小型国企直接推向市场。

河南省中州宾馆和河南国际饭店这样的单体酒店，只能是这波国企改革
中“放小”的对象。正是在这波改革浪潮中，河南省中州宾馆完成了由主
要为党政机关服务的行政接待型宾馆，向主要为消费者服务的市场经营型宾
馆的转变。毋庸讳言，“逼上梁山”的转变是不无痛苦的。当年宾馆“下
海”试水，据集团创始人、时任总经理的张华友先生回忆，上级主管部门
拨付的创业资金只有 5 万元，公司最初从培训业务起家，主要为河南本土国
营招待所、宾馆培训酒店管理人才。② 这更清楚地表明河南省中州宾馆的经
营环境从此不再是计划经济体制，河南省中州宾馆的回报从此只能来自广大
消费者的付费消费，也就意味着从事业理论的角度看，宾馆管理层和职工群
众对宾馆所处环境及取得回报的方式的认知，只能与时俱进也确实做到了与
时俱进。

中州国际酒店集团事业理论的第一轮演化并非波澜不惊。1994 年正在
国企改革节点上被分配到河南国际饭店工作的王志坦然接受了上述事业理论
的演化，尤其对于 1995 年饭店与法国雅高酒店集团合资成立郑州索菲特国
际饭店更是使他欣欣鼓舞。就此笔者曾经同王志董事长进行过深入讨论，他
表示原因其实并不复杂，1992 年邓小平南方谈话发表时他就读大学二年级，
1993 年中共十四届三中全会通过《关于建立社会主义市场经济体制若干问
题的决定》时他就读大学三年级，1994 年以市场经济为取向的国企改革浪

① 剧锦文：《20 世纪 90 年代初国企承包制向“公司化”改革》，《企业观察报》微信公众号
“企观国资”，2021 年 6 月 13 日。
② 作者与集团创始人张华友先生的访谈，2024 年 5 月 28 日，于郑州。

潮在全国风起云涌时他大学毕业被分配到河南国际饭店工作，所以借用德鲁克的管理学术语来描述，他正是在以上各个时间段，在当时每个中国人都能感受到的市场经济热潮中，开始建立自己的"事业理论"，并且自始就与集团本身事业理论的建立过程相吻合，尽管当时他还只是河南国际饭店的一个普通员工。①

王志于 2002 年成为中州国际集团总经理助理，2003 年成为集团副总经理，此前还兼任多家酒店项目总经理。在这个过程中他完整参与公司在市场经济环境下可能取得回报的方式的认知演化的第二个阶段。如前文所述，当时河南省中州宾馆已经在硬件方面完成了五星级改造，并已经从英国洲际集团旗下引入"皇冠假日"和"假日"等高端品牌，同时，河南国际饭店也已经与法国雅高酒店集团合作成立了五星级的郑州索菲特国际饭店，之后河南省人民政府将这两家单体酒店重组合并，组成了中州国际集团。在常态化的市场经济条件下，酒店业作为传统行业，利润率并不高，大约维持在10%，略高于社会平均利润率。然而连锁酒店的平均利润率，则明显高于单体酒店行业的平均利润率。其原因从连锁经营模式的角度来看有两方面，一方面是连锁酒店的品牌效应能够大大增加客户黏性及忠诚度，消费者无论身在何处，都尽可能寻找该品牌旗下的酒店入住并享受其提供的相关服务，而酒店入住率的提高恰恰是促成其利润率提高的源头活水；另一方面是连锁酒店的规模效应包括成熟管理模式和优质服务标准在旗下各酒店的推广，如连锁酒店统一开发和拥有的客户资源为旗下各酒店共享、酒店消耗品的规模化集中批量采购等，都能够大大降低酒店的经营管理成本。不仅如此，倘若从以酒店托管为主营业务的连锁酒店管理公司本身的利润率来看，这类公司的利润率之所以明显高于单体酒店行业的平均利润率，还因为此类公司通常都是轻资产公司，即其所输出的主要不是重资产和现金流，而是其所拥有的优质的酒店品牌与高水准的酒店管理模式，因此如果从投资回报率的角度来分析，其经济效益明显高于单体酒店行业的平均水

---

① 作者与集团董事长王志先生的访谈，2023 年 12 月 20 日，于郑州。

平就在情理之中。

不过，仅仅在主观认知层面上了解和理解酒店的连锁业态在效益上优于单一业态是不够的。常言说得好，机遇总是留给有准备的人。如前文所述，就在河南省中州宾馆和河南国际饭店强强联合成立中州国际集团之际，不满足于单体酒店业态而志在连锁酒店管理的公司管理层"巧遇"并紧紧抓住了一个大机遇，王志董事长对此念念不忘："90 年代末的河南酒店业发展方兴未艾，出现了成批的酒店，但是训练有素的专业酒店管理人才却很缺乏。作为元老与标杆，河南省中州宾馆和河南国际饭店培养出了大批酒店人才，但因为当时的单体酒店数量有限，很难为所有人提供良好的发展空间，存在人才流失的困境。抓住机遇，两相互补，促成了中州国际酒店管理集团的成立。一些酒店投资人纷纷登门拜访中州国际，恳请其进行酒店托管，包括河南首家四星级旅游涉外饭店红珊瑚酒店等。稳稳抓住市场需要与时代机遇的推力，中州国际酒店管理集团走出了中州集团'大院'，依托中州国际集团与英国洲际、法国雅高两大世界著名酒店集团多年合作的优势，融入原有的管理经验，成就了现在的中州国际酒店集团。"①

（三）中州国际酒店集团事业理论的与时俱进

中州国际酒店集团在市场经济转型中完成了自身对所处环境及可能取得回报的方式的认知演化的第一阶段，在行业优势比较中完成了第二阶段，其事业理论终于演化形成。

然而形成不等于僵化，集团管理层始终注意根据"企业内外部环境"的持续变化不断实施调整。例如，2012 年底中央提倡"厉行勤俭节约，反对奢侈浪费"，以及"光盘行动""舌尖上的文明"等。集团管理层立即行动，"积极调整经营策略，在市场调研、客源结构变化、产品创新以及营销策略等方面开展一系列的工作"，② 随着集团经营管理市场化程度进一步深

---

① 《王志：坚持，成就梦想　坚守，创造传奇》，《河南旅游新生活》2018 年第 1 期。

② 《专访：中州国际酒店管理集团有限公司董事长兼总经理王志》，迈点网，2013 年 9 月 29 日。

化，中州国际酒店集团市场开拓能力与客户资源库建设也日益强大和完善，新托管酒店的签约数量也远多于预期，而且签约的项目品牌冠名率为100%。①

德鲁克的事业理论提供的分析框架不仅强调组织管理者对组织所处环境及可能取得回报的方式的主观认知的重要性，还强调组织管理者关于该组织使命的主观认知的重要性，因为这种认知定义了该组织存在的理由和价值，也表明了该组织认为自己应该对整个经济社会做出何种贡献的理性思考与郑重承诺。具体到中州国际酒店集团在社会主义市场经济发展新阶段的企业使命，朱莉执行总经理于2024年2月25日正式向集团全体员工和全社会消费者颁布的《中州国际酒店集团企业文化纲领》对此有明确表述："企业使命：中州国际，让生活更美丽。"并进一步阐释："使命是中州国际酒店集团持续存在和发展的理由，是中州国际人对自己工作价值的理解和坚持不懈奋斗的目标。中州国际酒店集团始终与时俱进，不断创造令客人超预期的出行体验，为客户持续创造价值。"毫无疑问，中州国际酒店集团关于自身使命的认知清晰而明确，并与自身作为国内酒店行业标杆企业的业务与职责也完全吻合。

正如事业理论所分析的，任何企业关于"自身使命"的主观认知的演化形成不是一蹴而就的，而是一个与时俱进的过程。回溯历史，1959年建成的河南省中州宾馆的组织使命从计划经济时代保质保量完成党政机关交办的行政接待任务，到具体而微地为全社会的消费者服务；中州国际酒店集团组织使命的演化形成，同样发生在1978年改革开放之后，尤其发生在1992年邓小平南方谈话发表所带来的市场经济转型之后。正如当年郑州市人民群众的口碑相传，中州宾馆已经由河南省的国宾馆"步入民间"，成为广大消费者的消费乐园。据宾馆当年的老职工回忆："在20世纪80年代之前，这个院子和那座名为中州宾馆的四层小楼，与周边的繁华都市

---

① 《专访：中州国际酒店管理集团有限公司董事、常务副总经理朱莉》，迈点网，2014年7月24日。

几近绝缘：解放军战士把守大门，人员进出须凭证件，客人身份须达到一定行政级别。省部级官员来，站岗的是营长；接待外国元首和我国的中央领导时，必须由团长站岗。"1985 年 10 月，随着中州宾馆 2 号楼的开业，把守宾馆大门的卫兵悄悄撤岗了。1987 年 3 月，中州宾馆 3 号楼开门迎宾，标志着该宾馆向社会开放。① 河南省中州宾馆为客户持续创造价值，同时保持曾经的精益求精的服务精神与服务水准不变，并且结合最新的国际标准继续发扬光大。

德鲁克的事业理论提供的分析框架不仅强调组织管理者对组织所处环境及取得回报的方式的主观认知的重要性，强调组织管理者关于组织使命的主观认知的重要性，还强调组织管理者关于该组织所拥有的"核心竞争优势"的主观认知的重要性。因为这种主观认知决定了组织的核心竞争力与优势所在，使得组织可以凭此持续维护自身在同行中的领先地位。具体到中州国际酒店集团的核心竞争力与优势，《中州国际酒店集团企业文化纲领》有明确表述："竞争优势：品牌建设、经营管理"。并作进一步阐释："集团倾力打造 12 个民族品牌，实行市场定位明确的多品牌、多档次策略；整合酒店业务上下游配套服务，实现轻资产运营，发挥人才培养和团队建设优势，确保服务的专业化、多元化、本土化和国际化。"

中州国际酒店集团董事、执行总经理朱莉女士经常强调"品牌就是生命"。集团有严格的"中州国际"品牌标准要求，她说："在项目的发展过程中，我们对项目市场发展环境深入了解，对项目投资和品质认真分析，保证每个项目都符合公司品牌发展规划和发展战略要求。品牌作为中州国际酒店集团最有价值的资产之一，通过不断创新、完善和推广，已成为企业的核心竞争力。"

（四）集团事业理论演化的主要阶段回顾

关于中州国际酒店集团究竟如何发挥自身优势，全力以赴地从集团总部到单体酒店进行品牌输出与管理输出，本书第二章有详细讨论。本章拟加以

---

① 中州国际集团微信公众号，2024 年 7 月 26 日。

说明的是，中州国际酒店集团对自身优势认知的演化形成和发展过程，可分为两个主要的阶段。

第一阶段是 20 世纪末，在计划经济向市场经济转型的背景下，集团开始由计划经济体制下的行政事业单位转型为市场经济条件下自负盈亏的企业法人。并为顾客提供高品质的服务，集团依托与英国洲际、法国雅高两大世界著名酒店管理集团多年合作形成的管理、资源、品牌、文化、人才、市场运作能力等方面的优势，也逐步形成了独特的中州国际酒店管理模式和企业文化，管理水平和经营能力逐年提高，在很多方面也逐步向国际品牌以及国内知名的酒店管理公司看齐。

中州国际酒店集团事业理论演化的第二阶段开始于 21 世纪，在继续吸取国际品牌优势和向国内知名酒店管理公司看齐的同时，集团开始着力发挥源远流长的中原本土文化优势并进行品牌输出和管理输出。不仅为消费者提供高质量的体验，为业主提供回报，还通过承担社会责任实现集团的稳健与可持续发展。这也就是王志董事长所强调的："中州+国际，中西方文化在这里融会、碰撞、协作、共赢。中州国际不是最强的，但它是最适合中原本土的公司，这就是我们的本土优势。对于国际品牌我们也不逊色，他们在一、二线城市往往拥有较好的软硬件、较优越的地理位置和较好的客源市场，但是在三、四线城市这些优势并不明显，主要是管理成本过高，超过业主的承受能力。而我们的各项管理费用却相对低很多，但管理水平不比他们差，业主收益远高于他们，这就是因地制宜。目前从郑州市场来看，我们旗下的 12 家品牌酒店开房率均约为 70%。尽管国际品牌呈风雨欲来之势，但我们的中州颐和酒店、中州国际饭店、中州国际大饭店、中州华悦饭店和中州华鼎饭店等更有自己的本土优势、强大的生命力和生存空间，这一点我非常自信。"①

中州国际酒店集团通过"事业理论"的持续重构，在转型中不断构建新问题，实现了在复杂多变的市场环境中的稳健发展和持续创新。集

① 《专访：中州国际酒店管理集团有限公司董事长兼总经理王志》，2013 年 9 月 29 日。

团在市场经济转型中实现了从行政事业单位向企业法人的转型，在行业优势比较中实现了从单体酒店向连锁酒店集团的转型，在数字化转型背景下实现了传统酒店业的智能化升级和绿色发展，实现了跨界、多元与融合。集团通过事业理论的适应性变迁，成功实现了从传统酒店业向集团化、品牌化、数字化方向的转型升级。具体来说，中州国际酒店集团管理团队对“企业环境”的认知变迁，经历了从计划经济体制下作为行政事业单位接受省政府的领导，到适应市场经济转型成立酒店连锁集团，实现了超越行业的平均利润率，再到兼具国际品质和本土优势，实现了成为民族品牌铸造者的目标；对“使命”的认知变迁，经历了从创业之初作为“国宾馆”为党政机关服务，到“步入民间”为广大消费者服务，再到“中州国际，让生活更美丽”；对自身“竞争优势”的认知变迁，经历了从优质服务到市场化经营管理，再到品牌建设和管理输出的过程。这种转型升级不仅提升了集团的影响力，也为其民族品牌的铸造积累了竞争优势（见表1-1）。

表1-1　中州国际酒店集团事业理论演化示意图

事业理论演化阶段	第一阶段（20世纪末）		第二阶段（21世纪以来）	
环境演化	计划经济下的行政事业单位	→ 市场经济下的企业法人	独立经营的单体酒店	→ 从事品牌输出与管理输出的连锁酒店集团
使命演化	为党政机关服务	→ 为消费者服务	为消费者服务	→ 提升顾客消费体验承担社会责任
竞争优势演化	精益求精的服务精神	→ 精益求精的服务精神、国际标准的服务品质	精益求精的服务精神、国际标准的服务品质	→ 精益求精的服务精神、国际标准的服务品质、中原文化的本土优势

第三节　中州国际酒店集团的成功转型
与企业家的创新精神

中州国际酒店集团成功转型的背后一以贯之的就是集团历任企业家所体现的开创精神。企业家是企业的人格化,在不确定性持续增加的市场环境中,企业成长为熵增系统;而企业家认知的复杂度和成熟度的提升,对于企业适应转型期日益增加的冲突与融合不仅可能,而且必要。中州国际酒店集团在市场经济大潮中的持续成长历程,体现了历任创新型企业家在持续变革中始终保持认知的创新性与前瞻性。

一　创新型企业家认知的创新性与前瞻性

(一)学界关于创新型企业家认知的研究

"创新型企业家"为美国经济学家约瑟夫·熊彼特(Joseph Schumpeter)在 20 世纪中期所提出的概念。在熊彼特看来,市场经济是一个"创造性破坏的过程"。[①] 在此过程中,"企业家的功能是通过利用一种新发明,或者更一般地利用一种未经试验的技术可能性来生产新商品,或者用新方法生产老商品;通过开辟原料供应新来源或产品的新销路,以及通过改组工业结构等手段来改良或彻底改革生产模式"。[②] 然而,由于"在熟悉的标志灯照明范围之外满怀信心地敢做敢为是只有少数人具有的显示企业家风格和企业家职能的智力与才能",[③] 在现实生活中,即使内心有创新冲动,但基于避险动机,多数企业家只是模仿型企业家。于是不难理解,其所获得的就是平常风险背后的平均利润,而冒险成功的创新型企业家收获的却是非平常风险背后

[①] [美]约瑟夫·熊彼特:《资本主义、社会主义与民主》,吴良健译,北京:商务印书馆,1999,第 147 页。

[②] [美]约瑟夫·熊彼特:《资本主义、社会主义与民主》,吴良健译,北京:商务印书馆,1999,第 210 页。

[③] [美]约瑟夫·熊彼特:《资本主义、社会主义与民主》,吴良健译,北京:商务印书馆,1999,第 211 页。

的超额利润，"它是社会颁给成功革新者的奖金"。①

奥地利经济学派的"主观认知论"把企业家创新驱动从传统"资源基础论"层面的"知识能力更新"，上升到"企业家主体对包含自身在内的资源环境客体的认知演化过程"。② 由此"企业家认知"被定义为企业家形成"评估机会和选择创新行动的知识架构"③或快速认识世界的"理论或概念"④ 的过程，它解释了企业家"怎样思考"及"为何行动"。⑤

米哈里·契克森米哈赖（Mihaly Csikszentmihalyi）认为，复杂性是高创造者的认知特征。⑥ 认知偏见⑦、认知惯性是企业家认知演化的主要障碍并因此约束其创新行为。⑧ "元认知能力"（Metacognitive Ability）⑨ 决定了企业家能否在更高认知层级下反思、调整自身认知方式。日益增加的不确定性要求企业家不断自我超越，⑩ 即企业家必须跨越低认知层级⑪，更新"事业

① ［美］约瑟夫·熊彼特：《资本主义、社会主义与民主》，吴良健译，北京：商务印书馆，1999，第 171 页。

② Penrose E. T., *The Theory of The Growth of The Firm. Third edition*, New York：Oxford University Press, 1995, Original publication, 1959.

③ Mitchell et al., "Toward a Theory of Entrepreneurial Cognition：Rethinking the People Side of Entrepreneurship Research," *Entrepreneurship Theory and Practice*, 2003, 27（2）：pp. 93-104.

④ Martins L. L., Rindova V. P., Greenbaum B. E., "Unlocking the Hidden Value of Concepts：A Cognitive Approach to Business Model Innovation," *Strategic Entrepreneurship Journal*, 2015, 9（1）：pp. 99-117；Zenger T., "What is the Theory of Your Firm?" *Harvard Business Review*, 2013（6）：pp. 73-78；Drucker P. F., "The Theory of the Business," *Harvard Business Review*, 1994：pp. 95-104.

⑤ Shepherd D. A., Patzelt H., *Entrepreneurial Cognition：Exploring the Mindset of Entrepreneur*, 2018.

⑥ Csikszentmihalyi M., *Creativity：Flow and the Psychology of Discovery and Invention*, New York：Harper Collins, 1996.

⑦ Zhao Y., Xie B., "Cognitive Bias, Entrepreneurial Emotion, and Entrepreneurship Intention," *Frontiers in Psychology*, 2020（11）：625.

⑧ Baron R., "The Cognitive Perspective：A Valuable Tool for Answering Entrepreneurship's Basic 'Why' Questions," *Journal of Business Venturing*, 2004, 19（2）：pp. 221-239.

⑨ Haynie J. M., Shepherd D. A., Patzelt H., "Cognitive Adaptability and an Entrepreneurial Task：The Role of Metacognitive ability and Feedback.," *Entrepreneurship Theory and Practice*, 2012, 36（2）：pp. 237-265.

⑩ 陈劲、阳镇、尹西明：《共益型企业家精神视角下可持续共享价值创造的逻辑与实现》，《社会科学辑刊》2021 年第 5 期。

⑪ Simon M., "Cognitive Biases, Risk Perception, and Venture Formation：How Individuals Decide to Start Companies," *Journal of Business Venturing*, 2000.

理论"，塑造"动态惯例"①，提升"认知适应力"（Cognitive Adaptability）②。伴随企业成长及外部不确定性的增加，集团管理团队在坚守中善于反思，经历了从"反应式"应对到"适应性"应对的认知转变，驾驭冲突与融合的认知成熟度与复杂度不断提升。

与西方 200 多年的企业家研究史不同，我国对企业家的研究始自国家进入改革开放的新时期。其原因不言而喻，"在我国传统计划经济体制下，企业只是国家的一个工厂和政府机关的附属物，政府是用行政办法来创立和管理企业的，企业领导是上级主管任命的政府官员，所以企业领导连企业管理者都称不上，更不用说是企业家了"。随着 1992 年党的十四大确定建立社会主义市场经济体制，2001 年我国加入世界贸易组织（WTO），改革开放不断深入，对企业家的研究逐步进入我国学术界视域。在借鉴西方经济学理论既有成果的同时，学者们结合我国实际，对企业家这个概念给出了各种内涵丰富的解析，如宋培林指出企业家是以经营企业为职业的人，是拥有经营型人力资本的人，是实现企业长远发展和自身最大利益有效结合的人，并表示"企业家的主要职能是分析判断、综合决策、组织协调、学习创新与承担风险"。③ 随着建设创新型国家战略的确立，我国学者张维迎进一步强调，"创新和发明不一样。发明只要做出原来没有的东西，创新一定要最终落实到商业化、商业上的价值，所以创新的主体是企业家"。④ 不仅学术界的研究在不断深入，习近平总书记强调，"企业家创新活动是推动企业创新发展的关键。改革开放以来，我国经济发展取得举世瞩目的成就，同广大企业家大力弘扬创新精神是分不开的。企业家要做创新发展的探索者、组织者、引领

---

①　尚航标、黄培伦：《管理认知与动态环境下企业竞争优势：万和集团案例研究》，《南开管理评论》2010 年第 3 期。

②　Dheer, Ratan J. S., Castrogiovanni, Gary J., "Cognitive Adaptability's Impact on Entrepreneurial Intent：The Mediating Roles of Entrepreneurial Passion and Efficacy," *Journal of Business Research*, 2023.

③　宋培林：《对企业家涵义与企业家生成机制的一般分析》，《贵州财经学院学报》2003 年第 2 期。

④　张维迎：《创新的主体是企业家》，《中国中小企业》2021 年第 4 期。

者，勇于推动生产组织创新、技术创新、市场创新，努力把企业打造成强大的创新主体。"①

（二）中州国际酒店集团企业家的认知演化路径与各阶段特征

哈佛大学发展心理学教授罗伯特·凯根（Robert Kegan）的成人认知发展理论（Adult Mental Development Theory，AMD 理论）②，为揭示创新型企业家的认知演化路径和各阶段认知方式特征提供了重要理论依据。凯根沿袭并超越了皮亚杰儿童心理发展理论，指出成年人虽大脑不再成长，但"认知方式"（The Way to Know）演化将伴随其一生；成人认知会沿着"社会化意识（Socialized Mind）—自主意识（Self-authoring Mind）—自变意识（Self-transformational Mind）"的过程进化。一般而言，大多数成人认知成熟度处于期待被外界接纳的"社会化意识"阶段，而日益增加的不确定性要求主体认知进化至"自主意识"，否则难以适应变革。而人群中只有极少数人能够演化至"自变意识"阶段。在超越"社会化意识"向更高层级演化的过程中，管理者主体对内外部环境客体的认知成熟度与复杂度不断提升，以"自主意识"构建外部环境和市场机会，具体表现特征如下：一是从期待被外部世界接纳到发展为具有独立思考能力和责任感；二是从具体思维到能够处理抽象概念，对尚未发生的事件具有前瞻能力；三是从注重自我效益到从"利他"视角思考并发展出社会责任感。在这一过程中，管理者主体持续反思，"元认知"能力不断增强，能够跳出并持续重构其自身的认知假设。③

创始人张华友先生回忆集团初创时的背景时④动情地说："当时中州宾馆和国际饭店还没有重组，但是当时的中州宾馆总经理，也是后来的中州国际集团董事长刘金山先生很有魄力，一开始就下定决心搞集团化。领导给了

---

① 《习近平在企业家座谈会上的讲话》，中国政府网，2020 年 7 月 21 日。
② Kegan R, *In Over Our Head: The Mental Demand of Modern Life*, Cambridge, Massachusetts: Harvard Business Press, 1994.
③ 陈峥、王志等："河南省创新型企业家生成机制研究"，2017 年河南省哲学社科规划项目。
④ 作者与集团创始人张华友先生的访谈，2024 年 5 月 28 日，于郑州。

5万元支持我们创业，但那个时候仅工资发放就要支出两三万元，为了维持企业生存，我只能找朋友借钱。没钱怎么办？我就凭自己多年积累的酒店管理经验做培训、讲课，联合有英国洲际集团先进管理经验的皇冠假日酒店作实习平台，给河南省内200多家主要的国营宾馆、招待所提供培训。那时所做的一切努力，都是为了让企业活下去。培训做了一两年后，我们开始接管酒店、委托管理。跟所有创业者一样，我们经历了创业路上的各种坎坷。曾经接管酒店做了一年多，业主觉得自己好起来了就不让我们干了，甚至连管理费我们都要不回来。"

"我们排除千难万险、全力以赴做的一件事，就是创建中州国际自己的酒店管理品牌。"张华友总经理说，"品牌创建之路异常艰难，但是我们别无选择。第一，中州国际的酒店管理必须品牌化，无其他路可走。第二，要获得业主的信任、说服他们挂中州国际的品牌，只有靠实力说话。比如业主方经常会质疑'我自己的孩子，凭什么要姓你的姓？'那我们只有一个办法，就是打造中州国际独到的管理思想和管理理念，让人信服。我研究过外国酒店管理品牌的模式，就是搞定一个品牌、一套班子、一套体系，这样一年就收几百万元的管理费用。我们创业，也得打造好'中州国际'的品牌班子和管理体系。当时为了说服业主挂'中州国际'的牌子，我告诉业主'中州国际'品牌现在挂是不要钱的，但是过一两年以后你若再想挂中州国际的牌子，没有50万元是不行的；我们花了二三十万元请上海一家设计公司做的整个Logo设计，还有整个视觉系统，做好后都可以免费让你使用。业主方很认同，给酒店做了巨大的广告牌。当年没有高架桥的时候老远就能看见醒目的中州国际牌子，这可是投资几十万元广告费也未必能换来的影响力。可见，中州国际管理方与业主方这样的合作方式是互惠互利的。"

正是凭着这股干劲，张华友总经理短短几年就把"中州国际"酒店品牌拼到了行业先锋，当时"中州国际"的品牌实力可与"首旅""锦江""粤海""金陵"等酒店品牌实力相媲美。

"现在回想起来，我刚上任的时候给团队设定的战略目标是'两年走出困难，然后立足中原，走向全国'，当时大家都觉得我说说而已，不可能实现的，结果我们真的一步步做到了！不仅如此，中州国际成了全国酒店业的标杆，2002 年之后全国酒店业各种有影响力的论坛，如中国旅游饭店业协会论坛等我都亲自参加，分享中州国际的品牌管理理念和成功之道，这本身就有很大的新闻性和广告效应。"

当年张华友总经理作为国内酒店管理集团的高管，也是当时国内酒店业最年轻的高管，能与来自发达地区酒店业的同行大咖们在各大论坛坐而论道并非偶然。这是因为，无论环渤海地区的首旅集团，长三角地区的锦江集团，还是珠三角地区的粤海集团，它们作为行业巨头，其管理范围都是区域性的，无法渗透到中原地区。刚起步的中州国际品牌成长于中原地区，有着这些酒店管理巨头不具备的本土优势。张华友总经理在各大论坛所分享的中州国际品牌的管理之道，比如"经营本土化、管理差异化、一店一策、一人一策"等，都得到了业界权威人士的高度认可。

选择做酒店行业，就意味着承担巨大的付出压力。那时候交通体系还不发达，没有现在的高铁和发达的航线，管理层们需要自己开车到全国各地的酒店，一路跋涉克服很多困难。做酒店人就意味着经常出差，几乎每个月有一半的时间都在外奔波。随着接管的酒店越来越多，每个酒店住 1 天，1 个月都住不过来，经常远离家庭出差在外对人的身心都是巨大考验。在酒店行业中打交道的对象是人而不是机器和技术，且当人与人的理念各不同时，沟通就需要大量成本。比如与业主沟通，要想办法让业主接受管理方的理念并充分授权、放权，酒店管理工作才能顺利开展。除此之外，集团内部从管理层到员工也要在理念上统一，有一整套企业文化做指引，系统的企业文化理念是确保集团战略落地、达成共识的有效管理工具。

中州国际酒店集团从创立之初就一直很重视员工培训。张华友总经理说："我经常利用大小晨会例会给员工传播、灌输和落地管理层的理念。另外，我也请很多高校专家到集团来讲学，如河南财大、郑州大学、北二外、华东师大、上海旅专、中山大学和香港中文大学等旅游管理方面的专家，邀请他们定期给员工做培训。我跟这些专家们有多年的交情，慢慢地就成了一生的好朋友。现在有的外地专家退休后还来郑州约我见面。"

创业十年，张友华总经理矢志不渝坚持做的，就是把他个人积累的酒店管理思想转变成员工的行动。他说："做好这件事，第一要有自己独特的品牌管理思想体系，第二要有足够的人格魅力才能影响人，第三要有一套管理的模式、为人处世的方法来管理企业。我们的很多理念需要沉淀，当然还需要迭代，需要总结复盘，然后再重新提炼出来。因为有很多在那个时代最好的方式方法，在今天却未必适用。但集团在创业之初形成的很多中州国际企业文化理念如'敬业奉献，务实创新'等，一直传承到今天。"

回顾中州国际酒店集团的成长历史，根据凯根所阐述的成人认知发展理论，企业家在持续适应性重构其"事业理论"的过程中，表现出了超越"社会化意识"，并不断体现其认知的适应性与前瞻性特点。[①] 集团企业家经历了"以效益主导应对式满足需求—以愿景使命主导自驱式创造需求—可持续共享价值创造"的认知演化过程。具体而言，企业家对"创新动机"的认知经历了"盈利导向—愿景驱动—家国情怀"，对"创新风险"的认知经历了"回避—接纳—驾驭"的跃迁。[②]

王志先生于2002年担任集团总经理助理，2003年任副总经理。在2010年任集团总经理之前，他协助创始人张华友总经理经历了集团第一个十年创业的艰辛，是集团从创立到蓬勃发展的见证者，也是中州国际品牌文化的传承者和发扬光大者。2012年，中央倡导"从简风"，酒店业特别是高档豪华型、政务型酒店的收入比以往有所下滑，"转型""升级""创新""并购"在当时是行业的关键词，之后的多年酒店业也持续探索，在2015年集团的新年致辞中，王志董事长展现了一名企业家对"创新风险"的认知从被动回避到主动接纳驾驭的跃迁。他以企业家的乐观和积极眼光，看到了互联网时代未来市场蕴含的巨大商机，他强调"无限风光在险峰"，并表达了以下观点。

---

① 陈峥：《公共管理视域下创新型民营企业家生成机制研究》，《河北学刊》2023年第3期。
② 陈峥：《我国创新型民营企业家生成机制研究》，《中州学刊》2021年第2期。

　　“也许，我们会把这一现状归结于诸多外部因素，诸如相关政策影响，或者是经济周期导致中国经济的软着陆，或者是酒店业的非理性投资造成高星级酒店的过剩，或者是经济型酒店、精品和主题酒店以及公寓式酒店等新型业态的竞争等；也许，我们把问题归咎于饭店内部规划不合理、定位不精准、硬件设施落后、位置偏僻、技术或人力资源瓶颈等。但是，我们还必须看到，经济正在走入常态，市场需求和消费趋势也在悄悄地发生变化，新的商业模式和机会也在不断出现，而互联网和科技的飞速发展以及分享经济的来临也给我们带来新的思维和路径。因此，我们必须不断研究更加细分的市场并精耕细作，必须关注新的品牌和连锁发展模式，必须深刻认识行业的本质和问题根源并寻找根本性的解决方案。面对不确定性的未来，我们必须充满自信，并且脚踏实地。尽管路漫漫，但我们必须坚定向前，因为在险峰，风光无限。”①

　　2017年，中国酒店业开始回暖，王志董事长一方面鼓励经理人“行业转型升级的这几年，中州国际脚踏实地、稳中求进，积极拓展市场并不断调整经营策略，取得了巨大成就。即使在遥远的海南，集团也实现了从1家店到5家店的拓展。只有与时俱进的企业才能跟上时代发展的步伐”，另一方面冷静地提醒集团管理团队“目前的成功和业绩，主要是由于市场自然回暖，并不是由于管理团队的认知改变”。王志说：“这是因为我们仍然局限在传统的对酒店行业的认识中，用传统的理念和经营策略去解决今天市场出现的新问题，所以即使有了业绩的回升也是事倍功半。不是由于中国酒店人在经历了将近5年的寒冬以后，真正对这个行业的问题有了深刻的认识。我们的传统酒店今天仍然在靠天吃饭，如果接下来出现下一次危机，我们可能会因为没有准备好而遭遇又一次‘滑铁卢’。目前面临的首要问题不是努力和效率的问题，而是方向的选择和战略的确定。”②

　　进入新时代，我国市场经济体制迎来了创新发展的新阶段。在这个背景

---

① 中州国际酒店集团内部刊物《中州＆国际》，2015年第1期。
② 王志董事长2017年集团年会上的讲话。

下，中州国际酒店集团也开始了新一轮的转型升级。集团管理团队在深刻洞察市场环境变化的基础上，提出了全新的"事业理论"。他们不仅注重传统酒店业务的发展，还积极拓展跨界多元业务，如旅游、文化、教育等领域的跨界融合。同时，集团还加大了对数字化转型的投入，通过引入先进的技术和管理理念，提升服务质量和运营效率。随着市场经济体制的不断完善和创新发展，中州国际酒店集团将继续深化对"事业理论"的认知和实践。集团管理团队将继续保持敏锐的洞察力和前瞻性思维，不断调整和优化集团的战略布局和业务模式。同时，集团还将积极拥抱新技术、新模式和新业态，推动酒店业的持续创新发展。

王志从 2021 年 12 月起担任中州国际酒店管理集团的法定代表人兼总经理，如果说张华友总经理带领集团走过的第一个十年为企业的市场化转型打下了坚实基础，那么在由王志带领集团走过的第二个十年里中州国际旗下的品牌数量有了大的飞跃，从第一个十年的 2 个发展到 12 个，目前王志董事长正带领集团开启第三个十年发展阶段。随着市场经济体制的不断成熟，酒店业迎来了又一个快速发展的黄金时期。在新的阶段，中州国际酒店集团再一次开始主动适应市场变化，积极调整自己的"事业理论"。管理团队开始深入研究市场环境、顾客需求和竞争态势，重新定位集团的使命和核心能力。大多数酒店品牌所提供的产品和服务，只能探索并满足客户最表面化的功能需求层面，而有持久竞争力的品牌则可以试图探寻到客户深层次的情感需求，更好地理解客户对品牌与产品的选择行为。这是因为，在数字化时代人们对于旅行和度假的期待发生了质的变化。人们不再只是想要看到新的风景，而是想要深入的体验感，感受旅游地的文化和历史。

中州国际的管理团队从品牌建设、服务质量提升和数字化转型等方面，努力打造具有持久竞争力的酒店品牌，集团定位从过去的"目的地酒店"（Destination Hotel）转型成为"酒店目的地"（Hotel Destination），即从过去作为旅游景点的住处，转身成为旅游景点，满足客户对文化和历史的需求，以新质生产力赋能集团的发展。业内人士普遍认为，酒店新质生产力是依托于新技术、新产业、新业态和新领域的先进生产力，以数字化、网络化、智能化的新技术为支撑提升酒店的高效能和高质量。长期来看，新质生产力必将对社会的劳动方式、生产组织方式、社会组织运行和社会制度体系产生重大影响。以新质生产力赋能文旅产业的挑战，是正确识别和适应新产业。作为物质和精神高度融合的酒店产业需要紧跟数字时代的浪潮，积极拥抱新质生产力。新质生产力赋能文旅产业的意义，是通过技术转化创造新供给和新需求，巩固和提升文旅产业作为刺激消费、拉动经济增长的重要引擎地位。在文化科技深度融合的背景下，新质生产力将推动文旅产业以优秀文化资源为内核、数字科技为手段、创意资产管理为路径，为文旅产业的高质量创新发展注入强劲动力。新业态正是新质生产力的重要组成部分，主要是以个性化、定制化、体验化等为代表的新型商业模式和服务模式。文旅产业拥抱新质生产力，将在文化旅游的资源活化、艺术创作、产业整合、创意传播、沉浸消费等各个方面带来巨大的提升。新质生产力将引领文旅产业融合新技术、适应新产业、重塑新动能。站在高质量发展的新征程上，酒店业将全面贯彻新发展理念，助力新发展格局，推动行业绿色化、品牌化、数字化、特色化高质量发展，深刻认识新质生产力的基本内涵，向"新"而行，以"质"致远，以科技创新引领产品创新，培育酒店业高质量发展的新领域新赛道，为推进中国式现代化贡献行业力量。

二 从被动"反应"到主动"适应"

回看中州国际酒店集团的发展变迁，是一部生动的管理团队的认知进化史，是伴随集团管理团队持续的战略调整，对市场环境、集团使命和核心竞争优势的认知从被动"反应"（Reactive）到紧跟市场经济的时代浪潮、主动"适应"（Adaptive）① 变革的持续进化过程。60 余年的风雨兼程，中州国际酒店集团管理团队在传承母体酒店基因的基础上，不断反思、检验并重构其事业理论。这一过程不仅体现在对外部环境的敏锐洞察和灵活应对，更

---

① Kegan R., *In Over Our Head: The Mental Demands of Modern Life*, Cambridge Massachusetts: Harvard Business Press, 1994.

体现在对内部资源和能力优势的深度挖掘和高效整合。

（一）中州国际企业家认知的被动"反应"阶段

在被动"反应"阶段，集团管理团队主要依赖对市场变化的快速响应和短期策略的调整。当市场竞争加剧和消费者需求日渐多样化时，这种简单的反应模式已经无法满足集团持续发展的需求，这为集团管理团队认知的适应性提升提出了新的要求，只有通过构建更加灵活和可持续的战略体系，更加注重对环境的长期趋势、利益相关者和深层次结构的洞察，才能实现对市场变化的深度适应。通过对市场、技术、政策等多方面的综合分析，集团能够更准确地把握未来的发展方向，从而制定出更具前瞻性和战略性的发展规划。同时，集团还通过不断优化内部管理和创新机制，提升自身的核心竞争力和可持续发展能力。

在这一过程中，集团管理层始终做到了对环境、使命和核心能力的假设符合现实且彼此匹配；通过打造和传播民族品牌文化，事业理论为整个组织所了解和理解；与此同时，持续的文化再造确保了事业理论不断得到检验和自我变革。持续的"事业理论"重构和升级确保了中州国际酒店集团的适应性和前瞻性，不仅使集团能够更好地适应外部环境的变化，也为其内部资源和能力的发挥提供了更广阔的空间。

（二）中州国际企业家认知的主动"适应"阶段

品牌的创立与成长不是一朝一夕的事，它需要经过消费者长期的检验。这背后是对品牌管理团队认知模式的不断检验和对管理实践的持续总结，这样才能保持品牌的持久活力和战斗力。[1] 例如，中州国际成立早期在集团化、国际化的成长过程中，敢于"借力"和"借势"来提高管理水平和影响力，通过品牌扩张实现集团化的规模优势，这种独特的"中州模式"在河南旅游业起到了明显的示范带头作用，省内很多企业相继引进了喜来登、万豪、希尔顿等国际知名品牌，带动了河南旅游涉外饭店业整体管理水平的

---

① 陈峥、王志等："认知演化视角下河南省创新型民营企业家生成机制研究"，2023 年河南省软科学研究计划项目。

提高。在酒店行业经营受到冲击的严峻形势面前，中州国际酒店集团的管理团队体现了在危机中打造品牌的实力。集团高层要求职业经理人勤于思考、锐意创新、审时度势，不能消极观望、冷漠等待、听天由命。"危机"等于"危险"加"机遇"，危机恰恰给予了集团深化服务、提升质量、加强管理、打造品牌、展示实力的机会。正如流行性感冒来时，并不是所有的人都会患上感冒，这要看一个人的体质。危机中的形势也是这样，谁能把不可能变为可能，谁能把不利变为有利，谁能坚挺地生存与发展，谁就会赢得未来。当互联网技术的飞速发展给酒店行业带来新的挑战和机遇时，中州国际酒店集团迅速调整战略，积极拥抱互联网，实现了线上线下服务的完美融合。通过充分利用互联网平台的优势，集团不仅提升了客户体验和服务品质，还成功扩大了市场份额和品牌影响力。随着全球生态环境保护意识的日益增强，中州国际酒店集团积极响应并致力于绿色环保与可持续发展的理念，集团不仅在酒店建设和装修过程中采用环保材料和技术，还通过节能减排、资源回收等措施，降低酒店的运营成本，减少酒店运营对环境的负面影响。同时，集团还加强对员工环保意识的培训，鼓励员工参与环保活动，共同推动绿色环保和可持续发展的理念在酒店业得到广泛实践。面对新冠疫情给酒店行业带来的巨大冲击，中州国际酒店集团迅速调整战略，制定了一系列应对措施。集团加强了酒店的卫生消毒工作，提高了员工的防护意识，确保为客户提供安全、卫生的住宿环境。同时，集团还积极推出线上预订和无接触服务，满足疫情防控期间客户的需求。为了适应市场的变化和满足客户的多元化需求，中州国际酒店集团不断拓展自身的业务范围和服务领域。除了传统的住宿、餐饮、娱乐等服务外，集团还涉足会议、会展、旅游等领域，为客户提供更加多元化、个性化的服务体验，践行了"中州国际，让生活更美丽"的企业使命。

时代的浪潮在滚滚向前，百舸争流的中国酒店业也走上了蝶变之路，在物竞天择、适者生存的不变法则里，和所有的成功企业一样，中州国际酒店集团展示给世人的永远是其辉煌亮丽的成就，如高质量的产品或服务、忠实的客户群体和极高的客户满意度、强大的品牌影响力、稳健的财务状况以及获得的各项大奖等。然而，其背后所经历的磨砺和挣扎并不为外人所见。"冰山"之下不可见的部分，是各种市场不确定性，是各类政策法律风险等带来的生存威胁和挫败，是为满足互联网时代不断提升的客户期望时酒店人长期培养的奉献、毅力、坚韧和自律，是酒店人长时间高强度工作和远离家人带来的身体健康压力和情感压力。"坚持，成就梦想；坚守，创造传奇"是中州国际酒店集团从 60 多年的传承与创新中提炼出的企业精神。它彰显了历任企业家的个性特点，是中州国际人的精神支柱，更是集团持续发挥行业示范和领航作用的力量源泉。唯有登高望远，才能尽览风光无限。在未来发展中，中州国际酒店集团将继续保持敏锐的市场洞察力和创新能力，不断优化事业理论，推动企业持续健康发展。

第二章
中州国际酒店集团的品牌铸造与管理输出

中州国际酒店集团的民族品牌铸造之道，概而言之，体现为从模式导入和品牌引进到品牌嫁接，再从品牌嫁接到品牌输出和文化再造，是完整的"中州国际模式"品牌发展三部曲。在过去几十年中，通过以上模式，中州国际酒店集团以"中州国际"主品牌为基础进行品牌延伸，成功创造并输出了"中州国际大饭店""中州国际饭店""中州度假酒店""中州华鼎饭店""中州华悦饭店""中州华舍""中州悦隐""中州丽呈酒店""中州颐和酒店""中州商务酒店""中州景秀度假村""中州颐和公寓"等优秀民族品牌。

对于一家以酒店托管为主营业务的酒店管理集团来说，其品牌的铸造与输出过程，无疑就是集团本身管理模式的输出过程。由于制度只能由人来运作，中州国际酒店集团向旗下被托管的各单体酒店输出管理的过程，同时也是集团所属近 300 名优秀酒店行业职业经理人的输出过程。通过在酒店管理实践中持续不断地培养并输出管理人才，中州国际酒店集团在实践中成为业内知名的培养酒店专业管理人才的"黄埔军校"。

第一节　中州国际酒店集团的品牌铸造及其文化优势

一　改革开放以来我国酒店行业民族品牌建设的发展

（一）我国酒店行业民族品牌建设的反思

进行民族品牌化建设与经营，是我国本土酒店实现服务和经营差异化的重要途径。我国酒店通过强化品牌个性，将自己的品牌功能与消费者的消费心理联结起来，可以更好地将品牌信息传递给消费者，使消费者在购买自己的品牌产品后，不仅能取得实质性使用价值，而且能够获得一种心理价值，即购买优秀品牌带来的心理满足感能够更好地满足顾客物质和精神的需要，从而进一步加强消费者对酒店的忠诚度。

　　然而，中国本土酒店经历了创立、维护、巩固品牌建设的艰辛历程而发展壮大。首先，酒店品牌的发展伴随中国酒店业的企业化、集团化和专业化而逐步展开。改革开放以来，伴随着国民经济和旅游业的转轨，我国酒店业的性质才逐渐由外交事业的补充向经济创汇转变，酒店品牌也才开始有了市场化成长的土壤，但我国酒店业仍然以单体酒店为主。其次，中国本土酒店的民族品牌意识淡薄。在我国酒店业发展初期，酒店建设发展特别迅速，这就直接导致了因酒店追求发展速度而带来的管理技术能力的严重不足。因此请外国人才来管理，再"租"个洋品牌冠名，自然就成了当时酒店业主的普遍选择。改革开放以来，我国酒店业发展的规模和速度可观。世界上各品牌的酒店管理公司，正是看准了这个商机，纷纷抢入中国酒店管理市场，通过合资、合作、连锁、冠名、全权委托管理、部分项目经营管理等多种形式在中国新生的酒店管理市场上遍地开花。在早期酒店业发展不成熟的阶段，中国酒店的投资者及管理人员片面注重酒店的经济效益，忽视了品牌的打造。花钱"租洋品牌"确实能为饭店招揽顾客特别是外方消费者，在短期内实现饭店的高收益，但是这种交易背后流失的是巨额资金和管理费用。酒店业是靠多年经营方能立足的长效型企业，靠花大笔钱请外人管理难以实现基业长青。最后，中国本土酒店强调星级而忽视品牌建设。酒店评定星级只是一种行业管理手段，应当作为一个标准去规范，而不应当作为一种终极目标去追崇。长期以来，中国酒店行业存在重视星级评定而轻视品牌建设的问题。这从酒店业长远发展来看，也是不可取的。

　　之所以出现上述状况，首先，与我国的一些企业家缺乏长远的品牌战略意识有关。主要表现在：有的企业没有树立品牌意识，只是一味地追求生产经营绩效；有的企业虽然有品牌意识，但没有把品牌放在重要位置，没有在思想上和行动上给予足够的重视，少见付诸行动；有的企业缺乏创造品牌的动力，一遇到技术上或资金上的困难就产生畏难情绪，放弃对品牌的追求；部分品牌只注重知名度与视觉识别，品牌的服务水平缺乏有效的保证，从而难以形成高品质的民族品牌；还有部分企业把建立民族品牌看作短期行为，以为依靠短时间注入巨资进行"狂轰滥炸"式的广告活动，就可以建立起民族品牌，忽视了民族品牌战略的整体效益、民族属性和长远目标，从而为企业品牌长期价值的建立埋下隐患。其次，我国民族品牌的建设途径亟待创新。民族品牌必须及时反映产业的变化，及时根据产品技术和核心要素的变化进行创新，才能赢得品牌市场的持续性发展。如果跟不上市场需求的变化，不能根据新的消费需求进行品牌价值的创新，就很容易在激烈的市场竞争中败下阵来。我国很多曾经显赫一时的民族品牌，就是由于未能把握新的技术以及产业变动所带来的机遇而消亡的。如果民族品牌因循守旧、忽视产业升级创新，就可能会在一夜之间化为乌有。最后，民族品牌权益的保护势在必行。曾经部分品牌企业缺乏知识产权保护意识，对民族品牌的商标权保护不力。改革开放以来，外商不断通过并购、控股等方式参与我国民族品牌的发展，导致目前我国 90% 的合资合作企业使用的是外国投资方的商标，而许多当年人们耳熟能详的民族品牌在外资并购中不断"蒸发"，经济价值日渐低下。具体而言，因为人们对民族品牌的认知程度和信赖感所带来的持续不断的购买行为，使得拥有该品牌的企业能够获得比同行更多的市场份额和更高的经济效益。

（二）走出民族品牌的高质量发展之路

"十四五"规划纲要提出"开展中国品牌创建行动"，民族品牌建设正式提升到国家战略层面。党的二十大报告强调"高质量发展是全面建设社会主义现代化国家的首要任务"。民族品牌就是中国力量，高质量发展是民族品牌建设的必由之路。然而民族品牌建设非一朝一夕之功，而是一个长期的系统工程。首先，我国企业的民族品牌建设起步比较晚、起点比较低，企业更要用长远、全局的眼光来确立高质量发展的战略与战术方针，一旦制定品牌发展战略就要坚定不移地贯彻执行。其次，创造中国民族品牌必须坚持走自主创新之路，包括民族品牌的观念创新、技术创新、产品创新和管理创新等，企业需要在工艺、质量、服务乃至国家形象上做足功课，以新创意、新科技、新体验不断寻找符合时代发展的创新点，讲好品牌故事，赋能品牌的高质量发展。再次，民族品牌是国家文化软实力的体现，因此企业既要保证产品硬实力也要打造文化软实力，开启中国品牌文化扬帆出海新征程，展现中华文化的凝聚力、包容性和开放性。最后，企业积极承担社会责任，推动低碳绿色和可持续发展，把人才的引进和培养作为企业创新发展的重要驱动力，加强上下游企业的合作共赢等，都是民族品牌在激烈的市场竞争中实现高质量发展、树立良好的市场形象和打造持久竞争力的关键所在。不言而喻，以上关于民族品牌高质量发展战略的共识，体现的是人们在相关问题上的理论认识与实践活动所具有的普遍性与一般性。

二 中州国际酒店集团的品牌效应与集团化经营

（一）从单体酒店经营向酒店集团化经营的战略转型

企业品牌是企业的一面旗帜。"中州国际"作为闻名遐迩的优质酒店品牌，是中州国际酒店集团号召同行业单体酒店与其合作共建，进行集团化经营所逐步建立的。众所周知，作为传统行业，酒店业并不属于暴利行业。虽然在某些情况下，如特殊事件或旅游高峰期，酒店行业可能会获得较高的利润，但从长期和整体发展来看并不以暴利为特点。这主要是由以下几个因素决定的。第一，酒店业的运营成本通常较高，包括物业租金、装修折旧、员工工资、维护费用、水电费等；同时为维持品牌声誉和吸引高端客户，酒店需要不断在服务质量、设施维护、信息技术、在线预订系统和客户体验上进行大量投资，这些投资虽有利于长期发展，却在短期内大大增加了企业运营成本。第二，酒店业作为一个竞争激烈的行业，尤其是在大城市和热门旅游目的地，为吸引顾客酒店需要提供有竞争力的价格，这限制了它们提高价格以获取暴利的能力；与此同时，酒店业的季节性很强，淡季可能需要降低价格以吸引顾客，这会进一步压缩利润空间。第三，作为服务行业的一部分，许多酒店采取差异化竞争策略，通过提供独特的体验或专注于特定细分市场来吸引顾客，这种策略往往意味着需要更高的运营成本，而不是追求暴利。第四，由于在线预订平台和用户评价系统的普及，酒店的价格和服务质量越来越透明。这增加了顾客的议价能力，限制了酒店随意提高价格的空间。常常会听到这样的说法，"投资酒店三年回本"，这也无时无刻不在撩拨着投资者的心弦。但实际上，酒店投资在 4～5 年能收回初期投资已经是很好的结果。酒店的利润率因地理位置、酒店规模、服务水平、市场竞争、管理效率和成本控制等因素而异。一般来说，高档酒店的利润率可能较高，而经济型酒店的利润率可能较低。根据行业数据，全球酒店业的平均利润率为 5%～15%。然而，实际利润率会因各种因素而不同。在我国，单体民族品牌酒店在发展中的市场竞争力非常有限，可能无法与进驻的世界知名品牌酒店相争。我国酒店业要想增强民族品牌的竞争力，必须走专业化酒店集团品牌的发展之路。纵观国际知名的酒店集团，在发展其集团的品牌文化时，无不呈现地域上的强烈扩张态势。品牌蕴含着巨大的商业价值，通过创建品牌，中国酒店可以在顾客心中形成独特而鲜明的认知。同时，通过品牌这条纽带，以集团化连锁经营的方式，可以实现壮大酒店实力的目标，增加商品的附加值。因此，构建自己的品牌，实现品牌的差异化，已经成为中国酒店崛起的必经之路。为此，中州国际酒店集团的管理层从一开始就明白，要想在酒店业激烈的市场竞争中更具竞争优势，并获得行业平均利润以上的经营回报，走集团化发展之路是必然的选择。

回溯中州国际酒店集团的辉煌历史，其前身就是始建于 1959 年的河南省中州宾馆和与其仅一墙之隔的河南国际饭店。在改革开放的大潮中，1995 年 2 月，河南省中州宾馆按照五星级酒店标准进行了改造，并邀请假日酒店集团（洲际酒店集团前身）来管理，先后引入"皇冠假日""假日""快捷假日"三个国际知名品牌，成立了中州皇冠假日酒店、中州假日酒店、中州快捷假日酒店。1995 年，河南国际饭店与法国雅高酒店集团合作，成立了河南雅高国际饭店有限公司郑州索菲特国际饭店。2001 年底，在"大旅游、大产业"的决策背景下，河南省人民政府决定将中州宾馆与国际饭店重组，成立了中州国际集团。中州国际集团一方面继续经营自己的酒店主营业务，另一方面也消化吸收国际酒店的管理理念和集团化发展经验。2002年成立的河南中州国际集团管理有限公司担负起集团化发展的重任。河南中州国际集团管理有限公司通过模式导入、品牌嫁接、人才开发、文化再造等手段，立足国内、面向世界，致力于打造以酒店投资管理为主体，酒店用品物流、酒店人才开发为辅的三位一体的专业化、国际化的酒店管理公司，以此来践行自己的责任，拓展集团的事业。在集团化品牌连锁服务方面，集团在2005年成立集团呼叫中心，为成员酒店开通中央预订系统并打造中州行会员体系"饭店忠实客户计划优悦会"（ZHC）。中州行目前已成为饭店业内发展最迅速的忠实奖励计划。多年来集团不负众望，不但创造了良好的经济效益和社会效益，还始终在同档次、同区域饭店中保持一流的管理业绩，并跻身于国内饭店集团化企业第一阵营，为河南旅游饭店行业争得了荣誉。上海财经大学旅游管理系主任、博士生导师，欧美同学会旅游专业委员会专家何建民教授曾对此发表感慨："中州国际集团管理有限公司成长于经济相对落后的中部地区，却创造了发达地区一些同类企业无可比拟的良好业绩，令人赞叹，它的成长与发展必将带动中西部酒店业加速发展。"

　　这一系列成就正是得益于集团基于对市场经济体制的环境认知，在学习借鉴世界著名酒店大公司经验的同时，利用自身的条件和文化优势，按经济规律的要求，在经营理念、企业文化、品牌声誉、产品质量、市场销售、物资采购、人力资源等方面走大酒店专业化集团经营的道路。这是因为集团化的酒店能通过标准化的服务和管理提高整体竞争力；集团化经营能够实现规模经济，降低成本，提高采购效率并增强市场议价能力；集团化的酒店能够通过统一的品牌推广和市场营销策略，增强品牌影响力和客户忠诚度；集团化有助于酒店企业整合资源，包括人力资源优化、吸引投资和技术创新等，以实现更高效的运营；同时，大型酒店集团能够分散地理和市场风险，通过在不同地区和市场布局，减少对单一市场的依赖，未来不仅在国内市场上更具有竞争力，而且能够参与国际合作。

　　未来，中州国际酒店集团的战略愿景就是要成为国内甚至世界一流的综合性连锁酒店集团，通过品牌连锁、资本运作、企业金融和战略联盟等途径实现目标。集团将根据市场需求不断丰富和调整品牌结构，推出更多符合时代需要的品牌，从多个维度渗透到细分市场，进一步完善并完成在全国乃至全球的合理化布局。通过项目发展、项目运营以及集团化经营三位一体的模式提升中州国际酒店集团的核心竞争力及多元文化，从而展现"中州国际"的宽广视野和独特魅力。

（二）从引进到嫁接再到输出的品牌铸造之道

中州国际酒店集团的高层领导很早就认识到，作为担负着民族品牌发展重任的酒店管理公司，打造具有中原特色的民族品牌、树立行业标杆是其义不容辞的使命和担当。如果把集团的酒店核心产业交由外方管理，集团的发展将无从谈起；唯有做强做大属于集团自己的"中州国际"品牌，才是集团未来长远发展的根基。这是因为品牌是酒店管理企业重要的无形资产，从管理技术到管理系统，因其存在形式隐性不可见特点，更需要通过品牌的创建保护其产权。品牌建设不仅能够增强酒店的市场竞争力，还能够为酒店带来长期的商业价值和社会影响力。"中州国际"品牌之所以能够稳步发展，得益于体制机制的不断创新。本着"敬业、奉献、务实、创新"的企业精神与"外谋发展，内求人和"的企业信条，集团从引进成熟的知名国际品牌到双品牌模式的品牌嫁接，再到多品牌输出，这"三步棋"为集团的发展铺垫了一条最优路径。具体表现为：引入国际著名酒店集团的品牌及管理模式支持"中州国际"品牌形成；以"中州国际"文化内涵为基础进行品牌延伸和输出；以人才和文化为动力，推动品牌和项目的发展，实现品牌扩张战略。集团的民族品牌铸就之路经历了"三部曲"的过程，即从品牌引进，到品牌嫁接，然后再到品牌输出。

在品牌引进阶段，河南中州国际集团管理有限公司的母公司中州国际集团利用自身优势，从引进"皇冠假日""索菲特""假日""快捷假日"四个国际知名品牌开始，就实现了品牌国际化、服务品质国际化、管理制度国际化和营销网络国际化。这些国际品牌的专业化管理，不仅为集团带来了显著的经营成绩，更重要的是为集团注入了新鲜血液，实现了整个集团经营管理观念的根本转变，也为集团注入了极大的活力，有力地支持了其他子公司的后续发展。1959 年破土动工建造的河南省中州宾馆于 1995 年引进了英国洲际集团的管理，同年中州 1 号楼升级改造为中州皇冠假日酒店；1980 年成立的河南国际饭店与法国雅高集团共同投资兴建了郑州索菲特国际饭店，成为河南省最早的中外合资国际品牌五星级饭店之一。两家母体高端酒店"西学东用"，在学习国际品牌先进管理经验的同时，把民族特色融合进来。20 多年来，集团以模式导入、品牌输出、资源整合、文化再造阶梯式发展，以母体酒店为依托，立足中原，辐射全国，同时放眼世界，与国际接轨，积极拓展国内外市场，优化结构，不断发展壮大，创建了"中州国际大饭店""中州国际饭店""中州度假酒店""中州华鼎饭店""中州华悦饭店""中州华舍""中州悦隐""中州丽呈酒店""中州颐和酒店""中州商务酒店""中州景秀度假村""中州颐和公寓"十二大民族品牌。河南国际饭店在改革开放中诞生、成长，并不断借鉴国际酒店的先进经验，引进知名品牌；与国际知名品牌开展更广泛的经贸合作，又催生出郑州索菲特国际饭店。这一过程的品牌引进，为集团积累了丰富的管理经验，更为日后对外开展品牌输出和管理输出、成立专业化酒店管理集团奠定了基础。国际知名酒店集团管理的引进，表面上是引入了国际品牌来支撑中州国际集团的发展，实质上，更重要的是外方管理所产生的示范效应，让集团在思想观念和机制方面发生转变。在英国洲际集团和法国雅高集团先进管理模式的耳濡目染下，集团吸收西方文化中的先进因素，继承中华民族文化中的优秀遗产，博采众长，兼收并蓄，在扬弃中形成了独特的中州国际企业伦理文化，并成为中州国际集团管理有限公司快速发展的文化资源、精神资源和力量源泉。"中州＋国际"使中西方文明、传统与现代文明在这里融合碰撞，协作共赢。

在品牌嫁接过程中，中州国际集团和中州国际酒店管理集团进行了科学的品牌管理，对"中州国际"品牌进行细分，走复合型品牌战略发展之路。在中州国际品牌的基础上，针对不同的市场对酒店品牌进行定位。将"中州国际大饭店"定位为高端豪华饭店，"中州国际饭店"定位为高档商务酒店，"中州度假酒店"定位为豪华度假酒店，"中州商务酒店"定位为精品商务酒店连锁品牌。复合型品牌战略将主品牌"中州国际"

与不同定位的酒店品牌结合，既降低了单一品牌"一荣俱荣，一损俱损"的风险，也避开了多品牌战略在资源配置上的严格要求。如此更有利于发挥主品牌"中州国际"的带动作用，扩大了公司不同定位副品牌的影响力。反过来，副品牌的推广与发展又进一步强化了人们对主品牌的认知程度。

中州国际酒店集团创立之初，酒店品牌正如雨后春笋般涌现，酒店发展方兴未艾，"中州国际"品牌经过多年的市场历练，已在酒店业中收获良好的口碑。品牌输出意味着将集团多年积累的品牌价值、管理经验和服务理念传播到更广泛的市场，通过与合作伙伴的共赢合作，共同推动中国酒店业的发展。作为酒店业品牌的输出方，集团通过品牌连锁、资产重组等方式，不断扩大集团规模，提升品牌影响力，集团实现了从单体酒店到酒店集团的跨越式发展。在品牌输出的过程中，集团依托管理、资源、品牌、文化、人才、市场运作能力等方面的优势，融入原有中州国际集团的悠久历史、管理经验，在经营发展过程中通过模式导入、品牌输出、资源整合、文化再造等手段，立足河南，辐射全国，与国际接轨。集团注重品牌形象的塑造和品牌文化的传承，通过统一的设计风格、服务流程和品质标准，确保每一个酒店都能体现出品牌的独特魅力和价值。同时，集团还积极开展品牌宣传活动，提高品牌知名度和美誉度，吸引更多的客户选择"中州国际"品牌旗下的酒店作为他们的住宿首选。在品牌输出过程中，中州国际酒店集团还结合项目实际情况实施双品牌战略。在当时的酒店管理市场上，国际酒店管理公司在与业主的关系中处于强势，而国内酒店管理公司在与业主的关系中更多还处于弱势，中州国际也不例外，在与业主合作的初期，许多业主没有意识到品牌的作用，不愿意挂"中州国际"的牌子。面对这种情况，河南中州国际集团管理有限公司灵活采取双品牌战略，即将业主的牌子与公司的酒店品牌结合使用，如集团所管理的"郑州粤港中州国际饭店""郑州新华中州国际饭店""郑州绿城中州国际大饭店""郑州瑞景中州国际饭店"等。公司管理层认为，实行双品牌战略的好处在于"以退为进，以守为攻"，很好地把握住了品牌扩张市场。这一战略的实施不仅促进了项目和品牌的发展，实现了业主和集团的双赢，也提升了项目的社会效益和经济效益。①

　　集团采取多品牌战略，把品牌先做大，后做强。从过去辐射高、中、低端酒店，到目前聚焦中、高端酒店，集团创建多个品牌，覆盖多个档次，分别满足消费者不同层次的需求。集团以"中州国际"为核心进行品牌延伸，不断潜心耕耘、求索创新，创造并输出"中州国际大饭店""中州国际饭店""中州度假酒店""中州华鼎饭店""中州华悦饭店""中州华舍""中州悦隐""中州丽呈酒店""中州颐和酒店""中州商务酒店""中州景秀度假村""中州颐和公寓"等著名民族品牌。在创造这些系列品牌的背后，是中州国际人对于人文精神的一次次追求和探索，也是管理团队通过一次次进化和跨越，在传承中不断突破传统，在创新中开辟了一条属于自己的发展之路。

　　管理输出与品牌输出相伴而生。在品牌输出过程中，集团将成功的运营模式、管理体系和人才培养体系复制到其他集团旗下酒店，帮助它们提升服务质量和经营效益，实现资源共享和优势互补。作为酒店管理的输出方，集团从来不生搬硬套管理模式，而是"因地制宜，一店一策"，坚信只有"服水土"才能健康长久地发展。集团以"立足中原，辐射全国，走向世界"为发展战略，深耕河南市场，倡导"读懂河南，行走中国"。集团还与国际国内的优势企业强强联合，加强网络运营体系的建设与管理，关注品质升级与社会责任。从最初的委托管理单一模式，到如今以多品牌输出为主的发展战略；从2003年首次实施管理输出到江西省，到2011年进入海南市场，"中州国际"品牌不断发展，中州国际酒店集团的队伍不断壮大。在管理输出的过程中，中州国际酒店集团注重将自身的成功经验和管理理念与其他酒店分享，通过提供专业的管理咨询、技术支持和人才培训等服务，帮助合作伙伴提升管理水平和服务质量，实现共同成长。这种合作方式不仅有利于集团扩大市场份额和品牌影响力，还能为整个酒店行业带来创新和进步。通过品牌输出与管理输出，集团不断提升自身的竞争力和影响力，为酒店业的繁

---

　　①　中州国际酒店集团内部刊物《中州＆国际》第2期。

荣和发展作出了巨大的贡献。同时，集团继续秉持"创新驱动，质量第一"的发展理念，不断探索新的发展机遇和空间，为实现更加美好的愿景和目标而不懈努力。①

中州国际酒店集团的贡献不仅在于为顾客提供高品质的住宿体验，还通过不断创新、追求卓越，为行业树立新的标杆。中州国际酒店集团以"为中原酒店业不断输送优质的管理服务和人才"为己任，被誉为酒店管理行业的"黄埔军校"，培养了无数酒店管理行业的精英人才，为河南乃至全国酒店旅游事业作出了杰出贡献。随着集团运营的日益成熟、感性消费时代的来临以及酒店市场的日趋规范化，在全球经济一体化的大背景下，国际上拥有知名品牌的酒店集团开始大量入驻河南酒店市场，酒店业将进入品牌深度竞争时代；品牌竞争是以客人的满意度、忠诚度和酒店的知名度、美誉度为核心的竞争，通过消费者的满意度最大化达到市场份额和经济效益的最大化，其关键点是如何把握消费时尚，抓住消费者的心理并打动消费者，将民族品牌根植于消费者的心中。得益于"中州国际"品牌的影响力，集团所在的中州集团旗下逐步形成了"中州国际"产业链，经营领域涵盖酒店投资与管理、贸易、国际旅行社、房地产等，孵化出大量优秀的企业，不断为河南高质量发展贡献力量。

使命定义着企业存在的理由和意义，体现了中州国际酒店集团认为自身对整个经济和社会应作出的贡献，体现了中州国际人不断内修的气质和担当，让"中州国际"这一民族品牌继续绽放光彩和永恒的魅力。品牌之力存于专注，隐于匠心，今天的中州国际人正专注于"中州国际，让生活更美丽"的伟大使命，为我国酒店业民族品牌的建设贡献力量。

（三）以中原文化深耕"中州国际"品牌的本土优势

越是民族的，越是世界的。品牌形象代表着国家、地区和民族的形象。2016 年，习近平总书记在河南考察时指出"推动中国制造向中国创造转变，

---

① 作者与中州国际酒店集团前总经理助理兼品牌管理部总经理王新全先生的访谈，2024 年 3 月 20 日，于郑州。

中国速度向中国质量转变，中国产品向中国品牌转变"。"三个转变"进一步明确了党中央着力打造引领世界的中华民族品牌集群的战略方针。

1. 从传统中原文化中找寻力量

中州国际酒店集团诞生于河南这个历史悠久、龙脉之中的宝藏之地。基于历史深厚的积淀，集团从一开始就秉承工匠精神，从传统中原文化中找寻力量。通过专注于民族品牌的文化价值和精神内涵，立志打造民族文化品牌。因为民族企业不仅是商业实体，还承载着传播和弘扬民族文化的使命。通过对传统文化的传承创新和对互联网时代消费需求的精准把握，中州国际为消费者带来了良好的体验，同时也提升了品牌价值。

世界知名品牌酒店集团通常的发展路径是先设计打造某一酒店品牌，在品牌建设上下功夫，待其成熟后进行品牌输出，再开始品牌扩张。在品牌输出过程中，先打造旗舰酒店，再进行品牌酒店复制。其管理模式根据品牌的特殊性，一般以全权委托、特许经营等多种形式走规模扩张之路。很多世界知名品牌的酒店集团进入中国市场，就是这样一路发展过来的。我国民族品牌酒店集团起步较晚，发展方式借鉴了世界知名品牌酒店集团的成功经验。但值得反思的是，有些企业走的是符合酒店集团发展规律之路，比较顺利，有的则偏重规模扩张，关注品牌建设较少，以至于尽管规模逐年扩大，但其品牌影响力并没有随着规模的扩张而得到有效提升，导致核心竞争力仍然较弱。

酒店集团品牌不仅仅是名称、术语和标识的集合体，还具有更多的丰富内涵，它包含着鲜明的企业形象、优异的服务质量和标准化管理、具有特色的企业文化、高效的管理等诸多要素。企业形象是支撑酒店集团品牌的脸面，优异的服务质量和标准化管理是酒店集团品牌的立足之本，企业文化是酒店集团品牌的灵魂和依托，高效的管理是酒店集团品牌持续稳定发展的基础。一个知名的民族文化品牌往往都伴随着较浓厚的民族文化底蕴，民族文化是民族品牌的重要支撑。相对于一般的民族品牌来说，民族文化品牌承载着丰富的民族文化元素，如传统历史、艺术、工艺、习俗等；民族文化品牌往往有丰富的创新融合理念，它将传统文化与现代设计、市场需求相结合，创造出新的文化产品和服务。与此同时，民族文化品牌具有教育和启发作用，帮助消费者在欣赏民族文化中提升客户体验感。作为文化交流的媒介，民族文化品牌有助于推动不同文化之间的理解和尊重，结合中国传统文化和现代潮流，形成了一种新的消费趋势和文化现象。同时，民族文化品牌也被视为国家和民族的"宣传队"和"播种机"，传播中国的价值观念和文化传统。在全球化背景下，民族文化品牌不仅有助于保护和传承民族文化，还能够提升企业的软实力和国际形象。

民族文化品牌的成长需要经过市场和消费者的检验。打造品牌的过程就是面向市场、面向大众、赢得人心的过程。我国部分本土酒店在品牌建设过程中，往往急功近利，追求短期效益，忽视品牌的文化内涵建设和创新，只注重品牌硬件建设，而忽视软件改造，品牌活力不够强，这就导致品牌知名度不高，严重阻碍了本土民族酒店品牌的长远发展。打造中华民族品牌文化，是一个复杂的文化创造过程。这需要企业管理团队认真研究消费者对文化品牌的新要求和新期待，研究各国打造文化品牌的成功经验，特别是高新技术在文化品牌建设中的重要作用，着力构建文化品牌体系，精心组织实施文化品牌战略，有计划、有步骤地打造文化品牌；并以全球视野审视、开发和利用重要的文化资源，不断扩大中华文化在世界上的影响力。民族文化品牌的魅力在于创意，打造民族文化品牌的动力在于创新，应充分展现民族文化的特色和个性，既保持发展数量，更注重质量和内涵，以"品"成"牌"。加强对潜在品牌的挖掘，对已有一定影响力的民族文化品牌进行可持续创新，是民族文化品牌保持长久生命力的关键。在数字化人工智能时代，还应充分发挥高新技术在文化品牌建设中的支撑作用，通过品牌创造带动产业创新，催生文化新业态。

坐拥中原的地域优势和河南本土深厚的文化积淀使中州国际酒店集团不断从传统文化中找寻力量，紧抓历史机遇，让"中州国际"品牌继续绽放光彩和永恒的魅力。中原大地是九州之腹地、天下之最"中"。"中州国际"品牌诞生于河南这个历史悠久的宝藏之地。多年来，中州国际酒店集团努力站在当今世界文化发展的前沿，对优秀民族文化资源，特别是河南本土文化资源进行有效挖掘、集聚、整合，推动酒店以品牌为龙头开发衍生产品，延伸产业链条，充分打造企业软实力，努力造就具有民族性、时代性、世界性的民族文化品牌。

地处中原大地，中州国际酒店集团的民族品牌铸就之道注重深耕河南本土文化。21 世纪的第一个十年是中国酒店业发展的黄金十年，中州国际酒店集团也取得了可喜可贺的成绩。多年来，郑州众多中州国际旗下品牌饭店优雅明亮的大厅，接待了一批又一批五湖四海的宾客，成为河南省对外招商引资的重要接待酒店，来河南省投资的知名企业家在投资前，大都在中州国际旗下品牌饭店长期居住，感受到酒店员工热情而周到的服务，他们正是从员工的言行中开始认识河南人，爱上了这片土地，并投资河南、扎根河南。中州国际人为河南经济作出了贡献，为河南人民树立了良好的形象。中州国际酒店集团当好了"排头兵"，让每一位来河南参与中原经济区建设的客商，都看到朴朴实实、不畏艰险、包容宽厚、能拼会赢的河南人的美好形象。随着疫情防控平稳转段，2023 年国内旅游出行保持了稳定复苏态势，为酒店业的复苏创造了良好的外部条件，国际商务旅行、会议会展需求的加快复苏也将为国内酒店业复苏带来新的助力。在此过程中，中州国际酒店集团作为酒店业翘楚，也始终牢记自身竞争优势，即"以高度的文化自觉打造中华民族文化品牌"。

2. 自带 IP 的"中州国际"品牌故事

品牌故事自带 IP，让品牌资产具有了更强的辨识度和影响力，代表品牌的文化元素、价值观或形象。品牌故事能够传递品牌理念，建立与消费者的情感连接，提升消费者对品牌的认同感和忠诚度，也是"中州国际"品牌延伸与跨界合作的基础。中州国际酒店集团中流传着无数有年代感的故事和人物，讲述着品牌的历史沿革，记载着品牌发展的历史。在这些故事中，有重要的里程碑事件、转折点以及品牌在不同阶段的变革和发展，阐述着品牌的核心价值观和使命，解释了这些价值观如何指导品牌行为和决策，以及对消费者和社会的意义；有真实的消费者体验和故事，展示着中州国际品牌如何满足他们的需求，改善他们的生活；更有集团承担的社会责任，从关爱员工成长到疫情中的大爱，对行业、社会和社区产生了积极而长久的影响；

有品牌在面临挑战时的应对故事，这些故事记载了中州国际品牌如何变得更加强大和有韧性；也有品牌的未来规划和愿景，包括中州国际在未来希望实现的目标以及对行业和社会的贡献。这些中州国际故事，无不向世人展示着中州国际"海纳百川，服务无限"的企业文化和胸怀。

回首往事，河南省中州宾馆能成为河南的"国宾馆"，与全省人民的支援分不开。宾馆第一任经理王浩和第一任副经理朱先台回忆，20世纪50年代末，河南对外交往日益扩大，不断有德国等国家的专家来河南工作或访问，还有不少华侨回到河南，再加上几次中央会议在郑州召开，郑州的接待任务很重。正是在这种情况下，1959年，时任河南省委副书记的赵文甫代表省委提出，在郑州建一个"河南第一"的高档宾馆，地址就选在后来河南省中州宾馆坐落的地方，那里当时是省政府机关事务管理局的一个小农场。河南省中州宾馆当时被称为"5902工程"，与始建于1959年的河南省委第三招待所（今天的黄河迎宾馆，代号为"5901工程"）、郑州市委办公大楼并称为"河南三大工程"。朱先台说："宾馆的设计者为颜新华，是原国家建工部第一工程设计院设计师。颜新华接受设计任务后，一周就拿出了施工草图，边设计边施工，中州宾馆的施工单位为河南省第一建筑公司。中州宾馆于1959年5月10日动工，赵文甫每隔七八天就来工地一次，听说缺水泥、钢材，就让各地支援，有时甚至直接到郑州火车站动员各单位把暂时不急用的物资支援给中州宾馆。当时河南工业基础很薄弱，很多东西不能生产，面砖和墙壁上的油漆是唐山生产的，浴盆是西安生产的，甚至连暖气片都是承德生产的。当时宾馆的家具，都是从上海购买的。与此同时，中州宾馆也推动了河南工业的发展。为了满足宾馆配套锅炉的需要，建设了郑州锅炉厂；为了保障宾馆用水，还在宾馆旁边建了水厂。宾馆建成后，在房间装饰上用了很多具有河南特色的工艺品，如南阳丝织品、开封刺绣等。谢瑞阶、李海涛等画家提前一年为宾馆作画，宾馆建成后，每个房间都有反映河南当地风土人情的绘画作品。1961年8月23日，中州宾馆正式建成开业，建筑面积1.7万平方米，有150间客房300张床位。当时，为庆贺中州宾馆建成，省政府还特地在黄委会礼堂为建设中州宾馆的有功人员唱了一台大戏。"

昔日的河南省中州宾馆现已更名为河南中州皇冠假日酒店。酒店院子入口喷泉身后的黄色建筑，就是当时中州宾馆的 1 号楼，该楼也成为郑州市人民政府公布的第一批优秀近现代建筑之一。该楼有黄色外立面、明快的竖直线条、拱形窗户，层高共五层，楼长约 200 米。1 号楼气势恢宏，大堂内富丽堂皇，大厅占地约 600 平方米，厅内有 8 根廊柱，廊柱上有漂亮的图案。大堂正南方有通往二层的台阶，台阶 3 米多宽，为花岗岩建造。二层平台占地约 10 平方米，平台外围是造型别致的铁艺栏杆，站在平台上，大堂风景尽收眼底。楼上有客房、会议室。在 1 号楼可以看到巴黎歌剧院的影子，都是典型的折中主义建筑，所谓折中主义建筑是 19 世纪上半叶至 20 世纪初在欧美国家流行的一种建筑风格，这类建筑不讲求固定的样式，只讲求比例均衡，注重纯形式美。1 号楼外立面是典型的三段式，左、中、右是三段，左右对称，上、中、下也是三段，造型各不相同。1 号楼是幢典型的欧式建筑，外立面都是垂直线条，讲究比例，除大门处，几乎没有中国古代建筑符号。特别是二层观景平台，站在铁艺栏杆前，大堂景色尽收眼底，有种"我可以看别人，别人也可以看我"的感觉。

辉煌的历史在变，河南省中州宾馆也在变。1985 年 10 月，河南省中州宾馆 2 号楼开业，1987 年 3 月，河南省中州宾馆 3 号楼开门迎宾，对社会开放。1995 年 2 月，曾经接待过多位领导和外国政要的中州宾馆 1 号楼完成了五星级标准改造。1993 年，河南省中州宾馆更名为河南中州皇冠假日酒店，是原国家旅游局在河南省最早挂牌的五星级旅游涉外饭店。国内国外强强组合形成的新"中州国际"，拥有 5 座主营业楼，其中，五星级酒店 2座、四星级酒店 3 座，是全国唯一拥有"皇冠假日""假日""索菲特""智选假日"四大世界著名酒店品牌的企业。历史的光环褪去，但辉煌仍在延续。①

---

① 中州国际酒店集团内部刊物《中州 & 国际》第 2 期。

第二节 中州国际酒店集团的管理输出及人才输出

一 继承性人力资源与中州国际酒店集团的管理输出

（一）彭罗斯“企业内生成长理论”作为分析工具的引入

民族品牌必须扎根于本土人才和本土文化，才能够打造酒店业的“中国制造”、“中国创造”和“中国服务”。我国民族品牌酒店集团在发展过程中，有一些酒店集团引进了国际品牌，或合资合作建设国际品牌酒店。成功案例显示，国际品牌所蕴含的竞争优势必须被民族品牌企业所消化、吸收和扬弃，才能在本土焕发出生命力。这是因为民族品牌熟悉本土国情、社情、民情，有熟悉本土文化的本土人才，更具有打造本土品牌的优势。这正是奥地利学派经济学家爱迪斯·彭罗斯（Edith Penrose）所强调的“继承性人力资源”和“未使用服务”[①]在企业成长中的重要引领作用。作为企业特有的优势，继承性人力资源对企业未使用服务的持续发现和利用，使中州国际酒店集团得以在全球化背景下，在品牌建设中传承和弘扬本土资源和文化优势。

彭罗斯的《企业成长理论》从“主观主义认知论”视角剖析了管理创新与知识创新的过程。[②]她所关注的企业成长的驱动力不仅仅在知识管理、团队合作的层面，更不只是特定的生产技术或管理手段，而是企业内部人力资源对外部知识的思维构建方式，是经验知识的形成与更新过程。这对企业人力资源，特别是继承性人力资源的开发有重要意义。这一内生成长理论为今天的战略管理、人力资源管理创新、组织行为研究和实践提供了新的视角。[③]

---

① Penrose E. T. , *The Theory of The Growth of The Firm*, Third edition, New York：Oxford University Press, 1995, Original publication 1959.

② Pitelis C. N. , *The Growth of the Firm：The Legacy of Edith Penrose*, New York：Oxford University Press, 2002.

③ 陈峥：*Reinterpreting Penrose's Growth Theory：A Subjectivism-Based View*, 北京：经济科学出版社, 2013。

首先，关于人力资源与企业的内生成长，彭罗斯认为企业是独特的资源集合，强调管理能力在其中的核心作用。虽然生产性资源有其使用价值，但如果没有与人力资源所提供的管理服务的结合就不可能带来企业的内生成长。她对企业的生产性资源与生产性服务做了严格区分，在她看来，企业的投入品并不仅仅是资源，而是与资源相伴随的生产性服务（Productive Services）。同样的资源，由于其不同的组合方式而产生不同的服务；企业产出的不仅是有形的产品和服务，还包括企业自身作为管理型组织的实质性转变。彭罗斯将生产性服务分为企业家服务与管理性服务（Entrepreneurial Services and Managerial Services），在内生成长理论中，"企业家"这一概念着重强调其功能（A Functional Sense），而非确指其岗位或身份，在企业这一管理型组织中，任何员工都有责任扮演企业家的角色，为企业寻找生产性机会（Productive Opportunities）。内生成长理论从经济学的视角强调了"概念性技能"（Conceptual Skills）对于企业内部所有员工，而不仅仅是对企业家的重要性。传统的管理学思想认为企业中对概念性技能的要求主要针对领导层，对于操作层更多地强调技术性技能的重要性；而彭罗斯强调企业家服务，即发现生产性机会是企业作为管理型组织其中每一位员工的责任。因而概念性技能对企业所有员工的要求是均等的，员工构建外部生产性机会的思维能力关系到企业未来的成长潜力。

在企业扩张的过程中，由于资源的不可分性（Indivisibility），资源只能以成组（In Bundles）的方式获得，这就意味着在企业内部会不断产生"未使用的资源"（Unused Resources）。彭罗斯认为，对这种未使用的资源的发现和利用正是企业无限成长的动力。她强调"继承性资源"（Inherited Resources）作为企业特有知识（Firm Specific Knowledge）的载体，决定着企业发展的方向；同时对企业保持竞争优势的连续性发挥着不可替代的作用。

其次，关于经验知识对企业内部生产性服务的作用，彭罗斯认为企业成长的驱动力并非来自外部产品及要素市场，而是来自企业内部，甚至消费者需求也可以由企业内部现有的资源特别是人力资源所提供的管理性服务所创造并决定。她借用博尔丁（Boulding）① 创造的"影像"（Image）这一概念，把环境定义为"市场机会的可能性和限制条件在企业家头脑中所反映的影像"，因此管理者对环境和市场机会的判断是决策的根源。企业行为起源于"有计划地供给"对"所觉察的需求"的反映，管理者通过判断，在对现有资源进行组合的过程中不断创造生产机会（The Productive Opportunity），进而决定企业的成长方向。管理者主观认知能力的高低取决于知识本身及获取知识的过程。

彭罗斯从知识创造的角度阐释了企业成长过程。企业的成长过程不仅生产产品，而且生产知识。她把知识分为客观知识和经验两种，客观知识作为显性知识独立于人体或团队之外，可以通过媒介传播；而经验作为隐性知识具有不可传递的特点，"它引起个人的变化，且经常是微妙的变化，而且无法与人分开"，这会导致即使是同样的客观知识，不同的人在理解把握上会由于个人的经验基础不同而不同。伴随着管理者对资源组合知识的不断增加，知识成为新的资源投入，使得管理力量增长，从而推动企业的成长。图2-1展示了知识创造对企业成长的推动作用，其中经验来自管理实践，是企业成长的原动力。

图 2-1　彭罗斯企业成长理论中的内生驱动过程

资料来源：作者绘制。

彭罗斯强调了依附于"继承性资源"的经验对企业获取长期竞争优势的贡献，因为经验的增加"不仅改变了新生知识的获取方式，也改变了使

---

① Boulding K. E., *The Future*, *Images and Processes*, London：Sage Publications，1995.

用原有知识的能力"。经验在彭罗斯的理论中并非特指具体的信息技术，而是企业特有知识在管理团队中的形成过程和企业现有人力资源对外部环境的思维构建方式，进而发现生产性机会的能力。这是因为企业特有的具体信息技术由于其针对性优势可以为企业带来一时的竞争优势，但不能促使企业获取持久的成长动力。彭罗斯对经验的解释强调了管理者思维方式或心智模式的重要性。换句话说，经验所决定的不仅是管理者对外界信息技术的选择，更是对相关知识进行思考和判断并创造外部市场机会的方式。随着企业的历史延续，经验积累并根植于组织惯例与结构中，影响着管理者对外部机会可能性和限制性的洞察力，也影响着组织对新知识的选择性学习，并进一步影响塑造企业当前的决策路径。

企业内生成长理论对生产要素异质性的假定，意味着同样的资源由于其组合方式不同会带来不同的产品、需求和生产性服务，因此每一个企业对资源的组合方式具有其独特性，这一资源组合难以为竞争对手所模仿，因此成为企业特有的竞争优势。经济人的理性是在实践过程中伴随着对资源不同组合方式的知识增加和积累，管理性服务的提供伴随的企业扩张也在发生质的改变。彭罗斯重视企业源源不断地获取长期发展的内生动力，这一长久动力来自企业内部人力资源在思维构建模式上的不断更新，从而不断产生独特的资源组合和竞争优势。因此企业事实上是一个管理型组织，也是一个学习型组织，企业人力资源在企业成长中占据主动地位。随着人力资源思维构建方式的不断更新，管理型组织也在企业扩张中不断发生本质上的改变，这为现代企业人力资源的管理创新带来了有益启示。

最后，关于企业成长的标志是人力资源服务的增值，在彭罗斯看来，企业产品体现的不仅是其作为客观事物本身的使用价值，更反映了生产过程中管理性服务的水平。人力资源的价值在于与其相伴随的知识价值，其拥有的企业"特有知识"会随着管理实践和企业扩张而不断增长。这一成长过程有可能伴随企业规模的扩大或人力资源的扩张，也有可能伴随人力资源的精简但生产性服务的增值。因此人力资源的单一规模的扩张不能代表企业的成长。如 20 世纪 90 年代以来出现的人力资源外包现象，正反映了企业对人力资源使用效益的提高。企业通过将非核心的、作业性的人力资源活动外包给外部的服务商，可以专注于战略性的人力资源管理工作。①

在现实中企业的成长经常被误读为扩张，成长在人们脑海中的“影像”经常是销售额、股价、员工数量等参数构成的上升曲线，企业的发展常常存在一个“最佳规模”。在内生成长论中，企业没有成长规模的限制，只要管理性服务能适应外部环境的变化，企业可以无止境地成长，生产性机会可以存在于任何产品或服务中。因此规模只是企业成长的“副产品”，企业成长的重要标志是人力资源所提供的管理性服务的增值，企业成长的能力取决于管理团队对生产性机会的发现和利用能力。② 如果我们比较 21 世纪初和现在的福特汽车公司，所不同的不仅仅是公司规模的扩大，更重要的是企业运营能力和绩效水平的提升。需要强调的是，彭罗斯用企业家头脑中的“影像”来描述外部环境与生产性机会，意味着同样的外部条件在不同的企业家思维中会有不同的反映和构建模式，进而形成对外部生产性机会的不同判断。因此彭罗斯企业内生成长论中的“经验”事实上是指管理团队在企业成长过程中形成的思维构建模式。具体到现代人力资源管理，企业通过建立高效运行的系统为市场提供优质的人力资源服务，如符合企业战略的人力资源规划系统，开辟广阔的人力资源招聘渠道，满足战略对人力资源能力需求的培训开发体系，并建立以战略为导向的绩效管理系统、薪酬激励系统和员工关系管理系统等，每一环节的管理创新都基于人力资源思维能力的提升。因为人力资源服务的增值基于对知识的掌握，而员工对企业内外部知识的吸收和理解首先体现在员工自身思维能力的提升。这是从企业内部不断产生优质的企业家服务和管理性服务，从而为企业创造源源不断的生产性机会的保证。

（二）继承性人力资源与中原酒店业的“黄埔军校”

如上所述，内生成长论一方面说明资源更替在知识积累和企业创新中的

---

① 陈峥：《基于彭罗斯内生成长论的现代人力资源管理创新》，《中央财政大学学报》2010 年第 4 期。

② 陈峥：《“未使用服务”之主观认知与企业成长》，《管理评论》2013 年第 9 期。

作用，另一方面也说明继承性人力资源的经验知识在保持竞争优势连续性中的作用。掌握了企业特有知识尤其是经验知识的员工是企业的"继承性人力资源"，意味着只能在企业内部产生，不可能从市场上获得。这些企业所特有的人力资源的身上伴随了大量企业所特有的生产性知识，它是企业在长期成长过程中的实践经验所得。但在实践中，却往往被企业家忽视甚至遗弃。例如企业领导者往往容易闲置内部人才，同时又感慨外部人才难以引进。这里暂时抛开由于内部人员复杂的角色关系或科层体制为使用内部人才带来的障碍不谈。人力资源管理的最大障碍在于科学完善的人才评价标准，很多企业在未获得人力资源之前将其当作人才，而一旦将人力资源"占为己有"就会轻视其价值。其实"自家和尚"相比"外来和尚"有着更强的经验优势。这一经验优势是巩固企业文化以保证管理团队正确决策把握生产性机会的根基。而企业人力资源管理者所要做的，是创造条件让他们脱颖而出，为企业所用。

另外，当由于企业外部环境的变迁引起生产性服务方向变化时，决策者往往倾向于解雇内部暂时闲置的人力资源，通过招聘新的人力资源来增加管理性服务适应外部需求变化，但忽视了对"继承性人力资源"的开发和利用。新的人力资源的引入虽然可以为企业带来新的信息与技术，但新资源与企业内部资源的融合需要过程，尤其是思维模式的融合会更加漫长。如果企业过多依赖招聘新的人力资源实现管理服务的扩张，人员更替所带来的不仅仅是招聘成本、新员工培训成本，而且还包括放弃原有的继承性人力资源所带来的机会成本。人力资源的更替还会影响到企业内部知识与文化的积累和延续，很难达到"事业留人"的效果，这一过程可能会导致企业错过新的生产性机会。更进一步说，企业内部的继承性人力资源被闲置或浪费，还有可能出现抵触情绪而给企业推动新的变革带来阻碍。因此，伴随着企业扩张，是解雇暂时闲置的人力资源，还是通过内部培训开发"继承性人力资源"的价值，需要管理者作出权衡判断。以单纯短期资源配置效益为人力资源决策标准的行为常常会使企业失去长期的竞争优势。

继承性人力资源中所依附的经验知识不仅表现为对企业生产性资源的利

用知识，也表现为管理者群体在多年共事过程中所获取的团队协作效应。因为从团队合作中获得的经验不仅使人力资源个体集合为一个工作单位，而且可以发展出不断增长的、有实践可能性的知识和企业自身实践方式的知识。这种知识的增加会影响管理团队对企业生存环境的判断和期望，进一步引起企业外部环境中生产机会的变化。

实践出真知。中州国际酒店集团人力资源部门的员工未必在学理上对彭罗斯理论有深入研究，但他们常诙谐地自称"市场二部"，不仅因为人才竞争丝毫不亚于客源之争，而且因为中州国际酒店集团这些年来在不断发展壮大的同时却未被人才需求困扰，正是集团内部的继承性人力资源为集团成长所需的人才培育与成长做出了重要贡献。作为本土酒店管理集团，中州国际拥有大批本土人才，更了解区域经济发展规律、区域风俗习惯及消费个性，使酒店设计、功能定位更确切，经营、管理更有办法和成效。大量来自本土的人才优势使得中州国际不是最强的，但是最适合中原本土的，而省外的管理公司却有"水土不服"的现象。相比于国际品牌，中州国际也不逊色，国际品牌在一、二线城市占据上风，它们往往拥有最好的软硬件、最优越的地理位置和最好的客源市场，但是在三、四线城市就不占优势了，主要是因为管理成本过高，超过业主承受能力。而中州国际的各项管理费用却相对较低，但管理水平也不比国际品牌差，业主收益远远高于它们，这就是只有本土人才才能发挥出来的"因地制宜"优势。

在洲际和雅高两大国际著名酒店品牌沁润下的中州皇冠假日酒店、索菲特国际饭店等多家高星级酒店，源源不断地培养了具有国际化管理理念和管理经验的成熟管理人才，是中州国际人才储备库的新鲜血液。这些人才不仅具有专业性、职业性，其忠诚度都高于从其他酒店招聘的人才，在后期培养中往往表现出更高的实用性和可靠性，这是内部聘用的先天优势，中州国际酒店集团的大量管理人才就是从这里产生的。除了"老中州""老国际"，中州皇冠和索菲特一直持续不断地为管理公司输送大批具有国内、国际连锁酒店工作经验的优秀人才外，集团旗下100余家酒店实行的人才关注培养计划，公司实行的预备项目经理制、驻店经理及见习总监经理等梯队建设工作，公司对旗下酒店基层管理人员进行的职业生涯规划设计和公司文化融入的持续培训，培养了一批又一批忠诚于公司文化的中层、基层管理人才，是集团未来职业经理人成长的摇篮。在酒店行业，一般而言从主管升职到副经理一级，在酒店内部很少有升职通道，即要么跳槽至其他酒店，要么进入本酒店管理集团的其他项目。虽然都是行业内部的调动，但由于人们对中州国际的情谊，更愿意留在自己的集团，所以，中州国际通常被员工们称为中州集团"大院"。

除此之外，集团还引进酒店管理专业的高校毕业生，集团和郑州大学、河南大学、河南财经政法大学等高校的饭店管理专业签订了人才合作协议，制订了完善的接班人培养计划。集团成立了人才库，为毕业生设计职业发展规划，用3~5年的时间把毕业生培养成为优秀的酒店管理人才，同时，也有选择地从业内酒店吸收一部分优秀的职业经理人。另外，中州国际酒店集团还成立了中州国际酒店学院，负责组织集团内部的人才培训与开发，学院每周例行的培训讲师都来自集团内部酒店管理核心业务的管理层，他们正是企业"继承性人力资源"的重要组成部分。"人才之困"向来是困扰酒店行业发展的"顽疾"，而中州国际酒店集团近年来在不断扩张并需要大量人才之际，却很好地避开了这一难题。

中州国际酒店集团在为自身培养大量优秀人力资源的同时，将集团自身铸就成了中原酒店业的"黄埔军校"。多年来，中州国际酒店集团在品牌输出与管理输出的过程中，为中原甚至全国酒店行业输送了大量优秀的酒店管理人才。用职业经理人们的话来说就是："我们在外参加全国、地区的酒店行业论坛或会议时，常常有家人团聚的感觉，因为从中州集团'大院'走出的家人的面孔随处可见。"

鉴于人才与文化对企业发展的重要性，中州国际酒店集团在"人力资源是第一资源"的人才观念的指导下，积极进行人才制度上的创新，实现了"事业留人"和"文化留人"。在人力资源管理方面，采取"赛马机制"，成立内部人才交流中心，对员工实施严格的绩效考核，奖惩制度分明，定期选拔优秀的人才到核心岗位上承担更大的责任。管理部门及项目部的工作人员实行竞聘上岗，实行5%末位淘汰制，所有员工都有机会参加一年一度的述职竞聘。公司封存全部员工的档案，把人事权、分配权下放给各部总监和项目总经理，将员工利益和公司利益联系起来，多层次多方面充分调动员工的工作积极性。公司还非常注重管理层人员的综合素质培养，定期聘请业界知名学者、教授为公司员工讲授国内外最新的酒店管理理念和方法，使企业员工的管理工作与西方管理实践和学术研究前沿接轨。在集团成长起来的员工，把人生最美好的年华都留给了中州集团"大院"，其中有他们对中州国际的情谊，更是因为他们在集团文化的滋养下实现了个人与组织的共同成长。

二 中州国际酒店集团对"未使用服务"的发掘、利用与储备

（一）"未使用服务"的持续产生过程

彭罗斯认为，对持续产生的未使用服务的发现和利用正是企业无限成长的动力。按照企业内生成长理论的观点，企业内部未使用服务的来源主要有两种。第一，在企业扩张的过程中，由于资源的不可分性（Indivisibility），资源只能以成组（In Bundles）的方式获得。即使是出于对某一种生产性服务的需要，资源的获取也必须以不同类别资源之间的组合进行。要想充分利用不可分的生产资源，企业的扩张必须达到一定的生产规模。但是在扩张过程中企业会获取更多新的资源及资源组合，能够满足资源被充分使用的最低生产规模会不断地增长。在给定的时间内，出于企业所能承担的扩张量的限制，企业难以制定足够大的计划使成批获取的资源被充分利用。这是未使用服务产生的最直观的原因。第二，也是大多数未使用服务产生的深层原因，即企业扩张的过程与获取的人力资源相伴而生的管理性服务——要么是与新雇用的人力资源相伴随的知识和经验，要么是人力资源在与企业内外部环境交互过程中积累和获取的新的知识和技能。可以说，在企业的每一步扩张中，未使用服务都会不可避免地在新获取的人力资源和物质资源中源源不断地产生。

在第一种情形下，未使用服务的产生以一种可见而有形的形式存在，但出于各种原因未被企业利用。比如闲置的人工或机器，或生产过程中的副产

品等。暂时闲置或浪费的生产性服务一旦可以被有效利用，它们就会成为企业新的成长机会的源泉。这是因为只要扩张能够使资源产生的服务比过去更加有利可图，企业就产生了扩张的动机。在当前的运作方式中，即使某些资源暂时不能被完全利用，企业内部也会产生寻找进一步利用这些资源的途径的动机。在第二种情形下，未使用服务以一种无形的方式存在，这使得它们的存在以及所包含的价值和生产性机会极有可能被忽视，于是管理者为它们的价值释放寻找途径就显得格外重要。正如哈耶克所说，知道并使用未充分利用的机器或懂得某人能被更好地利用的技能，或了解供应中断时能提取的储备，对社会来讲与了解更好的可选择的技术同样有用。① 作为企业内生成长理论的核心变量，未使用服务一方面使得企业从诞生之日起就具备了与生俱来的持续成长潜力；另一方面由于大部分未使用服务以隐形的方式存在于企业的现有资源中，而且其价值形式在企业成长的不同阶段不断变化，管理者们能否发现和利用它们将直接关系到新的生产性机会产生的可能。

在企业内生成长理论中，经济人的理性在实践过程中伴随着对资源不同组合方式的知识的增加而不断积累，管理性服务的提供伴随的企业扩张也在发生质的改变。源源不断产生的内部未使用服务作为企业长期发展的动力，源自企业内部人力资源在思维构建模式上的不断更新，从而不断产生独特的资源组合和竞争优势。因此企业从本质上是一个管理型组织，也是一个学习型组织，人力资源在企业成长中占据着主动地位。随着人力资源思维构建方式的不断更新，管理型组织也在企业扩张中不断发生本质上的改变，这为现代企业人力资源的管理创新带来了有益启示。

（二）集团对"未使用服务"的挖掘和利用

中州国际酒店集团打造民族品牌优势的过程，体现了企业内部的"继承性人力资源"对持续产生的"未使用服务"的鉴别与利用能力。

对于星级酒店特别是高星级酒店，酒店服务设施、服务人员和服务流程规范，固定成本相对较高，集团考虑在淡季或者出租率不是特别高的时候，

---

① 陈峥：《"未使用服务"之主观认知与企业成长》，《管理评论》2013 年第 9 期。

将酒店的剩余资源，包括空闲下来的人力、物力服务于社会。比如，向周边单位、家庭，以及没有相关服务设施的酒店提供洗衣、上门烹饪、礼仪、IT和工程支持、部分设施出租等方面的有偿服务，实行酒店的社区化、社会化。一方面消化固定成本，创新一些附营业务收入；另一方面与周边建立起合作关系，便于进一步实现营销互动，并带来更多客源。为了能够更好地满足客人的不同需求，让酒店服务更加专业化，对于有餐饮、康乐、会展等服务的酒店可以引入社会人才或专业单位，实行业务外包或者出租；对于不擅长或者业务成本较高的业务、工种，酒店可以委托第三方专业单位执行；对于只有住宿没有相关配套的酒店、民宿和公寓，则可以与社会单位建立固定的合作关系，利用互联网平台和各种社会物流、配送体系实现服务。

经济困难往往是迫使企业重新审视和调整战略的良好契机，集团始终把提升酒店的整体质量放在第一位，不断探索企业现有资源中隐形的未使用服务，挖掘企业持续成长的源动力。整体质量的提升除了硬件外，还包括员工道德素质的提升、企业文化的提升以及创新技术的运用。集团作为专业化的酒店运营商，始终有超前的思维和敏锐的市场观察力和反应力。自中央倡导勤俭节约的政策颁布以来，"从简风"使饭店业受创，但中州国际酒店集团审时度势，面对新规定、新形势、新市场和新需求，2013年，公司在北京召开的上半年项目经理例会上做了系统的部署，旗下部分项目采取的应对措施十分有效而且具有行业标杆意义。例如，开封中州国际饭店的管理层及时对形势进行了分析，重新定位酒店的客源市场，及时调整客源结构和营销手段，2014年上半年的客房率和平均房价与往年同期相比均有所增长；开封中州国际饭店还于当年引进品牌川菜，进一步丰富了客人的选择，拓展了餐饮收入的空间。五星级鹤壁迎宾馆推出了啤酒花园，夏秋季节月营业收入突破50万元，成为当地高星级酒店成功转型的一个亮点。焦作迎宾馆充分利用占地500亩的园林式酒店环境优势，推出了草坪婚礼引领了当地婚宴潮流，大大提升了餐饮收入。北京东交民巷饭店早在2012年就重新策划餐饮定位，将咖啡厅改造成老巷子菜馆，2014年上半年营业收入同比增长30%。在全行业业绩严重缩水的背景下，"中州国际"品牌旗下酒店当年的平均开房率超过了75%。[①]

中州国际酒店集团有独特的领导力和团队合作能力，因此更注重长期发展而非短期利益，这有助于其在经济复苏时获得更大的成功。当疫情防控期间酒店不能为远道而来的客人提供住宿服务时，集团利用歇业时间与周边社区广大消费群体开展合作共赢的探索。集团旗下的部分酒店利用自身的餐饮优势，在疫情防控期间卖盒饭给社区，与周边客户建立了亲密关系，在疫情结束恢复正常营业后获得了更多来自周边社区的客户。疫情防控期间，针对已订房客户，集团还引入了无罚金取消或改期政策，保障客户在不确定性中提前预订客房的权益。在艰难时期与客户建立的关系往往更加牢固，这大大助力了社区消费者对中州国际品牌建立长期的品牌忠诚度。

（三）集团对"未使用服务"的提前储备

中州国际酒店集团对人力资源的战略性规划，体现为管理层高瞻远瞩为集团的扩张和未来发展有意识地储备"未使用服务"。人才始终是制约酒店发展的瓶颈，一家酒店品牌管理公司必须有自己的母体酒店以及深厚的企业文化做支撑，才能确保酒店人才的供给。王志董事长表示："一些不规范的、不具规模的酒店管理公司接到一个项目之后，往往采取临时招聘、'拉壮丁'的方式组建管理团队，难以形成统一的企业管理文化及服务理念，其后果可想而知。中州国际酒店集团始终有自己充足的酒店管理人才储备系统。我们旗下酒店实施人才关注培养计划，集团实行预备项目经理制、驻店经理及见习总监经理等保障管理层的梯队建设。我们还与郑州大学等省内外院校长期合作，定向培养酒店人才，建立母体酒店实习机制，兼容并蓄吸收引进同业精英人才充实公司职业经理人队伍。与此同时，公司健康的企业文化建设和稳步提高的工资水平及福利待遇，能够让员工共享集团的发展成果，不断增强员工的归属感、自豪感、凝聚力和向心力。许多酒店管理企业存在想拓展市场又派遣不出管理团队的矛盾，在中州国际酒店集团这些问题都能够迎刃而解。"

---

① 《专访：中州国际酒店管理集团董事、常务副总经理朱莉》，迈点网，2014年7月24日。

人力资本理论创始人西奥多·舒尔茨（Theodore W. Schultz）依据大量的实证研究发现，在现代社会，劳动者身上的人力资本（主要以知识、技能和健康等形式体现）的提高，对社会经济增长所起的作用，比物质资本和非技术劳动的增加所起的作用要大得多，而人力资本是投资，特别是教育、培训投资的产物。按照这一理论，不应当把人力资本的再生产仅仅视为一种消费，而应该视为一种投资，这种投资的经济效益远大于物质投资的经济效益，是边际收益递增的。酒店行业作为服务行业，其特殊的工作性质决定了一切流程和带给客人的体验有每一位员工的参与，因此员工培训工作就显得尤为重要。在培训中积累的人力资本价值，就是为集团未来发展而储备的"未使用服务"。为此集团成立了中州国际酒店学院，通过常态化培训持续提升企业人力资本价值。除了技术技能类培训如微信运营平台功能及操作专题培训外，学院还设有"职业化素养""职业化态度"等专业内训班，以及"管理督导技巧""团队执行力""管理培训技巧""时间管理"等管理实践相关课程，让每一名管理者能够像教育者一样助力下属成长。行业发展遭遇低谷时期时，集团主动通过"蓄势"为迎接未来市场挑战创造机会。当酒店业因疫情不得不全面歇业时，集团不仅没有裁员，反而投资引入高校MBA优质课程，为集团的职业经理人通过线上系统进行培训，为疫情后的酒店复工和数字时代的行业转型提前储备"未使用服务"。王志董事长说："我们坚信无论冬天多么漫长，春天属于那些积极播种的人。"①

如前所述，彭罗斯的企业内生成长理论从经济学的视角强调了"概念性技能"对于企业内部所有员工的重要性。通常意义上管理层级越高，对概念性技能的要求也越高，而对于基层管理者或员工，则多强调技术性技能的重要性。而彭罗斯强调，生产性资源中所蕴含的企业家服务，是组织中每一位员工必备的能力和必须承担的责任。因此，概念性技能对企业中的所有员工，即对从领导层到基层员工的所有人的要求都是均等的，每一位员工对外部生产性机会的觉察关系到企业未来的成长潜力。这对今天数字化时代的

---

① 王志董事长在 2021 年集团年会上的讲话。

人力资源管理具有重要意义。

中州国际酒店集团的管理层在实践中很早就意识到了这一点。首先，他们要求企业内部处于任一层级的员工，都应该具备企业家精神，因为坐在总经理办公室的人，永远不如在一线与消费者面对面的员工如客房保洁或餐厅服务员等更懂得顾客的需求。在集团内部只存在管理实践的专业化分工，而不存在等级之分，管理组织结构的扁平化和管理者的充分授权，对员工企业家精神的释放与激发十分必要。企业在实现企业整体的成长时，不能忽略基层员工个人的职业发展和认知的提升。对于培育员工企业家精神方面的措施，除了各部门的早会或日常工作场所的培训，还包括由集团系统组织的提升员工领导力和管理认知的培训课程，让员工在学习中成长，在践行中升华。在"中国饭店 2016 年会暨第十六届中国饭店全球论坛"中，王志董事长作为"人才管理专场论坛"对话嘉宾进行了经验分享。在谈到如何在激烈的竞争中留住人才时，他提出："不能只让我们的员工低头工作，更要给他们提供良好的学习、提高的平台。作为专业化的酒店管理集团，我们不仅要为员工提供工作岗位，更要为员工构建优秀的企业文化、完整的培训体系和专业化的职业成长通道。在集团的人员管理中，我们提倡感情留人、待遇留人，更提倡事业留人。给员工提供一个良好工作平台的同时，也能让员工有更多的学习进步的空间，建立一个良性的职业生涯通道。"

长期以来，酒店人一直"抱怨"酒店管理越来越难做，培训效果难以落地，是因为新一代"后浪"员工们个性鲜明，追求标新立异，用一如既往旧的套路做培训和管理，成本付出和收获不成正比，效果只会大打折扣。同时，在互联网时代大环境的影响下，碎片化信息导致人们对一件事情的注意力时间短暂，接受"洗脑式"的管理和培训方法已然行不通。当酒店从业者和整体环境都发生着巨大变化时，做好酒店培训的关键在于要让员工实现个人的成长，让被培训者了解、挖掘自身的特点；好的培训从来不是灌输，而是点燃员工作为学习主体的光芒。因此，2020 年 7 月在集团董事、执行总经理朱莉女士的筹划下，中州国际酒店学院开展了"教练式领导力"云课堂专题培训。这一课程注重管理人员认知和领导力的提升，以发展的眼光看待下属，培养下属自我觉察和主动担责的能力，激发员工释放企业家精神。在管理实践中，"指挥官"式的告知和示范易造成下属对领导的过度依赖并失去成长的机会，管理者也易陷入事务性工作中。领导者应充分利用"教练"式领导之道，通过开放式的提问引导，使下属更加有效地参与决策过程并主动解决问题。唯其如此，管理者才可以在借力的同时，跳出繁杂的事务性工作，释放自己的精力和时间，关注企业成长和发展中的关键问题以及战略性问题，保证组织任务和目标的实现。与此同时，新生代员工被充分授权，成为自己岗位工作的真正决策者。这一培训在全体员工中引发了积极反响，不少基层主管开始在日常工作中尝试转变管理方式，从过去严格的检查和告知，到启发和跟踪。由此收获的成效是，被充分授权的一线工作人员更能主动担责，自主地觉察和反思管理工作中的问题和客户的需求。

三 继承性人力资源心智模式的"超越式转变"

（一）继承性人力资源的经验知识是一把"双刃剑"

彭罗斯把企业成长的过程看作类似生物体的进化过程，持续的内生成长并不意味着单纯"技能性的转变"（Technical Change）即量的增加，而是生产性服务在质上的不断飞跃，体现为"超越式的转变"（Transformative Change）。单纯"技能性的转变"只是经验的重复而不会改变员工原有的行为方式。生产性服务在质上的飞跃，直接受到企业这一管理型组织中人力资源思维构建能力的制约——对外部生产性机会的发现能力和对企业未来扩张的计划能力。

尽管彭罗斯是从"知识创造"的视角谈论经验的作用，但经验知识其实作为一把"双刃剑"决定了管理者的思维方式，它所带来的负面效应也不容忽视。由于经验的获得往往离不开企业当时的生存环境，历史在一定程度上会发展成为一种"文化"的力量[1]而成为管理者的思维定式，进而限定其发现市场机会的能力。企业的行为可以被看作是来自企业内部过去的习惯

---

[1] Hofstede G., *Culture's Consequences: International Differences in Work-related Values*, Sage Publications, 1980.

和战略导向的反映，体现着人力资源的管理惯例，并通过组织内部的绩效反馈逐渐加深和演进。市场中不断存在的不确定性与风险使得过去对企业非常有效的知识集合，如技能、管理系统和技术系统，在新的环境下有可能成为不适用的资源组合。另外，团队合作经验作为企业特有知识的一部分，在长期积累过程中所形成的群体思维或小集团思想也会成为企业成长的障碍。

企业现有人力资源所能提供的生产性服务总量的有限性构成了企业成长的主要限制因素，在一定时期内企业的规模会达到一种均衡。企业扩张的前提便是打破原有的均衡状态并建立新的均衡，因为每一个新的均衡便意味着现有人力资源所能提供的生产性服务的扩张，生产性服务的扩张是实现企业成长的基础。[①] 利用"继承性人力资源"扩张生产性服务，需要通过客观知识的传递，使员工掌握新的资源组合方式应对市场环境的变迁，更重要的是使员工在思维方式上获得"适应性成长"（Adaptive Growth）。

例如，在互联网和数字化时代企业的可持续价值创造绝不是简单的"互联网+"或"酒店+"。传统产业在改造升级的过程中，首先，要有新型的劳动者，因此对传统产业类的劳动者的知识结构转型升级非常关键，教育和技术培训是掌握相关的智能化、数字化、绿色化技术的重要手段。其次，酒店人对行业发展要有理性的解读，并不断审视自己的思维方式。数字技术人工智能时代为酒店提供了无限广阔的机会空间，关键在于酒店人是否已具备新质生产力，即成为一个"已备好资质的企业"[②]（Qualified Firm）准备好把握新机会。这是因为新质生产力是符合新发展理念的先进生产力，其核心是技术的革命性突破和生产要素的创新性配置。正如几年前"信用住"作为信用经济在服务业的应用，是一种基于个人信用评分的住宿服务模式，它允许信用良好的客户在酒店或民宿预订和入住时享受到更加便捷的服务。这种模式通常与在线预订平台或酒店自身的管理系统相结合，为客户提供快

---

①　陈峥：*Reinterpreting Penrose's Growth Theory：A Subjectivism-Based View*，北京：经济科学出版社，2013。

②　Penrose E. T.，*The Theory of The Growth of The Firm*，*Third edition*，New York：Oxford University Press，1995，Original publication 1959。

速、无押金、无排队的住宿体验。然而，"信用住"作为酒店业的一项创新服务，为酒店业带来了新的商机，关键是酒店人能否跳出传统酒店经营思维，做好准备拥抱这一机会。知识经济背景下变革与创新已成为企业成长的主题，但真正实现有效变革的企业只在少数，其原因就在于大多数企业只重视新的客观知识的引入，即企业的变革只停留在物质层、行为层和制度层，而忽略了思维方式的变革。

超越式转变是一个艰苦的过程，可能会因触及人们原有的行为习惯、价值观和信仰，招致一时的抵触，因为人在对变革渴望的同时也会产生为对付变革的恐惧而自然产生的思维"免疫"。[①] 这种思维免疫让人们在充满不确定性的市场环境中获取安全感，只有突破这一界限组织才能实现管理性服务的实质性改变，对企业环境的分析和生产机会的把握才能上升到一个新的层次，培育出新的市场竞争优势。

（二）以"成长"为导向的职业经理人培训

中州国际酒店集团的管理层认为，要打破职业经理人们在丰富的从业经历中长期积累的认知惯性，首先是要打破员工思想深处变革的愿望与行为的有限之间的均衡。同时，在决策过程中采用何种心智模式对决策者而言是一个无意识的过程，成功的决策者往往具有跳出思维空间，对自身的思维模式进行反思的能力。因此将思维构建变成客观有意识的过程，是人力资源管理者避免"灯下黑"问题的关键。所以，生产性服务的扩张前提是思维能力的提升和思维空间的拓展，组织人力资源培训、绩效评估和薪酬模式等变革的关键是在新知识的引导下突破组织惯例和思维定式，从而改变组织的知识存量与结构，否则企业对新知识的选择性学习会受到限制而难以实现适应性的转变，最终丧失竞争优势。

2020 年 5 月，中州国际酒店学院组织开展了"变革为什么这样难"云课堂专题培训，笔者作为企业高管教练为管理层开展团队教练辅导，旨在提升职业经理人的变革意识，推动思维模式和行为习惯的改变，进而引导团队

---

① Kegan R., Lahey L. L., *Immunity to Change*, Boston：Harvard Business Press，2009.

蜕变和组织重构。集团管理层、各项目部总经理、驻店经理、副总经理、总监及总部员工近 200 人参加了线上培训。在培训中，教练通过一套"思维 X 光片"工具带领大家开启了一场自我认知之旅，探索并跨越"想要的变革"与"实际的变革"之间的鸿沟。变革的第一步是面对自己的内心，正视心中的恐惧，其次才是走出心理舒适区，创新思维方式，获得新的体验，实现自主认知，迎来真正意义上的变革。企业变革是非常艰苦的过程，领导力的提升也不是一蹴而就的。从思维盲点的认知，到重大假设的重塑，进而革除思维惯性，真正地建立一个全新的思维方式，需要长期且不间断地实践和修炼。那些已经被证明是成功的经验，往往会对我们的认知形成"阻碍"。职业经理人要自我剖析，寻找重大假设，通过教练型领导力建构问题，重塑重大假设，并在工作中不断尝试、反复练习、深入反思、知行合一。只有这样才能遇见更多的顿悟时刻，实现组织的升级转型和领导力的持续提升。

各个不同项目的职业经理人结合个人工作实践中的不同场景分享了心得。焦作迎宾馆执行总经理耿莉结合实际工作经验谈到，领导要运用复盘、冥想、自我察觉、工作日志等方式记录和审视自己的工作。在实践中进行自我反思、自我否定，进而提高领导力，突破职业发展的瓶颈。郑州粤港中州国际饭店执行总经理赵竹影认为："这样的培训对职业经理人来讲是一个很好的审视自我、提高自我的机会，作为总经理，应该充分放权给部门负责人全权负责业务范围内的事务，鼓励自主创新，提供安全平和的工作环境，规划未来可期的前景，充分发挥部门责任人的主观能动性，以高标准、严要求输出产品和服务，使客户满意；但实现有效的放权，对职业经理人的原有认知是一个重大的考验，要用发展的眼光看待员工，允许员工有试错的机会，传统'胡萝卜+大棒'的管理手段对今天特立独行的新生代员工可能会构成负激励。"绿城中州国际大饭店总经理蔡南松提道："集团为提升职业经理人的领导力，组织系统培训课程，根据职业经理人的情况精心设置课程内容，每次培训都受益匪浅、收获良多；对于人力资源培训效果的评估，其重点不仅在于培训前后员工的技能掌握情况，更重要的是员工发展新技能的能力和绩效的改善情况，而这一能力的提高往往体现在员工心智模式的创新。"济源小浪底中州国际饭店执行总经理许春峰谈道："理论需要与实践相结合，在学习中进步，在实践中提高。上级和下级既是天然的合作者，又是潜在的竞争者。这种复杂又微妙的关系，使得上下级在平时工作相处中可能存在分歧和矛盾，而只有上下级共同的认知变革才能巧妙处理矛盾，齐心协力将工作做好，再次感谢集团领导组织的学习培训，触动很大，感悟颇深。"①

　　企业是一个以人力资源为核心的管理型组织，管理团队整体服务能力的提高是确保企业正确决策的关键。企业内生成长理论表面上是在研究企业的成长，但实际上是在研究人的主观能动性和判断力在个人与企业发展中的重要性、知识创造在企业成长中的重要性，体现在人力资源心智模式的适应性转变在提升企业竞争力上的作用。20 世纪以来，全世界 80% 的酒店品牌已消失，而能够基业长青的酒店品牌所表现的共性就是持续学习，这是酒店品牌保持长久生命力的法宝。如果企业定义为"学习型组织"，那么该组织的学习过程并非仅仅通过各种技术手段获取新知识，而是应不断对自身获取新知识的方式进行审视和反思。近 10 年来，集团每年组织的培训中都有相当一部分课程以"职业经理人的学习与成长"为主题。

　　说起在中州国际酒店集团的从业经历带给自己的成长，如今已成为中州国际酒店集团有限公司董事、副总经理的李明先生感触颇深："爱上一个行业的过程，其实就是学习的过程。"李明从 18 岁初进入酒店行业到被借调到国外工作，再到后来回国筹备酒店，多年的学习和成长使他能够在管理岗位上厚积薄发，有效助力了员工的成长和集团的发展。他说："在酒店业要和人打交道，各种各样的人，方方面面的事，都很复杂，就看自己以怎样的心态去对待。如果愿意学习，就会在和不同客人打交道的过程中，学到很多东西。酒店接待的商务客人，大部分都是成功人士，身上有很多闪光点，很值得学习。在发现客人闪光点的同时，只要虚心学习，就会从外到内提升自

---

① 中州国际酒店集团微信公众号，2020 年 8 月 4 日。

己。"李明希望年轻的酒店人把学习当作生活和工作的一部分，他说："学习是个很广的概念，不仅要学习酒店业务，还要学习了解市场，学习根据市场预测酒店未来的发展趋势。要做好酒店，就必须对酒店有全面的了解，每个部门都要涉足，并在此基础上有自己突出的项目，在某一领域做到最好。没有谁天生什么都懂，也没有谁天生就在某个项目上特别精通，所有的人才，都是不断学习的结果！"①

从本质上来说，企业竞争就是一种思维模式的较量，而企业成长就是一场心智模式不断提升的过程。因此，企业成长事实上是一个经济学和心理学的命题。组织决策能力的提高带来的是组织整体竞争力的增长；而员工个体思维能力的提高带来的是个体在组织与社会中的适应能力和生存能力的增强。企业存在的意义不仅在于为社会创造财富和就业机会，更在一定程度上创建着人们的心智模式——人们通过企业这一窗口形成了看待社会的视角，并进一步影响到社会各个领域。社会发展的目的是实现人的自由全面发展，而"经济社会的本质取决于其内部企业的性质"。② 与企业成长相伴随的是人力资源作为个体在心智模式上的成长与进化，对外界信息的反应和应对问题复杂性能力的提高。这要求个体或组织具备对新知识和经验的获取能力，也具备对自身认识与观念进行反思的能力，从而增强对环境中不确定性与风险的控制能力。

酒店人特别是本土酒店人不能光满足于资讯的拥有，而应对行业发展进行理性解读，并审视自己的思维方式、自有 PMS 数据系统和会员体系建设以及更多内部资源状况。始终把"员工的成长"放在首位的中州国际酒店集团这只起师中原的雄鹰，必将飞得更高、更远，并最终为民族酒店品牌赢得一片天空，因为成功的人力资源管理的重要标志之一就是把员工的理想、抱负与企业前途紧密结合在一起，达到员工、企业与社会共赢。

---

① 《河南酒店星光人物：郑州瑞景中州国际饭店李明》，河南酒店网微信公众号，2014 年 5 月 27 日。

② Drucker P. F., *Concept of the Corporation*, New York：John Day Company, 1946.

附录　中州国际酒店集团十二大品牌介绍①

　　品牌蕴含的是文化，代表的是价值，是有高品质内容的知识产权，河南本土品牌代表的是中原形象，民族的就是世界的，所以，中原品牌更是中国文化的代表。中州国际酒店的品牌体系构建已基本完善，市场定位明确的多品牌多档次策略是中州国际酒店集团发展战略的主要组成部分。从针对高端市场的豪华型饭店，到高性价比的商务型酒店，从景区及名胜区的休闲度假主题酒店，到追寻时尚前沿的精品酒店，集团致力于为客人提供多样化的品牌、产品和服务，为中国的核心城市和热点旅游度假区提供多姿多彩的生活方式。

　　中国旅游研究院饭店产业研究基地主任谷慧敏教授这样评价中州国际酒店管理集团："通过与外方的长期合作，'中州国际'品牌的含金量与日俱增。中州国际酒店管理集团经历了长期的积淀与成长，依靠充满活力和朝气的中州国际团队、富有中州国际特色的管理模式、基础扎实的中州国际品牌不断前进，终于破茧成蝶，成为中国酒店业的民族品牌先锋。"

中州国际酒店集团旗下十二大品牌

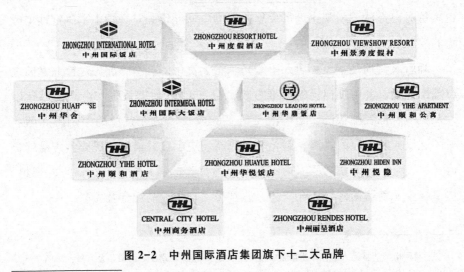

图 2-2　中州国际酒店集团旗下十二大品牌

---

① 中州国际酒店集团提供。

【集团十二大品牌布局简析】

1. 中州华鼎饭店

中州华鼎饭店是中州国际酒店管理集团旗下的顶级饭店品牌，定位为五星级奢华酒店，该品牌有深厚的历史文化底蕴。定位标底是安曼、悦榕庄、诺金、四季、里兹卡尔顿系列。以融汇民族文化精髓之不凡主题设计为主要特色，追求至臻服务品质，彰显逐鹿中原、鼎立天下之魅力。华鼎中的"华"字取自于《卿云歌》中的"日月光华，且复旦兮"，意指春华秋实，美丽而有光彩，同时也有天地华宇的象征；"华鼎"二字巧妙组合，情系人类文明发展，体现了"华夏之巅，比肩而立"的品牌精神。

2. 中州国际大饭店

高雅华贵，尊崇备至。中州国际大饭店是五星级的全服务酒店，位于城市行政或商业中心，配备齐全的会议设施，提供高档有特色的餐饮娱乐设施。目前，该品牌在海南有 3 家酒店，有一定的影响力，但是海南是度假休闲市场，定位略有脱节。该品牌在郑州有 1 家酒店，许昌有 1 家酒店。未来该品牌需要明确和保证品牌标准以及正确的定位。

3. 中州国际饭店

典雅精致，尽显华彩。中州国际饭店是中州国际酒店管理集团旗下的高端饭店品牌，定位为四星级的商务酒店。饭店位置优越，幽雅精致，并以智能化的设计和定制化的服务令商旅客人倍感轻松愉快。

4. 中州度假酒店

休闲度假型。如诗如画，轻松惬意。无论在迷人的海滨、秀丽的湖畔，还是在历史悠久的温泉疗养胜地、让人流连忘返的风景名胜，定位为四星级和五星级的中州度假酒店都是修身养性、享受生活、接近自然、感受温情的理想选择。中州度假酒店拥有齐全的各项餐饮、娱乐设施及宜人的度假环境。

5. 中州华悦饭店

轻奢精品型。一样的饭店，别样的体验。中州华悦饭店是中州国际酒店管理集团旗下高端饭店品牌，定位为五星级奢华都市时尚精品饭店。无论是庄重的外观、精致的内装，还是精心的布局，中州华悦的灵动设计将文化、艺术、生活与现代时尚完美融为一体。在动人的世界里，处处感受到的是中州国际的经典再现和魅力无穷的文化活力。

6. 中州颐和酒店

高雅经典型。精致优雅，品位独具。中州颐和酒店是中州国际酒店管理集团旗下的定位为四星级的精品酒店品牌。酒店精致时尚，文化氛围浓厚，风格独特，舒适温馨，处处散发着现代都市与东方传统文化的魅力；充满个性化的悉心服务让客人尽享无微不至的人性关怀和与众不同的商旅及休闲度假新体验。

7. 中州商务酒店

轻松商务型。温馨舒适，时尚品质。中州商务酒店是中州国际酒店管理集团旗下的三星级的中端商务酒店连锁品牌。中州商务酒店致力于为商旅客人提供高性价比的产品和细心体贴的服务，致力于营造一种全新的旅行生活体验。让客人品味温馨舒适的空间氛围，感受殷勤好客的细致服务，尽享自在自我的心灵释放，是中州商务独具匠心的待客之道与品味。

8. 中州华舍

舒雅民宿，精品酒店。彰显个性，表达主张，中州华舍是中州国际酒店管理集团旗下的高端民宿饭店品牌，将城市化的星级酒店享受与乡村自然宁静的生活自然融合，为高端度假休闲人士的出行带来更加美好的服务和体验。

9. 中州景秀度假村

休闲度假型。风景怡人，秀色可餐。全域旅游的概念以及体验经济的发展，使创新型企业如雨后春笋般出现，中州景秀度假村于是应运而生。无论在都市周边，还是在旅游目的地，这里是内容、场景、活动、文化和美食的汇集之地。创造快乐，成就梦想，就来中州景秀度假村。

10. 中州丽呈酒店

智能体验型。至臻至尚，至善至美。中州丽呈酒店是中州国际酒店管理集团旗下的中高端连锁品牌。酒店以智能科技为手段打造基于酒店未来场景的新零售模式，倡导产品至尚、服务至臻，并通过至美人文空间的温馨浪漫的氛围营造，艺术和文化为建筑注入的灵感，为新时代的旅行者带来高品质的全新住宿体验！至臻至尚，至善至美，在中州丽呈，旅途是一场美丽的邂逅。

11. 中州悦隐

舒雅民宿型。返璞归真，回归自然，远离喧嚣，隐居中州。这里，一房、一院、一风景，一花、一叶、一菩提！或静、或动、或随心、或所欲。这里，每时每刻体验到的是原汁原味的生活及富有浓郁文化气息的低调生活态度及舒适雅致的星级享受！如果你在寻找一个适合自己的旅居方式，留下时光，留下美好，就在中州悦隐。

12. 中州颐和公寓

自由悠享型。从丰富的服务内涵到挑剔的设计细节，从个性化的多样配置到科技互联的平台化运营，中州颐和公寓带给您的是轻松愉悦的全新住宿解决方案以及细致入微温馨体贴的入住体验。无论是挑剔且有品位的商旅出行者、还是本地多姿生活的探索者，无论是学海无涯的追寻者，还是健康生活的至美体验客，中州颐和公寓都能提供更健康、更舒适、更多元、更科技、更人文、更精彩的全新居住空间。

第三章
中州国际酒店集团的企业文化建设
与品牌内涵的深化

《中州国际酒店集团企业文化纲领》于 2024 年初正式颁布，这是集团价值观和行为准则的体现，更是推动集团发展和员工成长的引擎，是企业的灵魂和基因，是中州国际人经营自己事业和梦想的共同语言和行动指南，决定着中州国际酒店集团未来可持续发展的方向、市场定位、业务取舍，以及与各利益相关者的关系，是集团各项管理制度的根基，是凝聚中州人的强大力量。

企业文化是其竞争优势的重要体现，是企业通过对内整合而达到的对外部环境的适应。企业文化不仅塑造着品牌形象，还引领着品牌的创新，而根植于企业文化的各种企业公关活动，直接影响着品牌传播和品牌忠诚度；换言之，积极的品牌文化也会强化企业文化。两者共同作用，有助于企业在市场中树立独特的品牌形象，提升品牌价值和竞争力。

党的二十大提出"以中国式现代化全面推进中华民族伟大复兴"，为酒店业的未来发展指明了清晰的方向。酒店业未来发展过程将充满机遇和挑战，这需要行业在理念重构的基础上进行创新实践。企业文化的塑造与变革是中州国际酒店集团内生成长和持续发展的根本驱动力。2024 年初王志董事长提出："依托特色企业文化与时俱进，开拓创新，在百年未有之大变局中立足九州之中，面向国际，是未来中州人义不容辞的责任和使命。"通过文化变革保持企业与时俱进，这背后是中州国际管理团队认知的变迁和提升，不断为继承性文化资源赋予新的内涵，更是中州国际酒店集团以深层次的文化自信实现中国式现代化的重要实践。

第一节　中州国际酒店集团文化的传承与再造

一　中州国际酒店集团企业文化的构成

（一）企业文化的构成

企业文化的构成结构通常指的是企业文化的各个组成部分以及它们之间的相互关系和层次。不同的学者和管理专家对企业文化的结构有不同的划分方式，但较为普遍的是以下四层结构。

1. 物质层（物质文化）

物质层是企业文化最外层的表达，包括企业的产品、服务和物质设施等。这些是可以观察和感知的实体，如品牌标识、产品设计、办公环境和员工着装等。物质层是企业文化的表象，是企业精神和价值观的外在体现。

2. 行为层（行为文化）

行为层涉及企业员工在日常工作和社会交往中的行为模式和习惯，包括企业内部的管理方式、工作流程、人际互动以及企业对外的交流与合作等。行为层是企业文化在动态中的体现，它将物质层的文化理念具体化。

3. 制度层（制度文化）

制度层是企业规范和约束员工行为的一系列规章制度，包括企业的组织结构、决策机制、激励惩罚制度、培训体系等。这些制度和规范是企业文化的中间层，它们为企业行为提供指导和评价标准。

4. 精神层（精神文化）

精神层是企业文化的核心和最深层的部分，包括企业的愿景、使命、价值观、信念、理念等。愿景描述了企业未来发展的蓝图，体现企业的长期目标和理想状态；使命明确了企业存在的目的和追求的目标，是企业文化的灵魂；核心价值观是企业文化的基石，指导企业行为和决策的基本信念和原则。精神层是企业文化的灵魂，它影响着企业的决策和行为，并指导企业的发展方向。

这四层结构相互关联，共同构成了企业文化的整体。物质层是文化的表象，行为层和制度层是文化的中间层，将物质层的精神理念具体化和制度化，而精神层则是文化的核心，为整个企业文化提供指导和动力。企业文化通过这些层次结构表现出来，影响着企业的内部管理和外部形象。从企业物理空间到员工的行为准则、形象标准和规章制度，再到企业的愿景、使命、价值观，无不渗透着企业文化内涵。

（二）中州国际酒店集团的愿景、使命与核心价值观

走进王志董事长的办公室，办公桌上摆放的座右铭是管理学大师德鲁克先生的"最重要的五个问题"：

我们的使命是什么？

我们的顾客是谁？

我们的顾客需要的是什么？

我们能（为顾客的需求）贡献什么？

我们的计划是什么（如何贡献）？

这是管理学大师提醒企业管理者深入理解自己的业务本质、客户基础、价值主张、当前位置和未来方向。中州国际酒店集团的管理团队始终把这五个问题作为强有力的自我评估和管理工具，帮助集团实现有效的管理和持续发展。从战略层面到日常操作层面，确保组织的活动以顾客为中心，与使命保持一致。

"中州国际，让生活更美丽"是中州国际酒店集团的使命，它是集团持续存在和发展的理由，也是中州国际人对自己工作价值的理解和坚持不懈奋斗的目标。它反映了中州国际酒店集团经过 60 多年的发展，已从满足传统住宿需求到回归服务本质。管理者通过明确使命，能够确保企业在复杂多变的环境中保持方向和重点。明确使命不仅能够指导日常决策和行为，还能够帮助团队集中精力，确保资源得到有效配置，并激发员工的动力和热情。在

这一使命的驱使下，中州国际酒店集团始终与时俱进，不断进行文化再造，主动更新"事业理论"并持续开展适应性变革，创造出令客人满意的出行体验，为客户持续创造价值。

"成为顾客、员工与投资方的首选"是集团的愿景，这一愿景描述了中州国际人未来要去往哪里。作为中国酒店业的民族品牌先锋，中州国际酒店集团将赢得顾客、员工、投资方的最大信赖和忠诚。其中，了解"顾客是谁"及"顾客需要什么"是集团管理者的重要任务，这可以帮助管理者聚焦于满足顾客的需求，从而确保集团的成果能够被市场接受。管理者决策基于系统收集来的顾客意见，而不仅仅基于猜测。重视顾客反馈，理解他们的价值观和偏好，持续回顾、评估和衡量实际产生的成果，有助于管理者调整产品和服务，作出符合市场期望的决策。与此同时，管理者以前瞻性思维制定清晰、可行的计划，同时能够将长远目标分解为可执行的步骤，确保业主投入的资源被用于实现组织使命和目标。

集团的核心价值观是"专业、诚信、共赢"。过去 60 多年来，中州国际人始终秉承这一基本信念和行为准则，这是凝聚企业员工的根本力量，更是推动集团文化传承与文化创新的核心力量。具体而言，在中州国际酒店集团实施管理输出和品牌输出的过程中，集团力求做到高标准和精益求精，把"做中国酒店业的民族品牌先锋和行业典范"作为集团矢志不渝的专业追求。"求真务实，行稳致远；敢于担责，言出必践"是集团对员工、顾客和业主的诚信承诺；"与员工、顾客、业主共谋福利"体现了集团为各利益相关方打造成长和创业的共赢平台，与社会共享发展成果的共赢理念。在以上愿景、使命和核心价值观的引领下，集团的品牌定位是做"民族品牌先锋、酒店管理专家"，致力于打造有温度、有情怀、有特色的民族品牌酒店，用民族情怀创造面向世界的中国品牌。"有一种生活叫中州"的品牌箴言，是中州国际品牌与消费者建立情感连接的桥梁，并在市场中形成了独特的中州国际品牌个性。60 多年来，本着"坚持，成就梦想；坚守，创造传奇"的企业精神，"中州国际"持续发挥着行业示范和领航作用。

(三)集团企业文化与中州国际品牌文化的塑造

在酒店业竞争激烈的市场环境中,企业文化作为品牌文化的基石是企业取得竞争优势的关键因素。一个酒店的品牌形象、市场定位、顾客忠诚度和创新能力,在很大程度上都取决于企业文化的影响力和传播力。国际品牌酒店倾向于标准化和连锁化发展,通过在统一文化理念下开展规模化经营来降低成本和提高效率;而国内品牌酒店则在标准化的基础上,更加注重民族品牌文化的个性化和差异化,以适应不断变化的市场需求。

企业文化是酒店在长期的经营活动中形成的、被全体员工所认同和遵循的价值观念、行为规范和经营理念。这些文化元素构成了酒店品牌的精神内核,是酒店品牌区别于其他竞争对手的核心标志。这一文化特质会通过服务、设施、员工行为等各个方面表现出来,从而塑造独特的品牌形象。不仅如此,以创新为主导的企业文化能够引领品牌创新,激发员工的创新意识,推动酒店品牌在服务、产品、体验等方面进行创新,以适应不断变化的市场需求和顾客期望。当品牌面临危机时,企业文化是品牌危机的缓冲器,可以起到稳定军心、指导应对策略的作用。一个有着深厚文化的酒店,其员工、业主和顾客都更容易对其保持信心。

在酒店作为管理方与业主合作时,合作的基础在于双方能否在核心价值观上达成共识,并且能否在合作过程中相互尊重、理解和信任。酒店管理方通常会强调其品牌价值、管理经验、运营体系和技术服务等方面的优势,而业主则会关注投资回报、物业升值、酒店的市场竞争能力以及运营的灵活性等方面。在合作过程中,双方的价值观会影响到合作的具体执行和运营决策。例如,如果双方都重视客户满意度,那么他们在制定服务标准、培训员工时能更加以客户需求为导向。酒店管理方与业主在合作过程中需要共同应对各种风险,他们的价值观在很大程度上影响了他们对风险的认识和应对策略。例如,如果双方都重视稳健经营,那么他们在面对市场波动时可能更倾向于采取保守的策略。相反,如果一方强调创新和扩张,另一方强调稳定和保守,那么在风险管理方面的分歧可能导致合作失败。确保双方在价值观念上能够找到共同点,对于合作的长久成功至关重要。

酒店的企业文化也对客户的品牌忠诚度有着显著的影响。企业文化是酒店内部的价值观、信念、行为准则和工作方式的总和，它不仅指导着员工的行为，也通过服务传递给客户，影响着客户的感知和忠诚度。酒店的企业文化如果能够与客户的服务体验形成一致，将会增强客户的满意度和忠诚度。例如，中州国际酒店集团倡导的服务理念是"我们把员工当家人，员工把客人当亲人"的家庭般温馨的文化，那么顾客从员工的服务态度和酒店的设施布置中，都能体会到温馨的服务和周到的关怀。如果企业文化具有唯一性和难以复制性，那么它就能为客户提供独特的体验，使客户感到新鲜和愉悦，从而增加客户对品牌的忠诚度；企业文化如果能与客户的价值观和兴趣产生共鸣，那么它将更容易吸引和留住客户。例如，中州国际酒店集团的企业文化强调"低碳绿色，助益社区社会改善"的社会责任理念，这正符合客户特别是周边社区消费者的价值观，客户就更有可能对这家酒店产生忠诚感。酒店的品牌传播如广告、公关活动等展现形式，都深深地烙印着企业文化，并以此来吸引和影响目标顾客群体。一个酒店如果能够成功地将企业文化转化为顾客可以体验到的价值，就能使顾客培养出高度的品牌忠诚度。这是因为，顾客不仅因为服务和设施选择该酒店，更是出于认同和喜欢其代表的企业文化。

综上所述，酒店业的企业文化与品牌文化是相互依存、相互促进的。把企业文化作为重要的管理手段，建立酒店企业与员工、业主与顾客的长期信任关系，是企业战略规划落地的重要保证。

二　PDCA 过程中被员工习得的中州国际企业文化

中州国际酒店集团的企业文化是全体成员在互动时可观察到的行为准则，包括了企业的语言、习惯、传统和仪式，是员工在工作中逐渐形成的共同的隐性标准和价值观，也是业主、员工、顾客等利益相关者对企业的知觉和感觉。这些知觉、感觉的形成、传播和延续过程，使得企业文化得以被组织习得与传承。

埃德加·沙因（Edgar H. Schein）被誉为"企业文化理论之父"，在企业文化与组织心理学领域有着开创性和奠基性的贡献。沙因教授这样定义企业文化：一个群体的文化可以被定义为群体在解决外部适应性和内部整合性问题的过程中所积累的共享习得的产物；其有效性已被充分证明了，因此，被传递于新成员并要求其以正确的方式来认知、思考、感知和行动。这种累积式的习得是一种建立在理所当然的基本假设基础之上的，并最终以无意识状态存在的信念、价值观和行为规范的模式或系统。①

沙因教授认为企业文化的核心是一系列"基本假设"，强调由某一特定组织在处理外部适应和内部融合问题中所发明和创造并且发展起来，被组织成员"共享"和"习得"。由于这些基本假设能够发挥很好的作用，并被认为是有效的，因此能被成员所接受并传播。在沙因看来，"企业文化是深植于员工认知中的隐形技能（Embedded Skill），它无须依靠书面的记载，却能靠习得而代代相传"。当谈论一个组织的"文化"时，意味着该组织群体中以"基本假设"存在的价值观和行为准则具备某种程度的结构稳定性，不会轻易改变，但同时文化又是动态的，是最深层次的、属于群体无意识的部分，它难以触摸，不易被察觉。

企业文化不仅是创始人文化，也不仅是领导人文化，更是"人人文化"。②朱莉执行总经理说："多年来中州国际酒店集团的发展战略得以落地执行，是因为顶层设计的文化理念能够被员工'习得'，人人内化于心。"时任鹤壁迎宾馆执行总经理的宋红艳女士提到这一点感触良多，"多年来集团的管理主线就是'文化加标准'，文化在思想层面的渗透需要通过不断培训来实现。一个是理论方面的培训，一个是日常酒店管理服务实践中的培训。我们有《鹤壁迎宾馆高绩效企业文化管理手册》，酒店员工之所以能够接受我们的企业文化，是因为他们不但看到了文字，还看到了过程，并且他们是结果的亲身经历者。文化不是宣扬一番就能得到员工认可，文化是一种结果。他

---

① ［美］埃德加·沙因、彼得·沙因：《组织文化与领导力》（第五版），陈劲、贾筱译，北京：中国人民大学出版社，2020。

② Kegan R., Lahey L. L., *An Everyone Culture*：*Becoming a Deliberately Developmental Organization*. Harvard Business Review Press, 2016.

们能够体会到这个过程当中的点点滴滴，并且只有自己是结果的亲身经历者，才能够真正认可企业文化。"

　　与此同时，中州国际酒店集团的企业文化核心理念与价值观能够让一代又一代的中州人习得、认可和传承，在制度的制定、执行和反馈过程中实现。集团不断强调抓"执行力"，事实上"执行力"就是"领导力"，管理者通过确保制度的制定和执行，将企业文化理念深入人心。在日常管理制度的实施和反馈过程中，员工切实感受到，只要严格地执行行业标准，为顾客创造一流的服务，自身就能受益，顾客就能满意，并且企业得以发展壮大，正所谓"制度管人，流程管事"。集团出台的制度包含了以下内容：哪些人对这个制度负责？这个人需要在这个时间里面做哪些事情？这些事情做到的话，会得到什么回报作为鼓励？没有做到位的话，需要在这方面做哪些改善？和许多中州国际酒店集团的项目经理一样，宋红艳执行总经理认为，集团文化是企业制胜的强大精神力量，而文化在制度的落地践行中得以传承。她说："管理一点都不难，要想达到什么目的也不难。我认为结果永远是放在第一位的。比如说，我们要的结果是攀登珠穆朗玛峰，大家同意这一目标后，我们需要列一个行动方案。这个行动方案必须遵照 PDCA 循环，每一步都要得到团队全体成员对这些问题的论证，最后大家一致通过，这个方案的雏形就出来了。方案出来之后，有很多酒店会认为这项工作就结束了，其实不然，这项工作才刚刚开始。行动方案出来之后最重要的就是检查，检查一定要到位。说什么就要做什么，做什么就要检查什么，检查什么就要成什么。"①

　　宋总提到的"PDCA"是一种迭代管理和持续改进的方法，它也是中州国际酒店集团战略能够让下属酒店得以践行落地的基本保证。它代表了四个连续的阶段：计划（Plan）、实施（Do）、检查（Check）、处理（Action）。这个循环过程最初由沃尔特·休哈特（Walter Shewhart）在 20 世纪 30 年代提出，并由威廉·爱德华兹·戴明（William Edward Deming）进一步发展，

―――――――――

①　作者与鹤壁迎宾馆执行总经理宋红艳女士的访谈，2023 年 12 月 9 日，于郑州。

成为全面质量管理（TQM）和持续改进的核心组成部分。PDCA 循环确保了企业文化的推广与员工的实际工作紧密结合，使员工能够感受到企业文化的实际价值和意义。在这一过程中，集团各个管理层的支持和参与对于员工接受企业文化理念发挥了重要作用。领导的行为和态度会直接影响员工的行为和态度，通过 PDCA 循环中企业上下持续的努力和改进，员工对企业文化的接受度和内化程度逐步提升。

　　PDCA 循环的每一个环节，都对"中州国际"企业文化建立与传承发挥了不可替代的作用。比如"计划"明确了企业文化理念的核心内容和希望员工接受的具体行为准则，管理层通过了解员工对现有企业文化的认知和接受程度，识别文化推广障碍，并设计一套详细的计划，包括培训、沟通、激励等手段，以促进员工对企业文化的理解和接受。在"实施"环节，通过培训、沟通推广、领导者示范和日常工作现场指导等，集团企业文化理念被融入日常决策、沟通和行为规范。比如在集团、各项目酒店和各部门等每个层级组织的培训活动中，管理者们通过内部会议、公告板、内部网络、微信群等渠道，向员工介绍企业文化的内涵、价值和期望行为，管理层不仅强调企业文化的重要性，还以身作则展示企业文化。在"检查"环节，管理层通过问卷调查、访谈、观察等方式，收集员工对企业文化的反馈，并评估培训和推广活动的效果，检查员工的行为是否与企业文化相符。与此同时，管理层识别在推广企业文化过程中遇到的问题和挑战，如员工的抵触情绪、员工与客户发生的冲突、员工对上级指令理解的偏差等。在"处理"环节，管理层将根据检查阶段的发现，调整推广策略，解决存在的问题，并继续通过各种渠道与员工沟通，确保企业文化理念深入人心。这一环节所执行的奖励和认可机制发挥了强化激励的效果，激励员工展现与企业文化相符的行为，将成功的实践和经验纳入企业文化的长期发展规划中，形成闭环管理。同时，集团也建立了长效机制，如定期开展文化培训、推出文化大使计划等，持续推动了企业文化的认同和传播。

三　作为战略落地保证的中州国际文化

企业文化作为企业内部的行为准则，是企业战略落地的根基和企业发展的动力。没有强大的企业文化，再高明的经营战略也无法成功。汤姆·彼得斯（Tom Peters）和罗伯特·沃特曼（Robert Waterman）表示，在经营得最成功的企业里，位居第一的并不是严格的规章制度或利润指标，更不是计算机或任何一种管理工具、方法、手段，甚至也不是科学技术，而是企业文化。[①]

这与管理学大师德鲁克的思想不谋而合——"文化能够把战略当作早餐一口吃掉"。这句生动的比喻形象地表达了文化对战略实施的重要性和影响力。如果企业文化与战略高度一致，那么战略的实施就会变得相对容易，就像早餐一样容易"消化"。相反，如果文化与战略不一致，战略的实施就会困难重重。企业文化为战略的制定和实施提供了土壤。一个与企业战略相匹配的企业文化可以促进战略目标的实现，而一个与之相悖的企业文化则可能成为企业战略实施的障碍。员工的行为受企业内部共享的价值观和行为准则的深刻影响，如果企业文化能够与战略目标一致，员工在日常工作中自然会更加积极地支持和拥护战略；与此同时，员工对企业文化的认同感和归属感可以使他们更加积极地投入战略实施中，从而提高战略的成功率。如果企业文化与既定战略存在严重冲突，组织可能需要调整战略以适应企业文化。因此，企业文化的力量足以影响甚至改变战略，强大的企业文化可以强化战略的执行力。

PDCA 循环强调了战略管理的持续改进和迭代的重要性，它鼓励组织不断回顾和优化其流程和实践。这种迭代管理和持续改进的过程，也是企业跟随动态环境而不断进行企业文化再造的过程。战略持续改进和文化再造都关注组织的长期发展，通过战略管理的持续改进，组织可以不断适应外部环境

---

① ［美］汤姆·彼得斯、罗伯特·沃特曼：《追求卓越：探索成功企业的特质》，胡玮珊译，北京：中信出版社，1985。

的变化,而文化再造则确保这种适应性能够持续下去。

一方面,通过不断计划、实施、检查和处理,组织能够提高效率、减少浪费、提升产品与服务质量及客户满意度;更重要的是,员工通过战略的执行和落地见证组织的成长获得个人努力的回报,切身感受到了践行企业的价值观和行为准则带来的好处,强化了员工对企业文化的认同,甚至志愿做企业文化的传播者。另一方面,PDCA 循环的基本结构在一定时期保持相对稳定,但随着市场的发展和应用情境的不同,其内容和实践方式可能会有所变化。在数字化转型的今天,计划更强调创新、可持续性和社会影响;执行更倾向采用敏捷和精益的方法,以及自动化和智能化技术;而检查的形式更加多样化和人性化,如利用大数据分析、人工智能和物联网技术进行实时监控和预测;行动则更加注重快速迭代、跨领域协作和生态系统构建,以实现快速创新和市场适应。随着时间的推移,PDCA 循环的内容和实践方式不断发展以适应不断变化的商业环境和技术进步。此外,PDCA 循环也越来越多地与其他管理方法和框架(如精益生产、敏捷开发等)结合使用,以实现更全面和深入的组织改进。

具体到酒店行业,PDCA 循环可以应用于酒店日常经营管理的各个方面。例如依照严格的星级酒店标准,通过改进客房清洁流程,优化客房管理;通过优化菜单设计,提升餐饮质量和服务品质;通过改善前台接待流程,提高客户满意度。随着 PDCA 循环实践内容与方式的变化,集团也在跟随动态环境不断进行企业文化再造,不断建立起一种更加开放、灵活和适应性强的企业文化。企业文化的建设是一个长期的过程,一个强大的、与战略相匹配的企业文化通过不断调整和再造,才能为战略的成功实施提供坚实的基础和持续的动力。

四 中州国际酒店集团的文化再造

文化再造是推动企业持续前进的源动力。德鲁克的"事业理论"提醒管理者,当企业的战略目标实现时,说明其事业理论已过时,因此企业文化需要持续更新迭代,以领导企业事业理论的"适应性"变革。文化再造也是中州国际酒店集团品牌发展三部曲中"品牌引入、品牌嫁接和文化再造"的最高发展阶段。集团在品牌引入和品牌嫁接成功之后，以人才与文化为动力进行文化再造，使"中州国际"品牌向更广的地域范围输出，同时为更多消费者所熟识与认同。领导力与文化是一枚硬币的两面，在战略持续改进和文化再造的过程中，领导力发挥着至关重要的作用。这是因为文化是企业的灵魂，是一个企业的主流理念和主流行为方式的综合表现；而领导者需要通过自己的行为和决策来推动战略的持续改进，塑造企业文化并引导其发展。

（一）"格物修身，自强不息"的文化变革理念

中州国际诞生于河南这个历史悠久、龙脉之中的宝藏之地，集团通过释放中原本土文化资源优势打造民族文化品牌获得了竞争优势，这无疑是幸运的。但变革时代企业必须不断审视和更新其事业理论，以确保其能够持续创造价值并保持竞争力。这要求企业领导者具备前瞻性思维，并能够引导企业适应不断变化的外部环境。王志董事长时刻提醒集团管理团队："如何站在历史深厚的积淀下，从传统文化中找寻力量，继续绽放光彩和永恒的魅力，是我们必须'内修'的气质。"

积极的、以变革为导向的企业文化可以激发员工的创新精神和持续改进的动力。与战略目标相匹配的企业文化可以激发员工的内在动力，使他们愿意为实现战略目标而努力，这种内在动力比外在激励更能持续地推动战略的实施。企业文化应如何再造才能创造更大的企业经济活动价值，保持企业长期竞争优势和经营业绩，是战略管理领域的新问题。文化再造的因素不外乎外因、内因和综合因素三大学说。外因学说把企业文化发展变化的动因，归结为经济、文化、科技等企业外部因素，认为是外部因素共同促成了企业文化的发展变化。但是在起决定性作用因素的认识上产生了分歧，便出现了社会经济决定论、社会政治决定论、科学技术决定论和社会文化决定论四种外因学说。社会经济决定论认为，企业文化发展变化是由社会经济变化引起的，经济发展水平决定企业文化的类型、特征和素质水平。社会政治决定论认为，社会的政治环境，政治管理体制，政府的方针、政策及各种法规，时

刻影响着企业文化。科学技术决定论认为，科学技术水平决定企业文化发展方向。社会文化决定论认为，企业文化是社会大文化系统的一个子系统，企业文化的变化取决于社会文化的变迁。内因学说认为，企业文化的差异源于企业本身的不同，是企业内部因素导致了各个企业文化类型、强弱、特征以及变迁的历程、速度等方面的差异。在众多内因学说中，领导素质决定论与群体素质决定论最具代表性。领导素质论认为，企业文化的产生、发展、兴衰和变迁取决于企业领导人的文化素质。领导人可以发动文化再造，促使企业文化转型，也可以采取保守态度，阻止和抵制企业文化转型。在企业文化再造中，领导人起着发动、组织和指导作用，而新旧文化参数的交替归根到底是由广大员工的实际活动来实现和体现的。

企业文化发展与企业成长过程相伴而生。然而，企业文化有自身的发展规律，当人们没有意识到它的存在，或者只意识到它的存在而没有对它进行认真剖析、扬弃的情况下，它只是自发地成长，缓慢地发育，并且自发地发挥它的作用；当人们在实践中意识到它的客观存在，并有意识地提倡和培育积极的企业文化，摒弃和抑制消极落后的企业文化，从而引导企业文化在健康的轨道发展，尤其把优秀的企业文化渗透到管理行为之中，企业文化就逐渐演变为一种新型的更具柔性的企业管理方式。企业文化自身的规律性在于它的生命周期也要经历生长、发育、成熟、衰亡等阶段。因此，企业文化的作用也会经历着一个从有益于企业生存、促进企业发展到阻碍企业发展的过程；而要避免企业文化的衰亡，就必须再造企业文化。一方面，在生长、发育、成熟阶段，要保持和储存企业文化中的"精华"，实行文化积累，沉淀优秀的企业文化；只有形成了企业文化传统，企业在文化上才是强大的，在精神上才是一脉相承的，在行为上才是前后一贯的。另一方面，要否定那些不合乎企业生存发展需要的旧文化特质，破除那些阻碍企业继续前进的旧传统。更重要的是要实现新文化特质的增长，对已有企业文化不断完善和充实。只有不断增长其新文化特质，企业文化才能变得日益强大起来。不断增长的新文化特质来源于两个方面，一是企业组织自觉的发明创造，如发明新观念，创造新作风，建立新习俗和新礼仪等；二是学习、借鉴其他企业文化，其中企业内部培训是管理者学习、借鉴的重要手段之一。

回顾中州国际酒店集团的成长史，通过拥有60多年历史的河南省中州宾馆、40多年历史的河南国际饭店、20多年成长历史的中州国际酒店集团与法国雅高、英国洲际集团进行有机的文化融合，集团在品牌输出与管理输出的过程中以"立足中原，辐射全国，走向世界"为发展战略，逐渐形成了系统的中州国际企业文化。依托中州国际酒店集团的企业文化，各个项目分别发展出了具备项目自身特点、并受到员工广泛认同的企业文化。例如，《鹤壁迎宾馆高绩效企业文化管理手册》是依托中州国际酒店集团的企业文化，发展出的具有项目特点的企业文化。以不同的项目文化为依托，集团铸就了较为完整的品牌文化体系。中州国际致力于打造有温度、有情怀、有特色的民族品牌酒店，用民族情怀创造面向世界的中国品牌。在"品牌输出"和"管理输出"这一持续战略行动背后，是集团秉持的"格物修身，自强不息"的文化变革理念和"坚持，成就梦想；坚守，创造传奇"的企业精神。中州国际持续发挥文化再造优势，发挥行业示范和领航作用。

民族品牌文化蕴含的是其作为企业"继承性资源"的价值，是在既往发展中沉淀下来的、有高品质内容的知识产权。然而，在数字化与人工智能时代，伴随消费者多样化多层次的文化需求日益突出，中华优秀传统文化正在跨越时空、超越国度，以多领域、多渠道、多圈层的方式，吸引越来越多外国学者和企业投身中国文化的研究、传播与商业化运作，传统的民族品牌文化这一"继承性"的资源优势将不再突出。这是因为，中华文化既是历史的，也是当代的；既是民族的，也是世界的。在此背景下，中州国际品牌文化建设的一个重要着力点，就是如何将继承性文化资源的优势不断拓展延伸，打造酒店业"新质生产力"，使之立足九州之中，并走向国际。

（二）集团新质生产力提升与文化再造

"新质生产力"被定义为大量运用大数据、人工智能、互联网、云计算等新技术与高素质劳动力、现代金融等要素紧密结合，催生新产业、新技术、新产品和新业态的生产力，其本质是创新驱动，充分发挥科技、人才和创新的作用，新质生产力相较于传统生产力，具有领域新、技术含量高、要素配置优、环境友好等特点，代表了生产力质的飞跃。通过整合科技创新资源，新质生产力为传统产业注入了新的活力。这种升级不仅提高了产业的竞争力，还降低了资源浪费和环境负担，符合高质量发展的要求。[①] 新质生产力这一富有前瞻性和战略性新概念的提出，要求未来酒店业在追求创新驱动发展、实现高质量增长方面迈出坚实的步伐。在酒店业，新质生产力体现在通过科技创新、管理创新、服务创新等提升酒店的服务品质、运营效率和顾客体验，从而实现可持续发展。新质生产力并非仅仅是经济领域的术语，它代表了一种观念的转变，标志着科技、创新、高质量生产的崭新时代的来临。人才则被认为是第一资源，没有人力资本的跃升，就不可能实现新质生产力的崛起。新型人才的涌现和培养是新质生产力生成的决定性因素，在科技创新和产业发展中扮演着关键角色，是新质生产力的创造者和主要使用者。作为最活跃、最具决定性意义的能动主体，人力资本的不断壮大将促进新质生产力的不断涌现和升级，推动着经济的高质量发展。中州国际酒店集团在发展中不断加大技术研发投入，引进国际先进技术，提升自主创新能力；加强人才培养，追求员工个人的成长与企业同步发展；与此同时，深化与上下游产业链的合作，实现资源共享，降低成本，提高效率。

酒店业新质生产力提升所引领的这场生产力革命，将通过实现文化再造改变中州国际人的未来。文化再造是由企业文化特质改变所引起的企业文化整体结构的变化，它是企业文化发展的必然趋势和要求。一个知名品牌的创立，往往需要几十年，甚至上百年的文化积淀，其中的艰辛历程非常人所能理解。酒店行业风起云涌，国内国际品牌收购、重组，民族品牌海外拼杀的故事不断上演。行业内部竞争激烈，行业市场环境多变，消费者群体画像日趋个性，互联网+酒店、O2O营销、云PMS、跨界合作、资源整合等令人眼花缭乱。如此风云变幻的时代，中州国际酒店集团正是通过文化再造，独具匠心地打造了自身的文化优势，而所谓"匠心"，就是不惧枯燥和漫长，为

---

① 叶紫青、张颖熙：《新质生产力赋能文化旅游业高质量发展的理论逻辑与发展路径》，《经济问题》2024年第9期。

接近极致而倾尽全力。文化再造的源头在于企业生存、发展的客观条件发生了根本性的变化，它是社会文化变革在企业内的反映。当企业经营环境改变，原有企业文化体系需要因时制宜、因地制宜实施再造，使新文化适应水土。文化再造是企业在新的时空下实施适应性变革的契机，也是对管理者认知的重要挑战。在中州国际酒店集团的持续文化再造过程中，中州国际人始终立足长期主义的价值观，把握好了以下四种关系。

一是历史与现代的关系。毛泽东同志指出："我们是马克思主义的历史主义者，我们不应当割断历史。从孔夫子到孙中山，我们应当给以总结，承继这一份珍贵的遗产。"这对于当前在塑造企业文化中推进民族品牌文化建设具有重要的现实指导意义。文化是一脉相承的，任何国家和民族都不能割断文化传统；但每个时代又有属于每个时代的文化内涵。历史、传统、民俗等是打造民族文化品牌的重要基础资源，但又必须与时俱进。因此，应以富有时代精神的品牌理想、文化自觉赋予历史文化资源鲜明的时代气息，使企业文化焕发生机、永葆活力，既具有历史深度，又能适应现代市场的需求。为此，中州国际酒店集团做了大胆尝试，集团管理的许多老酒店承载了丰富的历史与文化，但随着时代的进步和人们审美观念的变化，这些酒店的硬件设施已显得陈旧落后。地域文化作为一种独特的资源，具有深厚的历史底蕴和文化内涵，集团通过创意改造酒店，提升其文化品位，从而吸引文化追求者。在酒店设计、装修、服务等方面融入中国传统文化元素，为顾客呈现独特的民族风情，确保与现代消费者的需求和期望相匹配。

二是机遇和挑战的关系。新中国成立后特别是改革开放 40 多年来，酒店业积累了丰厚的物质基础和丰富的文化发展经验，为打造中华民族的酒店品牌文化提供了有利条件。应当看到，目前世界上有的国家已开始把目光放在我国丰厚的文化资源上，试图开发利用这些资源。例如，在文化产业发展方面，国外企业通过与中国合作，开发以中国传统文化为主题的文化产品和服务，如电影、动漫、艺术展览等。在文化旅游推广方面，国外旅游机构和地方政府利用中国丰富的传统文化资源，开发文化旅游产品，吸引国际游客。尤其是在数字化时代，通过虚拟现实技术，国外一些机构将中国传统文化资源转化为数字产品，提供给全球用户。为此，中州国际酒店集团树立忧患意识、创新意识，注重提升文化创新能力，精心打造民族品牌文化，实现文化旅游产业发展的新跨越。

三是人才发展与新质生产力提升的关系。新质生产力的特点是高效率、高附加值、可持续发展，新质生产力提升需要人才的支撑，而人才的发展也需要与新质生产力的要求相匹配。这是一个相互促进、共同发展的过程。打造酒店业的新质生产力，需要具备创新思维，具有跨学科、跨领域知识和技能的人才，以适应不断变化的技术环境和市场需求。发展新质生产力对人才的领导力提出了新要求，即领导力不仅应包括管理能力，还应包括引领创新、激发团队潜力的能力，以及良好的职业道德和社会责任感，以确保创新发展的可持续性。这要求集团针对新质生产力的需求，不仅要为员工提供专业技能和知识的培训，更重要的是建立终身教育体系，为人才特别是高级管理人才提供多样化的学习和发展机会，鼓励管理人才持续学习和成长。从这个意义上来讲，未来酒店业的职业经理人将不再是传统意义上的决策者和发号施令者，而是助力下属觉察、担责与成长的教练。无论在企业组织的正式培训还是工作场所的日常培训中，中州国际酒店集团的高层管理人员始终注重扮演"首席学习官"（Chief Learning Officer，CLO）的角色，为打造中州国际"学习型组织"做好智力保障。

四是企业文化变革与民族品牌文化建设的关系。酒店品牌文化是酒店的核心竞争力之一，通过文化再造可以强化品牌形象，提升品牌价值。酒店应通过独特的文化特色来塑造品牌，使品牌成为文化的载体，让顾客在享受服务的同时，也能体验到品牌背后的文化内涵。打造民族品牌文化，是一个复杂的文化创造过程。企业应当立足当前、着眼长远，对品牌文化建设的历史、现实和未来进行深入考察和分析，不仅要弘扬中华文化，更要吸收全人类优秀文化成果，使更多的中华民族文化品牌从"未名"到"知名"再到"著名"，不断增强吸引力、扩大影响力。当前，人工智能技术在数据分析与预测、图像和视频处理、人机交互等方面的技术可供性不断增强，在提高传统文化相关内容生产效率的同时，也持续改变着平台、内容、人等多元主体之间的互动关系，为优秀的传统民族品牌文化的传播能力提升带来了更多可能性。

党的二十大报告明确指出，必须坚持科技是第一生产力，人才是第一资源，创新是第一动力。这一理念在酒店业新质生产力的蓬勃发展中得到了充分体现。文化再造是不断摆脱落后文化，勇于进取，不断吸收新因素、适应新环境、创造新市场，使企业不断蓬勃向上。在动态竞争环境下，创新企业竞争优势的源泉是企业文化再造的基础。

第二节　各利益相关方对中州国际企业文化的感知认同

中州国际酒店集团的愿景是"成为顾客、员工与投资方的首选"。这一愿景描述了中州国际人未来要去往哪里。作为中国酒店业的民族品牌先锋，中州国际酒店集团将赢得顾客、员工和业主的最大信赖和忠诚。

集团领导层经常提醒管理团队反思以下问题：

为什么员工应该将职业生涯奉献给组织？

为什么客户应该与自己合作而不是他人？

为什么供应商应该优先支持自己？

为什么社会应该信任自己？

为什么投资者要选择自己？

品牌文化的意义不在于你是什么样的人，而在于你让客户和员工成为什么样的人。更进一步来说，企业文化通过顾客、员工和投资方影响着社会文化和民族精神。美好的企业文化，往往与客户结为成长命运共同体，而不是利用人性的贪婪赚取利润；让员工有成就感即人人得以成长，而不是管理者为自己打造个人光环；通过承担社会责任构建商业文明。优秀的企业精神在很大程度上塑造着国民精神，与此同时国民精神也在塑造着企业精神。透明、公正和创新的企业文化，正在通过千千万万的员工和消费者影响着背后每一个家庭，通过企业的经济行为塑造着全社会的价值观。

一　面向员工：人业共兴，追求卓越

中州国际酒店集团执行总经理朱莉女士常跟职业经理人们说这样一段

话："我们经常忘记是员工与我们共同努力才造就了公司的伟大，员工为客户提供了服务设计创意，是员工的创新产出了成果，是他们选择了将自己的精力贡献给一个比自己更伟大的愿景和事业。"因此，追求"员工的个人成长、职业生涯发展和企业的成长"一直是中州国际管理层共同的信仰。

"人业共兴，追求卓越"是集团共享的管理理念。这一理念是中州国际酒店集团在追求愿景和践行使命的过程中，处理内外部关系和制定各项管理制度所遵循的原则，体现了中州国际在组织、人才、团队、绩效、培训等方面的优势和特色。

"人业共兴"时刻提醒中州国际的管理者要成就员工与企业共同成长，而"追求卓越"是中州国际人的思想和行动习惯，中州国际人在文化传承中不断精益求精，主动走出舒适区，用创新思维和前沿科技为顾客创造一流的消费体验。集团通过旗下酒店在日常管理实践中培养并内部输出管理人才，有利于企业文化的传承创新。集团以"想干事，能干事，干成事"的人才理念为中心，打造"教练式文化"。用"想干事，并认同中州国际价值观"的标准选拔人才；把"释放每一位员工的优势和潜能"作为培养人才的目标，使其"能干事"；"让员工有尊严地生活着和工作着"体现集团对员工的尊重和关怀；坚持"感情留人，待遇留人，事业留人"的理念留住人才，让其"干成事"，成为行业精英。

（一）打造集团"教练式文化"

中州国际酒店集团不仅是一家企业，更是一所培养员工成长的学校。集团文化的塑造是中州国际人共同学习的过程，每一位管理者都在扮演教育者的角色。朱莉执行总经理要求中州国际酒店集团的每一位职业经理人不仅要自我成长，还要化身为"首席学习官"，为每一位员工的成长负责，集团在组织中打造"教练式文化"，助力下属的心智模式实现跃迁式的提升。

教练式文化的核心价值观是"成就员工主动担责并收获成长"，要求领导者优先将员工的成长和教育置于一切之上，作为组织基业长青的重要保证。① 在教练式文化下，员工从传统意义上忠于集团管理层、业务技能熟练、认真执行上级指令的"好士兵"，转型为更加独立、自信、具备更高心智复杂度认知的高自治团队的一员。员工的职责是对客户的问题和需求做出快速响应和及时决策，在第一时间解决客户的疑虑和问题，并能够成为优秀领导者的后备力量。以此人才理念为核心打造的教练式文化，提倡接纳和包容，让每一位员工勇于负责任、勇于担当；并培养每一位员工进一步成长为教练，为团队的伙伴授业解惑，即员工不仅个人成为创新主体，并且能够彼此成就，为同伴的成长负责。

（二）内部输出，管理培训一体化

如前文所述，中州国际酒店集团素有中原酒店业"黄埔军校"的美誉，为行业培养了大量优秀的酒店管理人才，这主要得益于集团凭借其拥有的广泛行业联系和网络，为人才提供了多元化、系统化、专业化的培训项目。一是包括涵盖酒店运营如前台服务、客房管理、餐饮管理、跨文化交流等各个方面的业务技能培训。二是在于通过管理培训一体化为员工提供丰富的实践机会、清晰的职业发展路径和晋升机会。三是鼓励员工创新思维和自我成长，帮助员工发展管理和领导技能，适应行业的变化和发展。从中州集团"大院"内部输出的大量高素质的酒店管理人才，对中原乃至全国酒店行业的发展产生了积极的影响，毫无疑问，"中州国际"品牌价值的影响力也随之大大提升。

1. 培养"首席学习官"

中州国际酒店集团"内部输出，管理培训一体化"的培训理念并非一朝一夕形成的，集团管理层为寻找最佳的培训方案经历了艰难的探索历程。酒店行业向来以快节奏、高效率和高标准的服务要求而闻名，员工往往面临连续长时间的多项工作、遵守严苛的行业标准和流程、应对客户情绪冲突、面对职业发展瓶颈等多重压力。多年来，大多数职业经理人在工作优先级排序上，往往把有时间压力的事项排在首位，其次是事关星级酒店服务标准和

---

① Whitmore J. , *Creating a Coaching Culture：Lead with Impact*, Nicholas Brealey Publishing, 2014.

质量的问题，排在最后的才是员工成长。也就是说，尽管"人才作为第一资源"的重要性人尽皆知，但当管理者作为认知主体其心智不足以应对多方面关注对象时，他们往往更倾向于短视行为，即优先解决眼前棘手问题、维持传统发号施令的领导风格以获取对环境的掌控感。

为此，中州国际酒店集团的领导层提出了在管理层中培养"首席学习官"的核心人才培养方案。CLO 是站在组织战略的高度，综合管理各种智力资源，提供打造学习型组织发展智力资源保障的高层管理人员。CLO 的培养是组织适应和引领快速变化的商业环境、实现可持续发展的关键；作为推动组织学习和发展的关键角色，CLO 对构建学习型文化、保持组织竞争力至关重要。正如首席财务官 CFO 对组织的财务资源负责，CIO 对组织的IT 资源负责，CLO 则对组织中人才的成长负责，换句话说，CLO 负责最大化组织的智力资本产出。在一个产品周期不断缩短的复杂的组织环境中，CLO 的工作存在大量的不确定性和变化的残酷性。但 CLO 的职责完全不同于高级培训师，CLO 要确保组织拥有足够的智力资源来支持其发展目标。为此，CLO 负责整合组织内所有与学习和发展相关的资源，助力职业经理人的成长，并通过他们助力一线员工的成长。

2016~2020 年，笔者为中州国际酒店集团的职业经理人开展"教练式领导力"的系列培训。在与集团董事、时任常务副总经理的朱莉女士探讨培训专题设计的过程中，她曾一针见血地提出："我们有一大批优秀的职业经理人，在过去伴随集团发展的二十多年中敬业、奉献，在客户服务、酒店运营和管理等方面积累了丰富的经验，然而他们凭借经验高效解决管理问题的能力优势，正是下一步面对行业转型亟待开拓思维的桎梏，如何让职业经理人实现自我成长，应该是我们下一步管理层培训的重点。"

2020 年 3~7 月，中州国际酒店学院组织全体管理层围绕"教练式领导力"开展系列专题培训，包括"变革为什么这么难""职业经理人的自我成长路径""从指挥官到教练""美丽的敌人""教练式赋能"等云课堂系列专题培训。集团管理层、各项目部总经理、驻店经理、副总经理、总监及总部员工近 300 人参加了线上培训。这一系列培训带领大家开启了一场自我认知之旅，探索并跨越"想要的变革"与"实际的变革"之间的鸿沟，走出心理舒适区，创新思维方式，实现自主认知，迎来真正意义上的变革。与此同时，以成年人的学习规律为出发点，笔者分享了领导者作为企业的 CLO，如何运用"倾听、问询、反馈及分享"等现代教练技术赋能下属，让下属去觉察并做到主动担责。打造教练式文化，需要将每一个下属看作具备成长潜力的种子，领导者不再是传统企业文化中要发挥"示范作用"的火车头角色，而是要释放下属的潜能和优势，允许下属当下的不完美，助力下属成长。

通过以"成长"为主题的系列培训，各个项目的"学习官"们对集团打造"教练式文化"产生了极大共鸣。鹤壁迎宾馆执行总经理宋红艳在总结中提道："这次思维方式的理论课，很及时也很有必要。集团对旗下项目和职业经理人的管理是非常到位的，在疫情防控期间，集团组织线上培训，坚持学习，持续关注我们的成长和发展。特别是这次培训，从思想上和行动上，对我们职业经理人来说是一种鞭策和提高。希望以后有更多的类似的培训机会，促进我们共同的成长和发展。"信阳信合中州国际饭店总经理赵建国认为："职业经理人体现出的领导能力关乎项目的生存延续与发展，关乎管理集团的声誉和影响力。作为职业经理人，应多学习经营和管理的新思维、新理念、新知识、新技能，只有这样，才能更好地面对新时代的挑战，完成职业经理人所承担的责任。"登封天河中州华鼎饭店总经理杨松山以"认识自我，做真正的领导者"为主题深度总结了自己的学习感悟："虽然一场突如其来的疫情给我们带来了损失、焦虑和茫然，但集团领导急大家所急，想大家所想，及时为我们送来了系列学习课程，为大家指明方向的同时，也让大家能够利用宝贵的时间提升自我。不断学习、知行合一是提升领导力的关键，也是企业不断前进的动力和源泉，我将在职业经理人的自我成长路径中不断探索，实现个人和团队的不断蜕变，推动组织的有效变革和成功转型。"海南乐龄中州国际大饭店副总经理胡晓鹤认为："这次培训让自己进一步增强了学习管理理论的自觉性与坚定性，增强了做好新形势下本职工作的能力和信心。"在总结中她还提道："作为新时代的职业经理人，只有不断地提升自己的思维和认知，并在宽广的胸襟、良好的心态、真诚价值观、创造性思维等方面加强修炼,在工作中敢于尝试、敢于突破,才能不断向上成长和发展。"开封中州国际饭店营销总监王为民谈道:"线上专题培训内容涵盖面广泛,涉及面深入,深层次剖析了职业经理人从社会化认知到自主化认知变化的自我成长的路径,为自我提升和团队发展指明了方向。作为管理者需要实现自我管理进而影响他人,需要达到更高层次的自主化认知水平,只有这样才有可能成为一名合格的管理者。"①

正如杰克·韦尔奇所言,使一个人待在一个他不能成长和进步的环境里,才是真正的野蛮行径或"假慈悲"。②与企业成长相伴随的,是人力资源作为个体在心智模式上的成长与进化,是应对问题复杂性的能力提升。这要求个体或组织具备对新知识和新经验的获取能力,也具备对自身认识与观念进行反思的能力,从而增强对环境中不确定性与风险的控制能力。从这一意义上来讲,企业人力资源的开发和利用的最终目的在于形成员工与企业契合互动的企业增长模式。

2. 从"应急"到"因需"的员工常态化培训

集团内部的学习体系建设是打造教练式领导文化的重要途径。除了自上而下由人力资源部门组织的年度正式培训外,教练式文化还渗透于各个项目酒店的日常,还有"因需"而设的常态化培训。常态化培训的目标不仅仅是传授解决当前问题的方法,更重在通过教练式辅导提升员工构建问题的能力。在中州国际酒店集团,职业经理人本人切实承担起了"学习官"和"教练员"的责任,在日常工作中运用现代教练技术言传身教。毛泽东同志曾在《军队内部的民主运动》中这样描述练兵常态化:"在练兵时实行官兵互教,兵兵互教;在作战时,实行在火线上连队开各种大、小会。"组织内的领导成员作为组织内部的培训师具备得天独厚、无可替代的优势。比如,对各部门流传的故事和事迹典范梳理、汇编和分享,这些故事和事迹不仅在工作时实现了知识管理和个人经验的分享与传承,与此同时,它们也成为品

---

① 中州国际酒店集团微信公众号,2020 年 3 月 26 日。

② Krames, Jeffrey A., *The Welch Way: 24 Lessons from the World's Greatest CEO*, McGraw-Hill, 2005.

牌故事的一部分，与消费者的自我认同和生活方式紧密相连，更进一步增强了消费者的品牌忠诚度。

管理的"以人为本"不是只发钱、多休假，对员工来说最好的福利是给他们提供参加培训、学习和成长的机会。各酒店的职业经理人在系统学习和遵循成年人学习规律的基础上，为员工量身定制教练式培训方案。当前酒店业的员工主力队伍以 95 后和 00 后为主，他们崇尚追求自我个性，亟需提升的问题是如何走出个人格局，从团队的视角看问题，从组织的目标出发构建自己的责任，脱离员工思维并与领导者共同思考。主管领导对新生代员工进入职场后的再教育责无旁贷，很多时候管理者本人还在成长中，但不得不承担起教育下属的责任，而教育成年人比教育子女要难得多。[1]

海格尔（Hager）提出鼓励成年人有效学习，除了让学员深度参与、调动情绪和激发个人反思外，对学习效果给予及时持续反馈是关键。[2] 为确保员工在工作场所持续获取上级或同伴的即时反馈意见，酒店各个岗位的经理成为一线员工常态化培训的第一责任人，因为激活个体才能形成组织的战斗力，从而成就学习型组织的成长与变革。

需要强调的是，在中州国际酒店集团，持续的即时学习反馈并非限于管理层从外部跟踪和纠正员工行为，而是穿透表层，洞察和深挖员工行为背后的假设和认知模式，助力员工主动实现心智层次的提升。除了早会之外，很多酒店每周专门留出固定时间，以工作小组为单位组织员工开展自我反思，洞察问题根源，并由员工提出下一步的变革方案。集团还设计了学习的绩效考核体系和激励机制，强化组织内部的教练式文化。

不仅如此，集团实施的常态化培训还实现了教练式文化在集团内部的全面持续传播，将每一位员工培养成为教育者或教练员，从而有能力助力其同伴成长。也就是人人受培训，人人培训人；人人都是价值的贡献者和传承者，人人都是知识的创造者和传播者。凯根把"锐意发展型组织"

---

[1] 作者与登封中州华鼎饭店驻店总经理张艳洁女士的访谈，2023 年 12 月 10 日，于登封。

[2] Hager P., "Lifelong Learning in the Workplace? Challenges and Issues," *Journal of Workplace Learning*, 2004.

（DDO）的教练式领导文化称为“人人文化”（An Everyone Culture）。[①] 通过“官兵互教，兵兵互教”等常态化培训方式打造的组织教练式文化，搭建了因需而建的高效人才供应链，让中州国际酒店集团的发展不再因人而异。

积极打造教练式文化，是因为集团管理层始终明确一点，作为酒店服务业，很多时候集团的服务优势不是建立在组织上，而是加诸个人身上。比如很多时候员工个人的客房资源没有共享在公司平台上，资源没有组织化，而是游离在个人或利益小群体手里。一个能力和资源没有组织化的企业，很难给新业务赋能，而组织化赋能是实现二次创业的重要途径。王志董事长经常借用通用电器公司前总裁杰克·韦尔奇的观点告诫职业经理人，管理者的核心任务是“找到优秀的人才，并且留住他们”，即像伯乐一样发现千里马并成就他们，像园丁一样一手拿喷水壶，一手提施肥桶，为有成长潜质的员工提供肥沃土壤。领导者的首要任务是要成就下属的优势和潜能，把每一位下属的优势充分发挥出来。没有完美的个人，但可以有完美的团队，把每个人的优势叠加在一起，就可以形成一个具有“完人”特质的中州国际酒店集团。

（三）把员工当家人

改革开放初期，酒店业扮演着旅游业排头兵的角色，只有综合素质高、专业能力强、外语水平佳的优秀人才才能从事酒店业相关工作。但随着酒店业的持续发展，行业的从业门槛变低，工资福利、社会声望、发展前景也远不如以前。学界研究发现，随着个体对所从事职业的认同感降低，离职意愿也随之增加，[②] 职业认同在影响员工离职意愿的过程中起中介作用。[③] 酒店一线员工离职率高居不下已经成为困扰人力资源管理者的重大难题。酒店一

---

① Kegan R., Lahey L.L., *An Everyone Culture：Becoming a Deliberately Developmental Organization.* Harvard Business Review Press，2016.

② 陈睿琳：《情感劳动视角下一线社会工作者的职业倦怠研究》，硕士学位论文，首都经济贸易大学，2018。

③ 张明：《知识型员工的职业召唤与工作敬业度分析——职业认同的中介作用》，《技术经济与管理研究》2020 年第 5 期。

线员工队伍的相对稳定对提升我国酒店行业服务品质至关重要。人力资源是酒店业的核心竞争力，只有留住优秀的一线员工，才能为顾客提供周到的服务。而文化留人是通过营造积极的工作环境和成长式企业文化来吸引和保留员工的策略。

中州国际酒店集团给员工提供了一个包容、支持和鼓励多样性的工作环境，建立了鼓励透明和开放沟通的反馈机制。特别是提供培训和发展计划，帮助员工实现技能提升、个人成长和职业发展。朱莉执行总经理经常强调："中州国际酒店集团从成立的第一天起就崇尚'人服务人'，力求将中州国际打造为最具幸福感的企业，让员工有车开，有房住，有尊严地工作与生活。"王志董事长说："'把员工当家人'与传统服务理念中'把员工当上帝'有着根本不同，因为人们对'上帝'敬畏而产生距离感，但把员工当家人是强调了以真心对待员工换取员工的真诚付出。我们把员工当家人，员工就会把客人当亲人。"集团做员工坚强的后盾，激发员工以饱满的热情和爱心不断为客人创造好的消费体验。针对一线服务人员，集团在培训中教导员工要转换个人角色定位，实现自我成长。比如餐饮服务工作完全不是社会上流传的所谓"客人吃着我看着，客人坐着我站着"，而是员工可以凭借对酒品、菜品、传统文化、历史的深刻理解，在为客人推销产品及服务的同时提升中州国际的品牌价值。①

集团非常重视新年联欢会、中秋联欢等活动，因为这些活动是增强集团凝聚力和向心力的重要契机。文艺表演往往是重头戏，各个项目部精彩的节目轮番上演，有舞蹈、小品、独唱、歌伴舞等多种形式的节目，精彩纷呈。集团员工在这样的活动中有了参与感和融入感。常年的驻外工作使得各个项目的职业经理人远离家人、远离集团及集团领导层。集团领导层通过这样的聚会联欢，让员工感受到他们的关心，这不仅体现了集团领导层的平易近人，更温暖了员工，也瞬间扫去了工作带来的疲惫。

---

① 作者与郑州新华国际中州酒店时任总经理宋战伟及餐饮总监李孟可的访谈，2020 年 8 月 10 日，于郑州。

二 面向业主：信任作为企业文化的根基

在酒店业中，业主方与管理方的关系是合作伙伴，业主方提供资金和物业，而管理方提供专业的酒店管理服务。目前酒店业市场通常对"洋品牌"有偏爱倾向，中国业主和跨国管理公司合作较多，而业主与管理公司之间的"非理性姻缘"问题更多地出现在本土酒店业主与本土管理公司之间。管理方与业主方双方合作共同推动酒店的成功运营，但管理方和业主方可能来自不同的文化背景，拥有不同的价值观和商业理念，这就需要双方在基于充分信任的合作中进行调和。

中州国际酒店集团秉承着对业主负责的态度，赢得了良好的口碑。多年来，中州国际酒店集团多次荣获中国饭店金马奖，被评为"投资方首选中国酒店管理公司"。面对多家酒店管理"国际人鳄"屡屡"入侵"河南的形势，中州国际酒店集团沉着应对，成为国内酒店管理公司中的佼佼者。

作为民族酒店品牌，中州国际酒店集团在与业主合作方面展现出以下几个特色。一是合作模式的多样性，包括管理输出、联合运营、特许经营等多种方式，集团能够根据不同合作对象和项目特点，选择最合适的合作模式。二是资源共享与共建平台，中州国际酒店集团在合作中强调资源共享和平台共建，通过与政府平台公司、国有企业、上市公司、房地产企业等合作伙伴的深度合作，共同打造高质量的商业运营和酒店投资开发运营管理平台。三是注重品牌与信誉积累，中州国际酒店集团依托政务商务接待积累的信誉，以及在国内运营管理百家酒店的丰富经验，为合作单位提供优质的管理服务，有效提升了合作单位的资产重估和品牌价值。四是融入地方文化与特色，中州国际酒店集团在业务合作中注重融入地方文化特色，如在淮阳签约的两个项目，就结合了当地的历史文化元素，打造具有地方特色的酒店，增强项目的文化吸引力和市场竞争力。五是服务的持续创新与升级，中州国际酒店集团在合作中不断推动服务创新和升级，比如在河南大学中州颐和酒店项目中，强调了会议型学术交流中心应具备现代化精品酒店特色，满足客户的高品质需求。

在每一个合作项目中，中州国际酒店集团都与合作伙伴共同构建了清晰的发展愿景，通过合作实现资源共享、优势互补，共同推动酒店业务的高质量发展。河南许多酒店业主及消费者都认可中州国际品牌，也常常夸赞"中州国际就是品牌，中州国际就是效益"。集团的品牌系列布局合理，涵盖面广，正好适应市场需求，集团利用自己的品牌优势，以中原市场为基础，在家门口把品牌做好，规模做大，再拓展更大的市场。①

中州国际酒店集团作为对外输出品牌和管理的专业化酒店管理公司，一直以来以轻资产运作模式开拓市场；主要采用全权委托管理、顾问式管理和特许经营的合作方式，也会选择部分地域的酒店项目进行租赁经营。如今的中州国际酒店集团，更在乎质而并非量，这是因为投资者近年来更加关注中高端酒店和文旅、景区、度假、温泉、公寓、民宿、养生养老融合酒店项目，投资定位更倾向于打造酒店目的地（Hotel Destination）。主要表现为中高端酒店的投资增加，低端酒店的投资减少；生活方式酒店的投资增加，传统酒店的投资减少；新的需求不断催生新的市场，新物种和新品牌不断出现。在投资端，还有一个变化就是酒店投资人更有思想、更有远见、更有洞察力，他们对酒店的建造、投资和运营越来越关注。王志董事长表示："这一现象对我们职业经理人来讲也是一种挑战，过去我们面对的大多是私人和产业投资者，现在我们面对的是越来越多的机构投资者，而未来也有可能与人工智能打交道！"

有了品牌和口碑作为支撑，集团应选择优质合作项目。集团董事、执行总经理朱莉女士强调："只有与中州国际酒店集团价值观一致的业主方，我们才会谈合作。在这样的理念的支撑下，公司会让每个希望和中州国际酒店集团合作的业主到总部和托管酒店仔细考察，了解中州国际的综合实力，之后再谈具体合作方案。"② 在这样透明负责且诚意十足的精神的感召下，不少酒店业主都选择了与中州国际合作。

---

① 《【高端访谈】中州国际酒店管理集团有限公司董事、常务副总经理朱莉》，河南酒店网微信公众号，2014 年 7 月 25 日。

② 作者与集团董事、执行总经理朱莉女士的访谈，2021 年 3 月 4 日，于郑州。

例如，明港中州国际饭店是集团在信阳市布局的第二家饭店，也是首家下沉到乡镇一级的品牌店。而在信阳市布局的首家信合中州国际饭店成功运营以来，信合中州国际饭店凭借卓越的服务品质、精细的运营管理、良好的经营业绩稳居信阳市高端饭店前三名。明港中州国际饭店是明港镇重要的招商引资项目，中州国际高端酒店品牌的进入，极大地提升了这一具有悠久历史城市的形象，促进了当地经济发展，提升了城市吸引力。当地市场对这个项目充满期待，政府对这个项目寄予厚望。

在签约仪式上，王志董事长表示："我们将一如既往倾力打造中州国际品牌，将明港中州国际饭店建设成为明港乃至信阳市展示城市形象的窗口，为推动信阳旅游行业的发展再立新功！"信阳明港产业集聚区党工委常务副书记余加友也表示："中州国际品牌历史和文化厚重，且与世界一流的酒店集团合作多年，经验丰富，基础扎实，人才济济，运营有方。对于这个项目，当地有关部门一定会做好全方位的支持，携手共创明港中州国际饭店的美好明天！"

信阳新港饮食有限公司董事长熊庭伍也颇有感触地表示："这个项目运作了很久。也思考了很久，国内外的酒店管理公司接触得也很多，但最终决定与中州国际酒店集团合作，是因为中州国际战略定位精准，酒店运营接地气。我相信，加盟中州国际，借助中州国际的资源优势，与中州国际携手合作是我们最正确和明智的选择！"①

三 面向客户：有一种生活叫中州

企业文化与民族品牌文化相辅相成，相映生辉。酒店管理方与客户关系的核心是提供高质量的客户服务和建立长期的客户忠诚度，酒店品牌文化往往体现在客户对企业文化的感知中。国际知名品牌酒店集团在品牌创立、发展过程中，无不伴随着品牌文化的创立和建设。美国马里奥特酒店集团旗下品牌丽嘉酒店所推崇的"我们以绅士淑女的态度为绅士淑女们忠诚服务"，

---

① 中州国际酒店集团公众号，2017 年 12 月 12 日。

成为豪华酒店品牌文化的名言之一。雅高集团的企业文化是"世界酒店，法国特色"，在雅高酒店集团旗下酒店住宿的客人随时随地可以感受到法国文化。

中州国际酒店集团的企业文化是酒店精神、经营哲学和价值观的体现，这些理念呈现在提供给客户的服务之中。多年来，中州国际致力于打造有温度、有情怀、有特色的民族饭店品牌文化，在追求利润的同时，把住宿体验当作一种生活方式来追求——因为"有一种生活叫中州"。

（一）为客户创造多姿多彩的生活方式

在创新文化的驱动下，中州国际在追求连锁化的同时，采取因地制宜、一店一策、一地一策的策略，每一个酒店的文化都是中州国际酒店集团文化与当地文化的融合。市场定位明确的多品牌多档次策略是中州国际酒店集团发展战略的重要组成部分。集团通过签约、揭牌等方式，不断拓展旗下酒店品牌，提升中州国际在各地的影响力。目前中州国际酒店集团的 12 个民族品牌涵盖商务、政务、度假、民宿等多个主题，满足市场多元消费需求。另外，集团还打造了 3 个中州餐饮品牌，分别是中州·豫雅园、中州宴和中州花园餐厅。作为地处中原的民族酒店品牌，中州国际酒店集团注重将悠久历史中积淀下来的民族思想、民族哲理、民族语言、民族风格、民族传统与现代酒店理念相结合，打造具有中国民族内涵的品牌，增强酒店个性特色化的民族品牌文化内涵。集团在民族品牌文化建设方面，充分利用本土文化的优势和魅力，在打造品牌文化的过程中注入中原民族文化元素，充分体现了民族品牌酒店"中国制造"、"中国创造"和"中国服务"的特质，使中原文化成为民族品牌酒店走向成熟、走出国门、走向世界的重要推动力。集团在品牌文化建设方面注重突出"行走河南，读懂中国"的地域特色，旗下酒店往往根据所在地的历史、文化、自然等特点进行个性化设计，提供具有当地特色的服务。

企业文化是企业的灵魂，它能够统一员工的思想和行动，同时赋予每个分店以独特的个性和地域的适应性。中州国际酒店集团的企业文化包含核心价值观"专业、诚信、共赢"，在每个分店的基础上都有本地化的解读。集团重视培养本地员工，因为本地化团队对本地文化有更深入的理解。通过本地员工，酒店可以更好地了解当地市场的特点和客户需求，从而实施"一店一策"和"一地一策"的策略。酒店的设计和装饰往往融入地方特色，如使用当地的建筑风格、艺术品和手工艺品。酒店提供的服务、活动与当地文化相关，如组织开展本地特色活动、节庆活动或文化体验活动。这不仅能够让客户感受到地方文化的魅力，也能够增强酒店的市场竞争力。灵活的管理与运营策略作为中州国际酒店集团企业文化的一部分，要求管理层能够快速响应市场变化，如结合智能化系统通过客户反馈和消费数据分析，促使每个分店根据本地市场情况推出独特的策略和方案。例如，在旅游热点地区，集团打造具有地方特色的主题酒店；在商务发达区域，侧重提供高效便捷的服务；利用物业现有空间，集团旗下的酒店通过创新设计实现功能区的灵活布局，让顾客体验到独特的酒店氛围；疫情之后，健康和安全已经成为消费者最关心的问题，集团旗下的酒店从餐饮、客房到公共区域，都确保为客人提供安全、卫生的环境。此外，酒店还加强与医疗机构合作，为客人提供健康检查、健康咨询等服务。除此之外，集团还与当地社区合作开展文化交流活动，在推广酒店品牌的同时，促进当地文化传播。随着中州国际品牌的崛起，集团不仅要满足国内市场的需求，还要走出国门，进入国际市场。这就要求中州国际品牌的本土化与全球化并行，深入了解各个市场的文化和习惯，为当地客人提供贴心的服务。总之，中州国际酒店集团利用互联网、大数据等技术手段，提升酒店的运营效率和客户体验。集团确保民族品牌在保持传统魅力的同时，也能适应现代市场需求。

【案例一：走进羲皇故都，相约水城淮阳，入住羲皇中州】

2017 年 8 月 18 日，中州国际酒店管理集团与河南周口市淮阳县锦垣伏羲文化传播有限公司顺利签约淮阳中州华悦饭店及淮阳羲皇中州国际饭店（见图 3-1）两个项目，一次签约两家高星级酒店，可谓双喜临门。此次签约进一步提升了中州国际品牌在豫东地区的影响力，完善了集团在旅游目的地城市的战略布局，同时中州华悦饭店这一品牌的成功拓展也为集团的酒店品牌发展史画下浓重的一笔。

图 3-1 羲皇中州国际饭店

淮阳，古称宛丘，乃中华民族人文始祖伏羲建都之地，八千年文明起始于此，历史遗存丰富多彩。淮阳县位于河南省东南部，隶属周口市，是中华文明的发祥地之一，历史上曾三次建国、五次建都，故有权威专家表示，"中国的历史，一千年看北京，三千年看西安，五千年看安阳，八千年看淮阳"。淮阳县城被原国家旅游局定为全国寻根朝祖旅游线、孔子周游列国旅游线必至景点之一，被河南省政府定为"省级历史文化名城"，有很多知名旅游景点。为弘扬历史优秀文化，彰显人祖圣迹，投资人独具慧眼选择了此钟灵毓秀之地。

淮阳中州华悦饭店作为淮阳的地标性建筑，极具现代感和时尚气息，客房时尚雅致、温馨奢华，餐品有美味湖鲜、饕餮珍馐。酒店还配备完善的会议及商务设施，形式丰富的康体娱乐等，带给客人的是非凡的体验。在国内，许多大型宾馆以欧式风格为主，而羲皇中州国际饭店却不走寻常路，它承袭了中国古代传统的建筑风格，但在形式上又有所简化与创新，与周围环境相协调，融入本地文化特色，在设计理念上弘扬优秀历史文化，把伏羲以来历代先贤的拼搏精神、创造精神发扬光大，他们的聪明才智和美学追求体现在装饰上，更使宾馆的建筑别具一格。饭店坐落于波光粼粼的万亩龙湖之中，与伏羲陵东北相望，通过九曲桥直通著名景点弦歌台，占尽上风上水优势。羲皇中州有古风盎然的华丽外观，有历史文化的丰富内涵，有时尚全面的设施设备，有现代先进的科学理念，是集食宿、会议、休闲、娱乐、园林为一体的功能完备的大型豪华宾馆。在淮阳，羲皇中州国际饭店拥有最健全的硬件设施，拥有各类客房168间（套），包括标准客房、豪华单人客房、豪华套房、高级行政客房、残疾人房、总统套房，客房可提供别具特色的人性化服务，包括无线高速互联网、液晶电视、高档洗浴用品、迷你保险箱和办公桌等。饭店设立的各类高档餐厅包括宴会厅、中餐厅、自助餐厅、咖啡厅、休闲茶社、贵宾包房、大堂吧等，能够满足客人的各种就餐需求。行政总厨亲自准备新潮、美味且物超所值的中式菜肴、西式美食，满足顾客的一切需求。会议厅有1个可容纳千人的会议室，1个中型会议室，4个小型会议室。羲皇中州已成为周口地区的代表性会议功能饭店，并已成为政府和各公司团体会议活动的首选地。

【案例二：小浪底中州国际饭店】

小浪底中州国际饭店（见图3-2）位于风景秀丽的小浪底风景管理区，紧邻小浪底大坝，黄河从西南侧环绕而过，大坝美景与黄河美丽风光尽收眼底。饭店占地57000余平方米，采用四合院布局，以简约唐风汉韵形式，将传统与现代充分融合，营造一处依自然山水之状，根禅宗文化之脉，构禅园建筑之美，彰显河洛文化之意的新中式风格自然山水园林景观，饭店整体叠山理水、步移景易，设计融古、纳今、简约、大气、独具匠心、颇具禅意。饭店南距洛阳 40 公里，北临济源 30 公里，东依省会郑州 110 公里，周边旅游交通便利，环境优美。饭店建筑端庄厚重、大气内敛，中式园林与自然风光兼收并蓄，磅礴大气不失细腻，动静交融不失灵动，是由中州国际酒店集团管理的一家集住宿、餐饮、会议、休闲娱乐等配套服务为一体的庭院式度假酒店。①

图 3-2　小浪底中州国际饭店

中西融合塑文化、匠人之心铸品牌。培养一个品牌就像打磨一件艺术品，也像抚育一个婴儿，需要耐心和匠心。从针对高端市场的豪华型饭店，到高性价比的商务型酒店，从景区及名胜区的休闲度假主题酒店，到追寻时尚前沿的精品酒店，中州国际酒店集团致力于向客人提供多样化的品牌、产品和服务，为中国的核心城市和热点旅游度假区提供多姿多彩的生活方式。

---

　　①　以上案例资料及图片均由中州国际酒店集团提供。

（二）为"非客户"创造需求

每个人都有一个关于"生活"的梦，中州国际将为每个人擎起梦之旅，不仅为客户提供优质服务，也包括为当前的"非客户"创造需求。这是中州国际酒店集团持续发掘"未使用服务"，从市场"反应"到"适应"的重要过程。

多年来，集团通过问卷调查、在线调查或社交媒体互动等方式，收集潜在客户的需求、偏好和期望，了解他们的旅行习惯、住宿偏好以及他们所重视的服务和设施，并利用大数据分析工具，对客户的消费记录、网上评价和社交媒体活动进行分析，识别潜在客户群体的特征和需求。根据市场调研和数据分析结果，集团设计个性化的营销活动和推广内容，如定制化套餐、特色服务体验等，以吸引潜在客户的兴趣。集团建立有效的客户关系管理（CRM）系统，通过积分奖励、会员计划等方式，鼓励非客户参与酒店的促销活动，提升他们的品牌忠诚度；积极利用社交媒体平台，如微博、微信、抖音等，发布旅游攻略、酒店特色介绍、用户评价等内容，提高酒店对潜在客户的曝光率。集团还积极开展跨界合作，与其他旅游相关行业如航空公司、旅行社、在线旅游平台等建立合作关系，通过联合营销活动吸引潜在客户。当潜在客户发展成为现实客户时，酒店确保提供卓越的服务体验，通过口碑营销，让满意的客户自然成为酒店的推广者，在他们的社交网络推荐酒店。除此之外，利用搜索引擎优化（SEO）和搜索引擎营销（SEM）提高酒店在搜索引擎中的可见度，同时通过精准定位的广告投放，如定位到特定的地理位置、消费习惯等，吸引潜在客户。

从对潜在客户的识别、沟通，到建立联系、彼此信任，是中州国际酒店集团的企业文化与潜在客户的价值观相互选择、相互磨合的过程。如果集团的文化价值观与潜在客户相似，往往更容易与潜在客户产生共鸣，建立更深层次的联系。

企业文化是企业共同的精神家园，是价值观和行为准则的体现，更是推动集团发展和员工成长的引擎，是企业的灵魂。中州国际酒店集团用实力捍卫了中西部地区民族酒店业的骄傲。今天的中州国际酒店集团已经是河南乃至中西部地区旅游酒店行业的"巨无霸"，然而一个组织达到自己原来目标之时，也是其事业理论过时之日。所以，达到自己的目标并非可以庆祝的理由，而是进行新的思考的缘起。不断持续地反思和更新集团的事业理论，已经成为中州国际酒店集团企业文化的重要组成部分。中州国际力求为全球客户提供中国方案，中华优秀传统文化的哲学智慧、多元文化底蕴以及丰富的人文特色等将是决定集团发展壮大、参与国际竞争的强大内因。历史的长河奔流不息恢宏激越，时代的号角雄浑嘹亮催人奋进。中州国际使命在肩，信心满满，集团将依托 60 多年积累的丰富资源优势，承担知名品牌企业的社会责任，依托特色企业文化与时俱进，开拓创新，在百年未有之大变局中立足"九州之中"，面向国际，踔厉奋发，勇毅前行，再创中州国际未来的非凡辉煌。六十余载的不懈奋斗，今日的中州国际酒店集团已成为中国民族品牌先锋、酒店投资管理专家、中国饭店集团 60 强。中州国际酒店集团依然坚持以社会责任为支点，专注在酒店这一专业领域，承担着一个企业应尽的义务。以民族理念及民族传统作为打造民族品牌的灵魂与资源，加强个性和特色化的品牌内涵。今日的中州国际酒店集团无论是成就还是坚守，都离不开一代代中州国际人在历史洪流中所积淀的独特企业文化底蕴，这笔宝贵的精神财富也将指引着新时代的中州国际人继续奋勇拼搏。

附录　职业经理人访谈
——鹤壁迎宾馆执行总经理宋红艳女士

　　职业经理人是企业文化的传承者、传播者和塑造者。在中州国际酒店集团，各个项目的职业经理人通过自己的行为和决策，将集团的核心价值观传递给员工，展示给顾客，他们是企业文化的形象代表，并确保集团战略落地。宋红艳女士就是一位成长于中州国际酒店集团，有着34年从业经历的职业经理人。她先后在河南国际饭店、焦作山阳宾馆、鹤壁迎宾馆等多家四星级、五星级酒店任餐饮总监、驻店经理及总经理。作为一名优秀的酒店业女性职业经理人，宋红艳有着辉煌的职业成就，她是资深培训师、省级星评员、营养师，也是郑州财经学院特聘教授，先后荣获"中国旅游业杰出女性管理奖""河南省旅游饭店业'金樽奖'年度杰出职业经理人""新时代中国旅游业杰出女性服务楷模"等系列重量级大奖或称号。她在管理鹤壁迎宾馆的19年中，编制了该酒店 ISO 质量体系文件和《鹤壁迎宾馆高绩效企业文化管理手册》，接待过温家宝、回良玉等多位国家领导人；她带领酒店加入世界金钥匙酒店联盟、国际皇金管家服务联盟，获得了"河南省首批金叶级绿色饭店""河南省旅游标准化示范单位""省级文明旅游示范单位"等荣誉。2023 年 12 月 9 日，本书作者采访了这位杰出的酒店业女性职业经理人，以下为采访实录。

　　本书作者陈峥（以下简称陈）：宋总好，中州国际酒店集团从单体酒店发展成这样一个强大的连锁酒店集团，在这一过程中您所负责的鹤壁迎宾馆项目是怎样发展起来的，请您给我们讲一讲。

　　宋红艳执行总经理（以下简称宋）：我是集团培养出来的职业经理人。

我的前两个项目都是跟着王志董事长做的，当时他任项目总经理。跟着王总我学到了很多酒店管理的经验，思想认识也在不断成熟。中州国际酒店集团始终在发展变革的过程中，虽然我没有参与集团发展的顶层设计，但作为职业经理人，我一直是参与的一分子。也就是王志董事长经常讲的，我们属于一方诸侯（笑）。

陈：我也听过王总的这个说法，集团对你们很放手？

宋：放手是一方面，我做的项目的发展一直依托中州国际的发展框架。如果没有中州国际酒店集团这么多年随着时代变革浪潮的发展，尤其是对我们的扶持，那么我们项目的发展过程不可能这么顺利。

陈：难怪王总说，集团是你们这些职业经理人的"黄埔军校"。

宋：这个是我们所有职业经理人的共同说法。

陈：那就请您讲讲您在这所"学校"的成长故事吧。

宋：我是 2004 年到鹤壁迎宾馆的，一待就是近 20 年，一直跟着这个项目没有离开过。鹤壁迎宾馆是集团在地级城市的第一家五星级酒店，从开始上五星到复审，这个项目的整个发展过程我都有参与，我对这个项目非常了解。

陈：你们接手时宾馆是什么状态？

宋：鹤壁迎宾馆在 2004 年 9 月 19 日开业时是按四星标准建立的，当时是鹤壁市最好的酒店。我们从 2006 年开始萌生了要成为五星级酒店的想法。当时这个念头出来后很多人不理解，因为当时鹤壁属于四五线城市，人口只有 140 万人，在这样的条件下建一个五星级酒店难度是非常大的。

陈：那你们为什么会有这个想法呢？

宋：我们生出这样的想法，首先当然是业主方面有投入的意愿，还有就是集团的大力支持，我们自然非常想成为一个优质的酒店，在全国行业中能够叫得响。所以我们从 2006 年开始对酒店全方位进行了改造，增加了游泳池、健身房等健身娱乐设施，严格按照五星级标准完善酒店设施和服务。

陈：什么时候批下五星级的？

宋：改造完成之后，我们经历了三次评审，当时也是全国第一家经历过三次评审的酒店。2008 年的 1 月 10 日，国家旅游局星评委（注：原国家旅游局全国旅游星级饭店评定委员会）给我们颁发了五星级酒店证书，2008年 2 月 28 日我们正式挂牌。我们是当时河南省的第五家五星级酒店，也是河南地市级的第一家五星级酒店，当时其他的四家都在郑州。

陈：有志者事竟成，了不起！

宋：不过如果没有中州国际的品牌效应和管理模式的支持，没有业主方的资金投入，没有双方的强强联手，也不可能有鹤壁迎宾馆项目的升级成功。

陈：能通过这样一个审核，我们主要有哪些方面的优势？

宋：这个问题我非常愿意回答（笑）。第一，鹤壁迎宾馆有一条管理主线，就是"文化加标准"。我认为一流的企业最终一定是要靠文化，我们有《鹤壁迎宾馆高绩效企业文化管理手册》。这是依托中州国际酒店集团的企业文化，然后发展出具备我们项目特点的企业文化。第二，我们作为五星级酒店始终严格遵循行业标准，依靠五星级酒店管理的专业数据标准，靠它支撑着酒店管理硬件、软件的方方面面。

陈：您把企业文化看得很重。

宋：在我的职业生涯中，我始终坚信企业文化的力量，因为它在思想上、精神上指导一个企业如何往前走。企业发展方向性的东西不能错，这个方向其实就是靠企业文化理念在支撑。

陈：有道理！

宋：至于物质层面，就是我们严格遵循企业的星级标准。这些年，我们不但进入五星级酒店行列，还加入了世界金钥匙酒店联盟、国际皇金管家服务联盟，还是金叶级绿色饭店的一员。

陈：请您详细说说吧。

宋：我们的愿景，是要打造一流的生态五星级宾馆，所以酒店对低碳环保作了严格要求。例如我们使用太阳能屋顶热水系统，每年能节约大概 7 万多元的燃气费用。我们还使用了地源热泵系统等。当时打造金叶级绿色饭店的时候，我曾经到浙江很多地方参观学习节能减排的经验，因为当时绿色饭店标准从浙江起源，这些对我们实现技术节能提供了很多有价值的借鉴。然而绿色饭店、技术节能，不是单纯的及时关灯、少用气的问题，关键是有文化指导，理念是关键。这么多年的职业生涯告诉我，理念是最重要的，我认为所有的成功都是理念的成功。理念首先一定要能够站稳脚跟，站稳到每一个管理人员的精神世界，然后以此为依托来推行方方面面的规则标准，只有这样规定标准才可能落地。

陈：宋总讲得真好，奥地利经济学派就是这个观点：主观认知在行为之前。文化落地确实是将理念深入到基层每个员工内心、被员工一步步"习得"的过程。企业文化不仅是企业创始人的文化，也不仅是企业领导人的文化，更是一个"人人文化"。我很想知道您是怎样把顶层设计的这些理念，让员工人人内化于心的？

宋：我们当时提出来的口号是文化制胜、机制保障、创新发展，接下来就关注怎样保障理念落地。这些理念是我在几十年中，通过广泛学习，与酒店员工持续研讨，以及我自身思维方式一步步变革建立起来的。在日常学习中我就感觉到，文化不只是一个符号，它应该成为行为准则，到最后结出成果。怎么能够把这些理念在企业上下思想和行动上打通，我每天都在思考，都在实践中不断地检验、修订、完善、实践。

陈：请宋总具体谈谈。

宋：我首先坚持一条主线"文化加标准"。在这个过程当中，我们全员都践行一条管理的基本原则，就是 PDCA 循环即"计划、实施、检查、处理"，任何时候不能够偏离这个原则。思想上的渗透是需要通过不断培训才能实现的，包括理论方面的培训，也包括日常酒店管理服务实践中的培训。酒店员工之所以能够接受这些东西，是因为他们不但看到了文字，还看到了实际过程，并且他们是结果的亲身经历者。文化不是宣扬一番就能得到员工认可的，文化是实践的结果。员工只有亲身体会到这个过程中的点点滴滴，同时我们的顾客也体会到了，才能够真正认可企业的文化。

陈：还有呢？

宋：我认为管理的一半是检查。酒店管理之所以有些东西没有落地，就是在检查方面出了问题。怎样把实实在在的东西落地呢？首先要在大会小会、日常工作过程中，不断地围绕企业文化理念来讲。比如说，我们酒店每天开早会，周一到周五都是由我来主持，我们开早会的第一件事情是阅读鹤壁迎宾馆企业文化理念和酒店的星级标准。在早会中会留出 5 至 10 分钟的时间，一个是诵读我们的企业文化，一个是读旅游饭店业星级标准，每天都要读一段。我在开早会的时候，特别要求负责人必须携带这两本书来分享，我还要求员工要拳不离手、曲不离口。每天我们都必须接受企业文化理念方面的熏陶，学习我们的行业标准。这本书你不能把它放在办公桌上连翻都不翻，那么你给别人造成的印象就是"这种东西是摆在桌面上的"。这些东西必须去"做"去"读"，才能落实到行动上。文化必须"外化于行，内化于心"。

陈：您的企业文化中都包括哪些核心内容？

宋：我们的企业文化手册里包括企业愿景、企业使命，包括我们的企业精神、我们店徽的设计寓意、酒店的主题色彩诠释，还包括方方面面的理念比如安全理念、管理理念等 13 项理念。我从事酒店业这么多年，这些理念一直是酒店的引导。我们一个个提炼出来，都有文字版，我随身携带。我家里有一本，办公室有一本，随时翻阅。

陈：文化很多时候是用故事来传播的，咱们企业是不是有很多能反映企业文化核心理念的故事？

宋：是的。我们酒店的网评分数一直都在 4.8 分以上，我们的服务品牌的打造就是把对顾客的爱心体现在工作的各个细节当中，我们的思想和行动必须是一致的。我们不但有文化、有理念、有标准，我们还有检查、有逻辑，这是一条龙的管理过程。为此我专门建了两个微信群，员工为顾客提供的服务都展示在这两个群里。比如我们给顾客缝扣子，为顾客端鸡蛋汤，顾客何时有什么需求以及我们如何去满足，这些都有照片或文字在群里展示，所有的员工都可以看到。为什么员工相信我们的文化和行动是一致的？就是因为他们见证了这两个群中展示的员工故事，正是企业文化核心理念的真实写照。通过这个过程我们的文化理念得以落地。

陈：企业文化能够落地，绩效管理体系至关重要。就像管理学大师德鲁克先生所说的，你考什么你就能得到什么。一方面是你去宣传你去贯彻什么，你能得到什么；更重要的是你去考核什么，员工才会把重点放在你要去考核的东西上。您在绩效考核方面是怎么做的？

宋：鹤壁迎宾馆成功接待过温家宝总理，酒店也因此获得市政府20万元的奖励。我记得有一年温家宝总理在答记者问时，有位记者给他提了一个问题，说政府工作报告我们都听了，其中有很多数据，这些数据依靠什么才能实现？当时温家宝总理讲了一句话，他说"靠考核"。所以说你考核什么员工才会做什么，检查什么员工才会做什么，确定是这样。

陈：那你们是怎么去做的？

宋：其实考核有正激励和负激励，我们以正激励为主，鼓励员工去做正确的事情。我一直讲"制度管人，流程管事"。我们出台了全套的制度，包含以下内容：哪些人对这个制度来负责？这个人需要在这个时间里面做哪些事情？这些事情做到的话会得到什么回报作为鼓励？没有做到位的话需要做哪些改善？我认为结果永远是放在第一位的。比如说，我们要的结果是攀登珠穆朗玛峰，大家同意这一目标后，我们需要列一个行动方案。这个行动方案必须遵照PDCA循环，每一步都要得到团队全体成员对这些问题的论证，最后大家一致通过，这个方案的雏形就出来了。方案出来后，很多酒店会认为这项工作就结束了，其实不然，这项工作才刚刚开始。行动方案出来之后最重要的就是检查，检查一定要到位。说什么就要做什么，做什么就要检查什么，检查什么就要成什么。我在酒店总强调抓"执行力"，其实"执行力"就是"领导力"。抓执行力有很多方法，我跟别人的方法不一样。我经常说，再宏观的战略规划，都得归到微观行动上去落地。比如当天需要解决的事情，必须在上午布置下午落实。比如早会上布置今天最重要的事情是什么，到了下午，尤其是5：00到6：00，我需要和有关部门沟通，这些部门必须到会议室跟我见面，见面要讲今天最重要的事情落实到哪个节点，不能用电话说，第二天早上说也不行。曾经这个决定有很多人不理解，感觉为什么都快到下班的时间了，还要再上去讲这些问题。这是因为人都是有惰性的，一天当中很多时段都会有惰性，尤其是快下班的时候。很多事情之所以执行不下去，就在于一天快结束时没有总结。我认为一天当中必须有一个这样的总结时间，这个总结比开早会还要重要。我们的执行力就因此得到了大踏步提升。而且这个过程里中层很关键。其实抓管理，总经理下面必须直接是部门负责人，顶多中间有个副总，这样才能保证扁平化管理。

陈：我特别认同您说执行力就是领导力，好多人觉得执行力是员工的问题，其实不是。执行力好不好，就是看员工对你的这个领导力是不是买单，是不是领会了你的意图并愿意付诸行动。

宋：我们很多工作不能落实，恰恰就是因为在早上安排好了之后，到晚上他没有达到要求；然后若第二天早上仍然没有做到，就会继续拖延。我从来都不认为当一个总经理是多么难，只要抓住两点——方向正确，方法为王。当然首先是决策不能错，如果决策错了那是另外一回事。只要决策没有错，执行力必须这样抓。有时我的要求会让部门负责人感到很紧张很累，这难免得罪人，但我还是坚持了。我这么多年的经验，就是当天晚上下班之前总结和落实每件重要的事情，时刻跟踪每一步的进展节点，这是我总结出来的最重要的工作方法之一。

陈："制度管人，流程管事"，您能具体解读一下吗？

宋：任何时候管理都不能是随意的，管理一定是把制度建立好，把流程抓好。制度一定是要有考核的，没有考核就不叫制度。比如说，我们要出一个"秋风扫落叶"的制度，比如我们一天扫多少次，我们准备哪几个部门参与扫，如果没有做到的话，考核中怎么体现？至于流程管事，比如每个部门准备怎么扫落叶，第一项、第二项、第三项、第四项，什么样的情况下这个落叶算是扫完了，它的状态是什么？这些一定要有制度落实，然后我们再去检查、再去考核，这些都是根据制度去做的，那么这个管理的链条就顺理成章。

陈：您在这个酒店近 20 年了，这期间您一定能够深刻感受到一代又一代员工的差异是很大的。尤其是现在 95 后、00 后，在工作理念、敬业程度上与 70 后和 80 后完全不一样。正如网友们戏言"95 后是来整顿职场的"。在具体管理实践中，特别是"管"这个方面，当企业员工越来越年轻化，您面对 95 后、00 后员工会不会感到自身的领导力面临挑战？

宋：这个问题提得非常好，其实我也在很多地方听到过这种情况。但是我和 95 后的孩子们关系非常好，我的工作方法可能与其他职业经理人不太一样，我们酒店大概有 200 多人，所有员工的名字我都可以叫得出来。很多职业经理人说新生代员工有这个问题、那个问题，但是我认为其实不是孩子们的问题，是我们管理者的问题。我们酒店一些 95 后孩子们都非常喜欢我，为什么？因为我一个月当中跟他们接触很多次。我和他们见面的时候，不是他们先问"宋总好"，而是我首先叫他们的名字，我能一口喊出来他的名字。作为一个酒店的总经理，你能不能喊出来每个 95 后孩子的名字？这是第一点。

陈：这一点我作为教师深有同感，能喊出每一个学生的名字，是需要非常用心的，这也会让学生本人感到被认可和尊重。第二点呢？

宋：第二点就是他们的成长，作为酒店的总经理你关心过吗？他们工作的流程你去看过吗？我看过。有一次人力资源经理就一些待提拔的人员征求我的意见，之后他给我讲了一句话："宋总，我今天从你身上学到很多东西！"我问他学到了什么东西，他说"你对每一个员工都非常了解"。这一点我很自豪，我可以和我的厨师团队一起在厨房里面挑虾线，所有 95 后的这些员工孩子们为什么看见我都非常高兴，因为我目睹了他们的全部服务流程。我每天都会和至少一个 95 后员工见面，询问他的服务流程。我说你来给我说说你的流程掌握得怎么样，近期工作得怎么样，有时一天见两三个。他们工作的流程、他们对所有工作项目的掌握程度，我都了如指掌。

陈：当年拿破仑在总结滑铁卢战役失败的教训时，他说战败没有战略的错误，也没有战术的错误，是因为"很久没有和士兵一起喝汤了"。您这样做，也是在以与员工同甘共苦、一起"喝汤"的亲身行动打造"上下同欲者胜，风雨同舟者兴，同舟共济者赢"的企业文化。

宋：是的。95 后的孩子们他们当然有自己的价值观，有自己的信仰。比如我的孩子就是 95 后，他当时也做了一段时期的酒店工作，在总台接待，一天工作十几个小时，工作得非常敬业。我认为管理问题在任何时候都是文化的问题。任何人都有优秀的潜质，在没有踏进酒店的这扇门之前我们不知道他会成为什么，但是踏进酒店之后他就会成为一个优秀的职业人。这要靠我们用强有力的文化去影响年轻人，这是作为一个酒店总经理应该做的工作。

陈：如果有和组织不合拍的员工，咱们酒店有没有一个淘汰机制？您怎样送走这样的员工？

宋：淘汰机制一定是有的。我常讲，我们要下定决心对所有的人一致，拿出我们的真心去爱每一个员工。对员工我们首先是要极度地尊重他、全心地培养他，让他经历这个学习过程。但难免有的人会和我们酒店的价值观不一致，会选择离开。但即便有一天他离开了鹤壁迎宾馆，他还会到社会上去宣传鹤壁迎宾馆怎么开展企业管理的。我们所做的事情，不是为了把员工培养为鹤壁迎宾馆的人，我们要用自己的系统把他培养为优秀的酒店人、社会人。因为你不知道有没有那么一天，离职员工可能又会回到你这个酒店，即使他不在这里工作，但是他可能会推荐其他人来这里工作。我是这样想的，也是这样做的。

陈：优秀企业都重视离职访谈。有些人觉得离职访谈不重要，人都离职了还在他身上花心思值得吗？但其实就是您刚才说的，他离职后对企业的评价，就是对企业最有力的宣传。埃德加·沙因说离职员工有可能再回来，而且有可能带领更多优秀的人回到企业，他把这个比作"螺旋镖效应"。您是用长远的眼光看待员工和企业发展的。

宋：所有人都是被影响出来的。为什么要和员工建立深厚的情谊，是为了让他们感受到管理不是高高在上的，管理不是在办公室里完成了制度设计就到此为止的。有很多酒店认为，把制度做出来之后这件事情就结束了，我们却强调管理的另一半是检查。检查什么呢？检查理念，就是看这些标准是怎么落地的。有很多人说结果重要，过程不重要。我从来都不这样认为，没有过程就没有结果，而没有结果哪来的过程，它们是相辅相成的。至于为什么要深入到一线，有很多人也不理解。有人说，宋总你看你每天都要花时间跟基层服务人员交流，我说因为他们是直接面客的，24小时的岗位上只有员工在，我们的一线员工是直接面客的。

陈：迪士尼的总裁讲过类似的话，真正能影响迪士尼发展战略落地的，是一线戴着米老鼠、唐老鸭等面具跟顾客互动的员工们；坐在总裁办公室里的人，永远不如他们清楚一线的客户和市场是怎样的。他跟您的感受有异曲同工之处。

宋：所以说我跟员工关系好到什么程度呢？大家都认识我，我也认识大家。我去检查员工的服务流程，我会在旁边看他是怎么服务的；一旦他做的工作没有在流程当中，他必须回去背诵流程。为什么要背诵流程？因为人要先会"说"才能会"做"。如果会做的这个人不会说，说明他做得根本就不到位。"说"是一个提炼总结的过程，只有说了才能内化于心，外化于行；知就是行，行就是知，它们是不可分割的整体。所以我认为总经理必须知道每一个员工的名字，并且对他们的成长历程要上心。你可以不知道他的全部，但至少要知道一二。

陈：这其实就是企业文化的内容之一。

宋：我认为企业所有的问题都是文化的问题。比如我跟员工见面，首先我跟他打招呼，而不是员工给我打招呼。我跟员工还有 100 米左右没走到跟前的时候，我会先跟他招手，这是必须做到的，就是你首先要看到他，而不是他看到你，这可能是我跟别人不太一样的地方。我每天坚持阅读各种各样的管理著作，也经常学习优秀企业的管理经验。我读毛主席的诗词，他的行军打仗思想，如"敌进我退，敌退我追，敌疲我打，敌驻我扰"的十六字方针，我都很喜欢看。而且我喜欢军事，喜欢足球，这当中涉及"配合"，我能从中体会到最核心的东西是什么。所以我认为管理企业不是高高在上，而是能够真正和员工一起去"建设"这个企业。就像您讲"教练式领导力"课程，我们不是去指挥，而是要助力员工、陪伴员工一起成长。

陈：花费这么多精力陪伴基层员工，会不会影响到您做战略决策的工作？

宋：我认为"千里之行，始于足下"。高管既要高瞻远瞩，也要脚踏实地，这两方面是相辅相成的。管理的一半是检查，就是说我的时间前 50% 用来规划，另外 50% 去检查基层员工的工作。全部的工作就是持续的 PDCA 循环，即计划、实施、检查和处理。工作过程中顾此失彼，只看重其中的一条，都不是有效管理。比如毛主席当年行军打仗，在那么忙那么累的情况下还利用半夜时间看书。一个高管始终要清楚，什么事情要过问，什么事情要放手，什么事情需要每天过问。我觉得非常重要的一点，就是每一天一定要抽出哪怕十几分钟的时间，去找员工聊一聊。不管什么样的管理，什么样的角色，最终都得归结于员工今天是怎么对客服务的。作为一个高层管理者，你要做好时间管理。我特别推崇结构化管理、结构化表达、结构化地去做事情。作为一个高层管理者，就是既要高瞻远瞩，还要脚踏实地；既要让其他管理者认为你确实是个领头羊，也要让这个基层员工能够感受到你的管理不是高高在上的。

陈：现实管理中，有很多领导是业务专家出身。但往往越是有业务经验的领导，难免在很多时候亲力亲为，结果自己很辛苦，员工并不领情，还导致员工失去了锻炼成长的机会。您能给他们一些建议吗？

宋：我始终认为，团队中谁该干什么就干什么，一定要让他去干，一定让他出错。不要因为害怕他出错，就不放手让他去干。我从不事无巨细地干涉员工工作，但是我抓"重要事情的节点"。我认为某个"节点"非常重要，我就要跟踪。因为这个节点可能牵扯到决策的落地，或者涉及未来的结果到底能不能让业主方和顾客满意。相比而言，员工的工作流程节点是我最关注的，因为我搞五星级酒店标准出身，很清楚一旦流程有错优质服务就是泡影。

陈：这 20 年酒店一步步发展过来，一定会有一些重要的节点，酒店在这些节点上实现跨越式发展。每一次跨越，你一定会经历一个自我否定、自我突破、自我超越的过程，而且这个过程一定有很多不容易。我很想听听您讲讲这方面破茧重生的故事。

宋：我们每个酒店都会有三年规划、五年规划、十年或十五年规划。一个酒店要有它的愿景，包括企业也是一样。比如华为创办了这么多年，每一个十年都会实现跨越，先自我肯定，然后自我否定，在此基础上不断涅槃重生。鹤壁迎宾馆从 2006 年开始就在不断地实现两个指标，一个是经营指标，一个是管理指标。经营指标是业主方划定的经营任务，需要有资金投入，设施改造，完成当年当季的任务；管理指标一般是三年或四年一评审，有时五年一评审，我们的经营目标一般是每年实现 10% 的递增。除了酒店的内部运营之外，我们还有完备的人才计划。比如我们的这个团队怎么打造，怎样让员工的学历结构不断优化，比如大专学历需要达到多少百分比，中专以上的学历需要达到多少等。在自我肯定的过程当中，也会有团队建设。比如我们的服务持续创新不够，就要请进来走出去。酒店发展到一定程度，需要对外拓展，我们会对外接收一些酒店，管理一些酒店等。因为我们毕竟是管理方而不是业主方，所以我们要根据集团的要求，跨界进入蛋糕行业，进入社区等。当然主业还是以酒店经营为主，着眼于酒店自身服务质量的提高或产品质量的提高。总而言之，酒店发展短期要靠营销，中期要靠模式，长期要靠产品。

陈：这个过程中有遇到哪些问题吗？

宋：还是有很多问题的。比如说我们的菜品打造缺少特色，这关乎一个酒店餐饮的命运。同样菜品的提升也有无数个 PDCA，要不断复盘总结。

陈：但是你们酒店始终是行业标杆。

宋：我们靠企业文化。在第二次星级复审时，星评员告诉我，"宋总，你这个酒店硬件说实在话确实有些老化，但服务过硬，全靠软件成功。你们的服务我总结 9 个字：无可挑剔，卓越的服务！"那一刻我觉得特别感动，所有的付出都是值得的。当时，有很多单位来鹤壁迎宾馆参观学习。各个五星级酒店的基本标准都是一致的，全行业都是一致的，但是每个酒店的文化各不相同，服务是设计出来的，管理也是设计出来的。

陈：您获得过"中国旅游业杰出女性管理奖""新时代中国旅游业杰出女性服务楷模"等多项大奖，您认为总经理们在性别特点上有没有差异？

宋：我认为女性和男性总经理最大的差异，就是男性总经理的管理面比较宽，女性总经理管理比较细致。

陈:酒店行业、文旅产业现在特别强调跨界融合,咱们酒店在这一块有没有做得比较典型?

宋:"跨界"是近年非常时髦的词,既然说跨界,就是一切皆有可能,但关键是在融合的时候必须有一个契合点,不能说这个东西我搬到酒店就算是跨界。比如在酒店里边去承办演出,现在有很多车停在酒店的大堂展出,还有把博物馆搬到酒店的大堂展示。这些我认为只是一小部分功能的跨界,因为酒店的功能设计毕竟是确定的。正如演员跨界唱歌,歌手跨界演戏,他们的契合点在于都属于艺术,可以相辅相成。那么酒店经营同样需要在跨界时找到契合点,比如本地的鹤壁窑就在我们迎宾馆里展示。我曾经有一个想法,就是能把五星级酒店办成旅游区,酒店的附加值就会大大提升。现在胖东来就成为当地的一个景点。一个超市能成为当地的一个景点,它就是把服务放到了第一位,对员工好,对顾客好。如果酒店把服务做到极致,能够在精细化管理上打造成标杆,它其实就可以成为一个景区。有哪几个人是去胖东来买东西的?他们是去胖东来参观的。你把专业做到极致,你就能成功地带来附加值。比如有个旅行团队到鹤壁,其中有一项游览就是参观我们酒店,在酒店里体验和其他地方的不一样。能做到这一点,酒店就会价值翻倍。

陈:说明跨界只是一种手段。我们的目标最终是要给顾客创造价值,要提高酒店的附加值。

宋:正如顾客到胖东来,能够体验到有很多东西是胖东来独有的。那么我们可不可以打造只有这一家五星酒店独有的东西,比如说这家酒店做的蛋挞你在其他超市买不到,只有到这家酒店才能吃到。不要让他觉得酒店就是一个住处,而是让顾客游玩要去酒店,购物也要去酒店,把酒店当成一个景点。

陈:要实现这一点,也需要酒店人的自我突破,不断培养可持续发展的竞争优势。

宋:胖东来成功的根本是做了推动社会文明进步的事,如果只搞企业、搞专业是达不到目标的。只有抱着推动社会文明进步的抱负,把愿景、使命和价值观提升到这一高度时再回头做事，才会成功。总而言之，要把人当人，把客人当自己的亲人，把他们身边所有人都当自己的亲人，以"利他"的精神去做任何一件事情。

陈：酒店除了住宿功能还可以有如此多的定位，听您讲完豁然开朗。

宋：主要是基于我这么多年的经历，这么多年思考，其实我没有什么长处，也没有什么优点，就是比较爱思考，比较喜欢触类旁通。有很多东西为什么别人能做到我们做不到？是因为我们的思维层级的限制，没有大局观，格局不够高。人家都开始考虑为全人类进步努力了，我们还只想着成本控制，那就什么事情也做不成。

陈：您在酒店行业做到今天，认为"中州国际"这个品牌给咱们的酒店带来的最大的效益是什么？

宋：我感觉"中州国际"这个品牌的价值，首先是它有"河南省中州宾馆+河南国际饭店"的历史沉淀，就像中华老字号，在历史上创造了酒店业的很多个第一。其次中州国际这个品牌是始终伴随国家改革开放而发展的，我感觉到历史的兴衰在它身上得到了很好的沉淀、继承、发展和发扬。当中州国际酒店集团矗立在我们背后的时候，我们每一个职业经理人都是光芒四射的。集团给我们提供的是无穷无尽的精神力量和物质力量，从某种意义上来讲我们站在巨人肩膀上。我本人之所以能够取得那么一点点成绩，也是因为站在中州国际的巨人肩膀上。

陈：反过来我相信，中州国际品牌也是因为有你们这样一个个优秀的职业经理人，它的发展才会源远流长。

宋：是的，我相信这是个彼此成就的过程。我经常告诉自己，我代表的是中州国际酒店集团，在任何时候不能让业主说我们管理能力不够；同时我给自己设定的目标，是我要比业主本人还要热爱这个酒店。我之所以能够到今天，是因为我从来没有把自己当成一个局外人。当我比业主更热爱这家酒店的时候，那么业主就会放心地把企业交给我。他对我放心了，从某种意义上讲，中州国际的牌子就得以树立起来。

陈：像您这样有责任感使命感的职业经理人，您认为在中州国际有多少？大家是怎样做到敬业尽心的？

宋：我觉得这样的经理人非常多，他们不是只为自己。比如说有很多运动健儿们，他为什么在赛场上这么拼命，就是为了他自己吗？不是。他们也希望自己的国家站立起来时，自己的形象会更高更大。作为职业经理人，我们做这份工作不但自己有工资，还能拿到一部分管理费，我们拿这个管理费要让别人心服口服。因此搞好酒店我们责无旁贷，做不到这一点，我们就不配做职业经理人。当然我们也希望中州国际酒店集团越来越好，因为它好了之后，你才能背靠大树好乘凉。有集团这个靠山非常重要，人不能做无根之木、无源之水。我们下到项目之后，要面临四面八方的压力，有了"靠山"就有利于我们放手做工作。还有，我们也需要从集团汲取更多的精神养分，只有不断学习才能不断成长。

陈：太感人了！

宋：这么多年能够走到今天，我感觉我的灵魂深处始终有创业的冲动，归根到底是因为我是一个有信仰的人。

陈：说明企业家精神一直伴随着您的整个职业生涯。

宋：是的，我最崇拜的企业家就是任正非，我能找到很多与任老的共鸣，华为的很多资料我一直在坚持阅读。我这一生追求的就是能够去做一个小有成就的企业家。

陈：祝您不断取得成功！

宋：谢谢陈老师！

第四章
中州国际"酒店+"的跨界融合
与品牌外延的拓展

在高质量发展模式的推动下，酒店行业正从传统的规模扩张转向全面的质量升级。新质生产力以创新为核心驱动力，突破传统经济增长方式和生产力发展路径的束缚，展现出高科技、高效能、高质量的显著特征，这对酒店业的发展提出了全新的要求。就酒店旅居功能的挖掘而言，当前无论是奢华、高端、中端还是经济型酒店已相对固化。固化的益处在于产品标准健全、客户预期具象，并且相关的产业链及行业经验能够得以持续积累；如若固守万变不离其宗的酒店建设及运营模式，最终可能会导致产品同质化。而"00后""Z世代"消费者群恰恰是感性、求新、好奇的一代，如酒店业者不能赋予他们一些"情有独钟"的理由，那么，酒店恐怕将面临需求下降而导致的"内卷"挑战。不仅如此，技术创新压力、中产崛起和消费升级，加上非标住宿和全域旅游的新局面，要求酒店业通过跨行业在更大范围内整合资源，不断推出市场需要的新品牌和消费场景，从"满足住宿需求"到"回归服务本质"。跨界融合可以帮助酒店引入新的理念、技术和资源，提升服务质量和客户体验，满足消费者的个性化需求的同时，也为酒店创造新的竞争优势和增长点。未来，酒店业态多元化与跨界融合也将会对酒店业的格局产生重大影响。

第一节　酒店业跨界融合的内涵与相关理论研究

一　跨界融合及其数字化的影响

竞争战略之父迈克尔·波特（Michael E. Porter）说过，“企业战略的成功不仅仅依赖于资源的存在，而在于这些资源如何被有效地整合，以创造独特的市场定位和竞争优势”。[1] 波特强调了战略实施中各种活动和资源的协调整合对实现竞争优势的重要性。跨界经营已成为企业成长和业务拓展的关键策略之一。在当今企业众多、业态丰富的环境下，单一的经营模式往往使企业面临较大的生存和竞争压力，越来越多的企业选择跨界经营以实现持续稳健的发展。

（一）跨界融合的概念

跨界融合是指不同行业、领域或文化之间相互渗透、交叉合作的过程，通过整合各自的优势资源，创造出新的产品、服务或商业模式。跨界经营的最终目标是提升客户价值，满足客户的个性化和多元化需求。酒店业的跨界融合则是指酒店行业与其他行业（如景区、餐饮、艺术、文化、科技等）的结合，形成新的服务模式或体验。

跨界经营的实质是价值链环节解构与“跨链”重组的共生现象。[2] 价值链是企业在设计、生产、销售、发送和辅助其产品的过程中进行种种活动的集合体，由一系列互不相同但又相互关联的生产经营活动构成，形成了一个创造价值的动态过程。跨界经营涉及将不同行业或领域的价值链环节进行重新组合和创新，以创造新的价值主张和满足消费者需求。即不同产业、不同技术、处于不同经营环境的企业，借助品牌内涵、关键技术、消费需求等

---

[1]　Michael E. Porter, *Competitive Strategy: Techniques for Analyzing Industries and Competitors*. Free Press, 1980.

[2]　赵振、彭毫：《“互联网+”跨界经营——基于价值创造的理论构建》，《科研管理》2018 年第 9 期。

因素的关联性，通过深度合作而实现企业间联合发展，强调企业借助本产业外价值链中的要素，重新排列和整合自身价值创造过程，从而在原产业中创造出全新的价值创造方式并增强竞争力。一方面，跨界经营能给企业带来更多市场选择的机会；另一方面，在分散企业经营风险的同时能够增强企业的品牌价值。通过价值链环节的解构和重组，跨界经营能够为企业带来新的增长机会，同时也要求企业对价值链有深入的理解和高效的管理能力，如跨界经营可能会带来新的风险，企业需要对价值链环节的风险进行评估和管理。

跨界经营过程中的价值链环节解构与"跨链"重组通常包括以下几个方面。一是价值链环节的识别与选择，企业需要识别自身价值链中的关键环节，并确定哪些环节是跨界经营的核心。二是价值链环节的重组，通过跨界，企业可以将原有价值链的某些环节与其他行业的环节相结合，形成新的价值链结构。三是价值链创新与协同，在跨界过程中，企业可以通过创新活动如开发新产品或服务，来提高价值链的竞争力；企业在不同价值链环节之间实现协同效应，以提高整体运营效率；企业还可以通过与其他行业企业合作，将各自的价值链环节进行融合，创造出新的商业模式或服务。

（二）数字化对跨界融合的影响

需要说明的是，科技进步和创新为业态多元化和跨界融合提供了新的机遇。例如，改革开放之初的前 30 年，没有"品牌标准"束缚的本土酒店，基本把"星级标准"作为"圣经"，在酒店的建筑格局、材质、工艺、色彩上寻求特色。那些年，总经理们辛苦地穿梭于北、上、广，明里考察学习，暗里复制克隆，照相、摄像设备成为旅行必备，"流行风"刮遍东西南北，不担心雷同，只怕不"像"。互联网的发展为酒店业品牌化经营带来了深远影响，酒店业开始向大业态、多品类、跨文化、新格局的方向发展，当酒店从产品竞争进入平台竞争，在新一轮行业变革中，互联网和数字技术成为推动行业发展的主导因素。数字化技术作为新质生产力的核心驱动力，正在深刻影响着酒店行业的运营和服务模式。它不断重塑着服务交付的方式，创造新的增长点,并提升服务的质量和水平。改革开放以来,从中央到地方不断推动服务业的数字化转型升级和高质量发展,并出台了一系列政策措施。这些政策措施有助于推动服务业在数字化转型道路上实现新的突破,为高质量发展提供了有力的支撑;在基础设施建设、产业融合与创新、数字治理与数据安全、智能化与绿色发展等方面促进了服务业的高质量发展。

数字化推动了跨行业的协同发展,也使得服务业能够跨越地理限制,通过互联网和移动设备为全球客户提供服务。数字技术的应用可以促进跨界经营中的价值链环节解构和重组,提高响应速度和灵活性。智能化技术、大数据、云计算等技术的应用已成为酒店行业发展的重要趋势。数字化技术能够转换声音、图像、视频、文本和数据等信息类型,使它们可以被存储、编辑、共享、传输和分发,为信息处理和交流带来极大的便利。例如,通过数字技术,酒店能够更加高效地管理运营、提升服务质量、优化客户体验;通过智能客控系统,客户能够根据自身需求自定义房间温度、照明亮度等,享受更为舒适的住宿环境。此外,客户还可以通过手机 App 实现房间预订、点餐、账单查询等功能,无须前往前台排队等待,极大地提升了服务效率和客户体验。数字化手段可以降低人力成本和运营成本,提高资源配置效率,并推动经济结构优化升级。但不可否认,数字化技术的投入成本、维护成本和员工培训成本对酒店管理而言也是巨大的挑战。

二 跨界融合的相关理论研究

学界对企业跨界融合经营的相关理论研究,主要是从产业融合和价值共创视角分析的。无论从哪一个视角分析酒店跨界经营实践,理论界都在强调酒店通过引入新的元素和创意,丰富产品和服务;通过品牌互补和协同,酒店可以提升品牌价值和市场竞争力。跨界融合理论研究的根本在于管理者与消费者、社会等多方利益相关者在互动和合作过程中的"思维融合",[①] 即

---

① 陈峥、王志、张俊伟:《思维融合视阈下的"创意河南"产业建设》,《河南教育学院学报》(哲学社会科学版)2020年第6期。

通过管理者与各利益相关方认知、行为、决策之间的内在关系，最终形成以"情境思维行为"为代表的整体逻辑分析框架。

（一）产业融合理论

产业融合是指不同产业或同一产业不同行业相互渗透、相互交叉，最终融合为一体，逐步形成新产业的动态发展过程。它强调不同产业之间的资源共享和优化配置，以提高产业的效率和竞争力。产业跨界融合的研究历程可追溯至20世纪70年代，当时美国学者罗森博格（Rosenberg）首次提出了"技术融合"的概念，[①] 随后，麻省理工学院的尼古路庞特（Negrouponte）通过图示阐释了计算机、印刷和广播业之间的技术融合，并指出这一融合将是产业创新和增长的热点。[②] 90年代，中国学者开始关注产业融合现象，即中国工业、农业、服务业之间出现的融合趋势。[③] 技术的发展，尤其是互联网的应用，为产业跨界融合提供了新的模式和机遇，[④] 而产业融合首先取决于决策者主观认知的提升。河南省政府于2009年11月提出创意产业发展，即通过一种新的思维融合方式将创意产业与其他产业融合、相互激荡，进而实现整体的产业创新与发展。酒店业的跨界经营则是产业融合理论在酒店业的具体应用，通过跨界合作，酒店业企业可以将不同产业的优势资源和技术进行整合，开发出更具创新性和竞争力的产品和服务，从而满足市场的多样化需求。

（二）价值共创理论

价值共创理论的研究脉络起始于共同生产的早期思想，这表明顾客在服务过程中不仅是服务的接受者，也是价值创造的合作者。随后，价值共创的关注点从产品交换价值转向顾客的体验价值，强调个性化体验在价值创造中

---

① Rosenberg N. , *The Economics of Technological Change*, New York：Harcourt Brace Jovanovich，1976：pp. 3-20.

② Negroponte, N. , *Being Digital*, Knopf, 1995.

③ 于刃刚、李玉红、麻卫华等：《产业融合论》，北京：人民出版社，2006。

④ 任婷、缪小玲：《论"跨界时代"传统酒店行业的战略转型策略》，《当代经济》2017年第6期。

的重要性。[①] 价值共创理论主要强调以个体为中心，由消费者与企业或其他利益相关者共同创造价值的理念。在价值共创理论中，消费者不再是消极的购买者，而是积极的参与者。他们通过与企业进行互动和协作，参与产品或服务的设计、开发、生产、营销等各个环节，共同创造价值。这种转变使得消费者成了价值的共同创造者，而不仅仅是价值的接受者。传统以产品为中心的价值创造模式已经逐渐转变为以顾客体验、服务生态系统和多方参与者互动为核心的模式。[②] Vargo 和 Lusch 进一步发展了服务主导逻辑，认为服务是交换的基本单位，“价值由顾客在体验中决定和共同创造”这一理论成为价值共创研究的重要基石；[③] 并将服务主导逻辑进一步发展到服务生态系统视角，强调在当前复杂的网络环境下，价值共创涉及供应商、商业伙伴、合作者和顾客等多方主体共同参与，且特别强调了制度在价值共创中的核心作用。[④] 在这个过程中，组织能力、顾客价值认知以及创新生态系统等因素对价值共创的效果有着显著的影响。例如，组织核心能力和价值链整合能力能够提升顾客价值认知，进而促进价值共创；而企业核心型开放式创新生态系统则能够为核心企业和参与者带来显著市场竞争优势，强化价值共创效应。

创新创业成功的关键原因是管理者拥有更合理的创业认知，通过整合分散的信息以及必要的资源，创造新的产品和服务。就企业的跨界融合决策而言，企业的高层管理者在推动企业跨界经营中具有重要作用，[⑤] 他们需要面对环境挑战快速完成思维转变，敏锐地抓取外部环境机会，整合外部资源从

---

① Prahalad C. K., Ramaswamy V., “Co-creation Experiences: The Next Practice in Value Creation,” *Journal of Interactive Marketing*, 2004.

② 简兆权、令狐克睿、李雷：《价值共创研究的演进与展望——从“顾客体验”到“服务生态系统”视角》，《外国经济与管理》2016 年第 9 期。

③ Vargo S. L., Lusch R. F., “Evolving to a New Bominant Logic for Marketing,” *Journal of Marketing*, 2004.

④ Vargo S. L., Lusch R. F., “It's all B2B … and Beyond: Toward a Systems Perspective of the Market,” *Industrial Marketing Management*, 2011.

⑤ 杨大鹏：《基于企业家认知视角的跨界创业生成机制研究》，《企业改革与管理》，2021 年第 21 期。

而实现跨界发展。跨界融合作为一种新兴的商业模式，其成功的关键在于跨界者的能力因素和组织重构水平，[①] 即动态创业情境下酒店管理者独特的信息处理、机会评价、思维模式、决策过程。这意味着管理者不仅需要具备跨领域的知识和技能，还需要有能力整合和连接企业内外部的创新价值，以实现组织系统的有效重组。

（三）跨界融合的品牌效应

关于跨界融合在酒店业及相关领域中的应用研究，有学者发现技术知识和市场知识的跨界搜寻能够促进酒店服务创新；[②] 奢侈品牌通过跨界合作进入酒店业，不仅传递了品牌价值，还提高了消费者的忠诚度。[③] 众多酒店跨界融合的成功案例证实，跨界合作在提升酒店品牌价值和市场竞争力方面扮演着至关重要的角色。通过精心选择与不同行业的品牌进行合作，酒店能够实现资源共享、品牌互补，进而达到提升品牌知名度、精准吸引目标客群、扩大市场份额等多重效果。例如，始祖鸟与松赞酒店的合作，展示了户外运动装备品牌与高端旅行酒店品牌之间的跨界融合，这种合作不仅丰富了双方的产品线，更为消费者带来了前所未有的独特体验，从而显著提升了双方品牌的市场竞争力和品牌价值；阿里妈妈与瓷都景德镇的合作，通过结合地域文化特色，助力天猫大牌日春季营销活动；瑞幸与茅台联名推出咖啡酱香拿铁案例；等等。这种跨界合作不仅有效提升了营销活动的流量和话题度，还加深了消费者对品牌的印象。

这些理论与实践表明，跨界融合已成为推动酒店企业创新和增长的重要途径。跨界合作不仅可以帮助酒店品牌拓展新的市场领域，还可以通过创新的方式提升品牌价值和市场竞争力。通过选择与自己品牌形象相匹配的合作伙伴，酒店可以有效利用双方的资源和优势，为顾客创造独特的消费体验，

---

① 章长城、任浩：《企业跨界创新：概念、特征与关键成功因素》，《科技进步与对策》2018年第 21 期。

② 宋慧林、王元地、张晓玥：《酒店跨界搜寻对酒店服务创新的影响——星级水平与所有权类型的调节作用》，《经济管理》2015 年第 11 期。

③ 李媛媛：《奢侈品牌跨界酒店业的研究》，《中国商论》2016 年第 23 期。

从而在竞争激烈的市场中脱颖而出。而管理者作为企业的决策者和引领者，其认知水平的提升对于促进酒店跨界融合发展，助力品牌的外延拓展具有至关重要的作用。

第二节　构建"酒店+"新业态与酒店品牌外延的拓展

从满足住宿需求到回归服务本质，以客户多元化体验为导向融合多领域消费元素，构建"酒店+"新业态，正成为新时期酒店业适应消费需求迭代和行业转型升级、探索新的价值增值模式、拓展品牌外延的重要方式。

一　从满足住宿需求到回归服务本质

（一）"酒店+"与经营业态的多元性

纵观酒店行业百年来的发展，那些脱颖而出的酒店品牌无非是以一种特殊的方式提炼了平凡生活中的一些不平凡的服务亮点，才得以在某个阶段征服了消费者。当消费者对酒店的期望不再局限于基本的住宿需求，酒店业开始探索新的增值服务来吸引年轻消费者。在经济新常态下，酒店业态趋向多元化，酒店不仅是住宿的场所，也可以是旅游目的地，为游客提供一种旅游文化体验。这正是价值共创理论提到的，消费者通过与企业进行互动和协作，参与企业产品或服务的设计、开发、生产、营销等各个环节，共同创造价值。

从驿站、旅馆到全服务酒店，再到精选、有限服务酒店乃至经济型酒店，通过"酒店+"跨界融合实现酒店业态多元化已成必然趋势。酒店业态多元化是指酒店企业在经营过程中，打破传统单一的住宿服务模式，通过增加新的服务项目和设施，拓展新的业务领域，实现酒店经营的多样化和差异化。具体表现为以下几个方面。一是服务项目多样化，即酒店企业在传统客房住宿服务的基础上，增加餐饮、娱乐、康体、购物、商务、展览、会议、宴会等多种服务项目，以满足不同消费者的需求。二是服务设施多样化，即酒店企业在传统住宿设施的基础上，增加餐厅、酒吧、咖啡厅、游泳池、健身房、水疗中心、购物中心、商务中心、展览厅、会议厅等多种服务设施，以满足不同消费者的需求。三是经营模式多样化，即酒店企业在传统经营模式的基础上，增加租赁、特许经营、管理输出、咨询服务等多种经营模式，以实现酒店经营的多样化和差异化。四是品牌形象多样化，即酒店企业在传统品牌形象的基础上，增加时尚、豪华、温馨、自然、科技等多种品牌形象，以满足不同消费者的需求。

（二）"酒店+"与客户体验的丰富性

传统酒店以它的建筑物为基础，通过提供客房以及其他服务设施而获得经济收益。伴随互联网技术的发展，酒店业不断针对服务群体打造住宿业新场景，将相关业态如写字楼、现代超市、创客园、综合体、生态区、体验馆、保健美容场所、景区、展示馆、游乐场、社交场所等与住宿关联起来，通过有机融合实现了酒店场所效益的最大化和差异化。探索"酒店+"，其根本并不在于"+"的项目，而应是以新的视角看待酒店运营模式。"酒店+"跨界融合的目的是创造独特的客户体验，例如，近年来非标住宿的兴起满足了消费者对于个性化和特色化住宿体验的需求，同时也为住宿市场带来了新的活力。它有客栈、民宿、公寓、精品酒店、度假别墅、小木屋、帐篷、房车、集装箱等多种形式。非标住宿房源的地理位置通常比较分散，非标住宿提供个性化的房间装饰和服务，如家用电器、厨房设备、城市导游等，满足消费者对住宿多样化和个性化的需求。在管理方式、运营模式、销售渠道等方面，依赖互联网技术。这些都使得非标住宿吸引了特定的市场细分群体，如寻求当地文化体验的旅行者，这可能会影响到传统酒店业的客户结构；同时非标住宿的兴起也影响了酒店业的投资和经营模式，促使传统酒店探索新的业态和经营策略。总之，酒店的功能从满足住宿需求回归到服务本质，在酒店品牌价值得到提升的同时提升了客户体验，并增强了品牌的客户忠诚度。

例如，凯悦酒店集团是全球领先的酒店管理公司之一，旗下拥有众多酒店品牌，包括凯悦、柏悦、安达仕等。近年来，凯悦酒店集团积极推进"酒店+"和跨界融合，为客户提供多元化体验。例如凯悦酒店与苹果公司合作，为客人提供苹果电视服务，这一举措为凯悦酒店的消费者带来了更加丰富和愉悦的娱乐体验；凯悦酒店集团与耐克合作，在凯悦酒店内开设了健身中心；与优步合作，为凯悦酒店的客人提供打车服务。这些都为凯悦酒店的客人提供了便利，也提升了凯悦酒店的服务品质。实施"酒店+"需要多板块联动跨界合作，但无论以何种方式、形式呈现产品，都需要酒店深入了解目标客源市场和消费者需求，包括对新兴趋势的洞察，确保新业态与市场需求相符合；利用最新科技，如移动应用、在线预订、智能家居、虚拟现实等，提升运营效率和客户体验；根据市场反馈和业绩评估，持续改进新业态，确保品牌的长期竞争力。

二 基于酒店核心价值的品牌外延拓展

（一）"酒店+"提升酒店核心竞争优势

随着智能终端和互联网等信息技术的快速发展，市场上日益出现许多以多元化、个性化和碎片化消费需求为特征的新兴产业。试想为什么会有越来越多的顾客开始热衷在短租平台上选择设施并不比酒店完善的民宿产品？民宿和露营为什么能够分割酒店的蛋糕？是因为消费者的需求已经开始"去中心化"，仅靠酒店推出个性化的服务，已经很难满足他们的小众兴趣和个性偏好。"酒店+"是对酒店现有产品品质的一种价值增值，其发挥的作用是补充短板、丰富内涵、增强特色、塑造品牌。

然而需要特别注意的是，"酒店+"不是把酒店原有的产品体系推倒重建，更不是突兀的产品植入，而是专注主要优势，提升酒店原有核心产品与服务价值。德鲁克曾经强调，战略管理的关键在于做出正确的决策，这包括决定"做什么"和"不做什么"。在战略决策过程中，放弃某些业务的能力尤为重要。在企业的业务拓展中需要有选择地放弃一些非核心业务，否则就会把有限的资源，特别是人力资源浪费在不必要的业务上，进而影响核心竞争优势的发挥。

（二）"酒店+"拓展酒店品牌核心价值

酒店需要明确品牌的核心价值，确保新业态的拓展与品牌的"核心"

价值定位一致，增强品牌识别度。因此"酒店+"的内容需要适应酒店现有空间条件的要求，需要与酒店既有产品保持一致，需要符合酒店的整体风格与调性，需要遵从酒店系统的服务规范。"酒店+"产品的选择必须与酒店现有的风格定位、氛围特色与产品特征相协调，基于品牌特色，在有机融合的基础上强化酒店原有产品的多元化体验感，如主题房间、特色服务、个性化体验等，增强客户满意度和忠诚度。例如，酒店业与餐饮业的跨界融合可以使酒店的品牌形象更加丰富多元，在基础住宿服务的基础上提供生活方式场景，如通过"美味+场景"的融合创新，餐厅不仅提供美食，还提供与酒店特色环境相结合的独特就餐体验。

例如，万豪国际集团是全球领先的酒店管理公司之一，旗下拥有众多酒店品牌，包括丽思卡尔顿、喜来登、威斯汀等。近年来，万豪国际集团积极在酒店原核心服务基础上推进业态多元化和跨界融合，取得了显著成效。万豪国际旗下各个品牌都拥有鲜明的个性和主张，品牌文化注重创新、卓越、前沿与活力，与高端、时尚消费者建立情感连接。万豪国际集团与星巴克建立战略合作伙伴关系，在全球范围内的万豪酒店内开设星巴克咖啡店。这一举措既为万豪酒店的客人提供了便利，也提升了万豪酒店的品牌形象。万豪国际集团与亚马逊合作，引入了一项名为"Alexa for Hospitality"的服务，允许客人使用亚马逊的智能音箱控制房间内的电视、灯光、温控器等设备，提升了客户的入住体验。

（三）以强强联合实现品牌互补

跨越行业、资源融合的核心在于找到不同品牌间的共通点和互补性，创造协同效应，实现强强联合和品牌互补。首先，合作各方确定共同的商业目标和价值观，双方通过深入研究目标市场和消费者需求，找到合作的切入点和创新机会，确保跨界合作能够为双方带来价值。融合的关键是评估双方的资源和能力，包括品牌资产、技术、渠道、客户基础等，找到合作的"互补点"。比如分析各自品牌的定位、优势和市场表现，确保品牌能够相互补充而非直接竞争。为了保护双方的利益，还需要制定明确的合作协议，规定合作条款、责任分担、利益分配等，如联合营销活动、广告宣传、社交媒体互动、线下活动等，扩大品牌影响力。跨界合作应有长远的视角，注重长期合作和持续发展而非短期利益。在合作期间，双方需要彼此尊重并融合双方的企业文化，建立共同的团队文化和工作方式。双方定期监测合作效果，评估合作成果，根据市场反馈随时调整合作方式。

例如，希尔顿国际酒店集团是一家全球领先的酒店管理公司，旗下拥有众多酒店品牌，包括希尔顿、康莱德、华尔道夫等。近年来，希尔顿国际酒店集团也积极推进与世界知名品牌的合作实现酒店业态多元化和跨界融合。希尔顿国际酒店集团与微软建立战略合作伙伴关系，在全球范围内的希尔顿酒店内部署微软 Surface 平板电脑。希尔顿国际酒店集团与 IBM 合作，开发了一套人工智能系统，该系统可以分析客人的入住偏好，并为客人提供个性化的服务。希尔顿国际酒店集团与万事达合作，推出了一系列联名信用卡产品，这些信用卡产品为酒店的客人提供了诸多优惠和福利，提高了客人的忠诚度。希尔顿国际酒店集团还与微软合作推出了“希尔顿荣誉客户计划”，允许客人使用微软积分兑换酒店的住宿和餐饮。这些举措既为酒店的客人提供了便利，提升了酒店的科技形象，也提升了微软、IBM、万事达产品在高端商务客户人群中的影响力。

三　企业跨界融合的实质是管理者认知的提升

（一）“酒店+”意味着管理者认知局限的突破

跨界融合的关键是企业管理者能够在更大的范围内有效整合资源，甚至创造新的顾客需求。因此，管理者认知决定着企业现有资源可能提供的生产性服务以及所能看到的市场需求。跨界融合要求管理者突破当前认知模式下的资源“优势”，主动挖掘现有资源中隐含未被发现的价值，主动地创造、引导，继而满足当下尚未存在的市场消费需求。

王志董事长强调：“酒店集团必须积极探索与其他业态融合，突破传统的商业模式和盈利模式局限，以‘酒店+’模式推动创新发展，化被动为主动。”

酒店企业不断拓展跨界融合新模式，其根本在于管理者不断地拓展认知边界，跳出原有的行业范畴，识别其他领域潜在的资源，挖掘其潜力并与自己的行业领域相结合。管理者认知的提升意味着管理者认知的成熟度、复杂度的提升，它使管理者能够以更大的格局构建新的产品或服务。具体到中州国际酒店集团的跨界实践而言，近年来管理层在对"事业理论"持续重构过程中，从以提供传统住宿与旅居服务下的"以效益主导应对式满足需求"，到"以愿景使命主导自驱式创造需求"把集团品牌不断做大，再到数字化转型背景下"以可持续共享价值创造"，将中州国际品牌不断做大做强，集团通过"酒店+"的业态多元化和跨界融合，使"中州国际"品牌成为一种文化体验与生活方式的代名词。

（二）中州国际"酒店+"的管理者认知深化

在互联网行业风起云涌、企业并购重组不断产生的大背景下，如何推进战略转型，用互联网思维重构价值、跨界融合、创新商业模式、实现组织重组，挑战的是企业家的胸怀和智慧。"酒店+"业态多元化的实现绝不是酒店与跨界元素的简单组合，而是在更高的管理者认知层次下重新构建产品和服务的结果。当旅游业从初期探索阶段进入体验和度假阶段后，人们对于旅行和度假的期待发生了质的变化。人们不再只是想看到新的风景，而是想更深入地体验一个地方的文化和历史。在这样的背景下，旅游产品中融入了更多的文化元素和历史元素，使旅游产品更加有深度和内涵，就显得尤为重要。如今的中州国际旗下的酒店已经不仅仅是顾客住宿和用餐的场所，更是外界顾客通过文化体验认识本地风土人情与历史文化的窗口。中州国际酒店集团积极探索"酒店+"新业态，与数字化技术、历史文化、杂技、民俗等领域跨界融合。例如，粤港中州国际饭店设计文化主题客房，将河南博物院的文物复制品作为房间的装饰，使用历史故事作为客房文化背景，为顾客提供沉浸式的文化体验。此外，集团通过组织专门的文化主题活动，如导览、讲座和工作坊，使顾客能直接参与文化学习和体验活动。顾客通过参与酒店提供的文化教育和体验活动，不仅获得了知识和乐趣，还能与家人共享宝贵的亲子时光，这些体验本身就是一种独特的价值创造。又如中州宋宴品牌，将南北宋时期的美食精华与现代餐饮服务相结合,其中穿越时空的美食体验来自管理团队认知的时空跨越。中州宋宴不仅制作特色美食,还同时打造宋代主题的美学场景,举办焚香、品茗、抚琴等文化活动,为客人营造出跨越千年的历史氛围。管理者在更大的格局下重新定义了酒店的定位,整合资源提供前所未有的服务,创造了新的顾客需求的同时也创造了新的价值,使顾客获得更好的入住体验。

为了应对资源整合和跨界融合的时代趋势,集团在管理团队的带领下在几年前就开始打造"酒店+景区"新业态,成功接管国家 4A 级旅游景区黄河小浪底风景区。2017 年,中州国际酒店集团与国内知名云 PMS 服务商石基集团签约,通过"酒店+智能"携手打造中州国际集团化智能管理、智慧营销平台,旨在进一步提升集团系统化建设、资源全面整合与全局营销的水平,为跨界合作提供强有力的技术后盾。在秉承酒店的基本特性的基础上,中州国际酒店集团不断尝试酒店新的盈利模式,如通过非酒店常态的衍生产品和服务来获利,或产生组合效益。跨界商场、一次婚礼终身服务、周边旅行和游乐产品组合、虚拟现实(VR)体验(如游戏、演艺、电影)等,这些单独或组合的业务正在不断创造更高的价值和新的效益增长点。

总而言之,企业跨界融合的根本动力来自企业家或者管理团队的认知提升。管理者作为企业的决策者和引领者,其认知水平决定着企业现有资源可能提供的生产性服务以及所能看到的市场需求,以及能否突破当前认知模式下的资源"优势",从而挖掘现有资源中隐含未被发现的价值,甚至主动创造和引导价值,继而满足当下尚未存在的市场消费需求。同时,管理者认知的提升还意味着企业能够以长远的战略思维,根据社会与经济周期的发展和产业升级趋势,有意识地提前储备资源,以适应未来企业成长的需要。反过来管理者的认知提升推动了企业的创新和可持续发展,并在实践中获得反馈并积累丰富的经验,进一步推动管理者认知的提升(见图 4-1)。

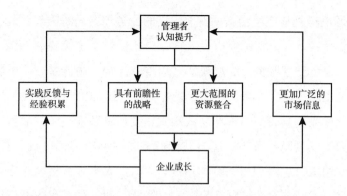

图 4-1 管理者认知提升、跨界融合与企业成长的关系

第三节 中州国际酒店集团的跨界融合实践

"中州国际,让生活更美丽"这一集团在数字化背景下对使命的再定义,正体现了近年来管理层在"事业理论"持续重构过程中,在数字化转型背景下不断拓展认知边界,跳出酒店行业本身识别并整合各个领域潜在的资源。在新的市场环境下,中州国际酒店集团通过投资、合作等方式,涉足旅游、文化、教育等领域,打造综合性的旅游服务生态圈,为消费者提供更加丰富、多样的旅游产品和服务,满足人们日益多样化的需求。"中州国际"以 60 多年来积淀的品牌核心价值与特色为基础,与优质品牌强强联合与互补协同,实现了从传统酒店住宿业回归服务本质。

一 "有一种生活叫中州"

在"酒店+"业态多元化与跨界融合的过程中,集团通过不断创新服务模式,提升服务品质,为消费者提供更加舒适、温馨的住宿体验,让人们在旅途中感受到家的温暖和美好。"中州国际"这一酒店品牌的外延已被拓展为一种文化体验与生活方式。但这并不意味着中州国际酒店集团毫无选择地追求"酒店+"多元业态,因为一味地追求业态多元可能会导致资源与注意力分散,进而影响集团核心竞争力的构建。集团的管理层十分清楚,对那些不符合市场消费趋势或集团长期发展战略的业务需要果断放弃，而将企业有限的资源，尤其是人力资源集中投入符合集团核心竞争优势的领域，如强化客房服务，弱化配套服务，取消或适当调整游泳池、中西餐厅、棋牌娱乐等设施，建成主题、精品、特色酒店，使客人以合理的价位享受高品质的入住体验。这正是在企业成长中管理层认知成熟度与复杂度提升的表现。与此同时，酒店人不仅要从经营上，还要从管理上能够跳出追逐自我利益的认知，用鹤壁迎宾馆执行总经理宋红艳的话说，"要把人当人，把客人当自己的亲人，把他们身边所有人都当自己的亲人，以'利他'的精神去做任何一件事情"。只有这样才能让酒店不再仅仅是一个住处，"而是顾客游玩要去酒店，购物也要去酒店，把酒店当成一个景点，一个旅游目的地。"

首家河南省外四星级中州颐和酒店之云南腾冲店、北京东交民巷饭店、海南省三亚市班兰中州国际大饭店如图 4-2、图 4-3、图 4-4 所示。

图 4-2　首家河南省外四星级中州颐和酒店之云南腾冲店

二　中州国际酒店集团"酒店+"的探索

中州国际酒店集团从发展新质生产力出发，积极探索跨界融合发展的路

图 4-3　北京东交民巷饭店

图 4-4　海南省三亚市班兰中州国际大饭店

径，创新驱动"酒店+"发展模式。作为旅游业的重要组成部分，集团根据不同的旅游需求类型，在旅游空间方面，形成景区、度假区、休闲街区、博物馆、营地、基地等多类型的空间体系；在旅游体验形态上，形成观光旅游、研学旅游、健康旅游、生态旅游、商务旅游、乡村旅游、红色旅游、城市旅游等多形态构成的旅游产品体系。目前集团已实现的有"酒店+文化""酒店+景区""酒店+餐饮""酒店+数字化""酒店+艺术""酒店+书店"等融合模式，打造研学旅游目的地、生态旅游目的地、度假旅游目的地等多种业态。限于本书篇幅，在此简略介绍中州国际酒店与文化、餐饮、旅游、数字化、艺术等跨界融合的实践案例。[①]

（一）"酒店+文化"

1. 中原历史文化：郑州"粤港中州国际饭店"

"读懂河南，行走中国"，中州国际酒店集团发挥本土文化优势，以民族理念及民族传统作为打造民族品牌的灵魂与资源。在现代酒店业同质化现象日趋严重的背景下，中州国际酒店集团旗下的粤港中州国际饭店发挥中原文化和地理优势，勇敢地跨越了文化产业与酒店服务业的界限，借助"老家河南"的深厚历史文化资源，打造"一站式河南旅游目的地"的特色酒店品牌。粤港中州国际饭店的跨界融合实践为酒店业提供了一个通过文化深度融合提升品牌价值和顾客满意度的参考模式。

首先，与河南博物院合作，确定"深拥五千年文明"的酒店主题。粤港中州国际饭店（见图4-5）坐落于郑州市主城区主干道农业路的中段，与享有盛誉的国家一级博物馆——河南博物院隔街相望。鉴于其毗邻河南博物院的优越条件，酒店将主题精心设定为"深拥五千年文明"，借助这座历史文化宝库为宾客提供独一无二的文化体验。"粤港中州"与河南博物院、河南省非物质文化遗产办公室合作，精选了贾湖骨笛、"妇好"鸮尊、莲鹤方壶等九大镇馆之宝作为设计灵感，将其融入文化创意产品的创作中。同时，酒店在一楼大堂设立了文创产品销售馆，展示并销售与博物院相关的文创产品以及河南省内丰富多样的非物质文化遗产作品。此举不仅为客人提供了深入了解中原文化的渠道，还将这些丰富的历史文化转化为有价值的商业机会。

其次，"粤港中州"与郑州市档案馆建立了紧密的合作关系，让顾客感

---

① 本部分案例资料和图片均由中州国际酒店集团提供。

图 4-5　粤港中州国际饭店

受郑州城市的历史变迁。"粤港中州"从郑州市档案馆及其他资料库中精心挑选了一系列具有历史价值的照片和文献资料，在酒店的第 15 层设立了专门的展示区。这些资料详尽地记录了郑州从古至今的重要历史事件与城市发展轨迹。通过这些珍贵的照片和资料，宾客能够目睹新中国成立后郑州的建设成就和民生改善成就，领略郑州由工业城市向现代化大都市转变的壮丽历程。这一跨界融合赋予了酒店独特的文化魅力，让客人在住宿期间不仅能感受到郑州的历史沉淀和变化，还能在这一过程中建立起对城市的认同感与归属感。

　　最后，"粤港中州"聚焦"老家河南"的非物质文化遗产资源，突出"老家河南"的文化亮点。酒店在第 10~12 层专门展示河南省丰富多样的非物质文化遗产，每个房间都精心挑选了布老虎、剪纸、泥叫吹、开封汴绣等非遗代表作品，为宾客呈现非遗艺术的独特魅力。房间内还配备了《在河之南》《非遗中原》等书籍，让客人可以随时深入了解河南省的非物质文化遗产。此外，"粤港中州"与河南各地的非遗传承人合作，举办多项非遗主题活动，让亲子家庭可以在互动体验中了解河南的特色非物质文化遗产。例如，"淮阳泥泥狗"主题活动让孩子们可以动手制作泥塑；"洛河剪纸"主题活动让孩子们通过剪纸表达他们的想象力。这些活动不仅有助于非物质文化遗产的传承与弘扬，还通过体验式互动激发亲子家庭对文化的认知与兴趣，为他们留下了宝贵的回忆。

"粤港中州"还深入挖掘了中原地区深厚的历史与文化资源，探索多维度文创，把酒店与文创的结合推向更深层次，最终形成了涵盖汉字、瓷器、软装设计和员工文创等多个维度的文创体系，在"酒店+文化"业态中展现了中原文化的独特魅力。酒店在"汉字"文创、"名瓷"文创、"软装"文创、"员工"文创等多维度探索文创资源融合。在"汉字"文创方面，酒店第7层设立了专门的汉字文化展示区，每个房间都展示了与酒店主题相关的汉字书法艺术作品，让宾客在欣赏汉字之美的同时，感受深厚的文化内涵；在"名瓷"文创方面，酒店在第8层展览宋代名瓷艺术品，每个房间都配以汝瓷、钧瓷等宋瓷精美挂画，让宾客享受视觉上的文化盛宴；在"软装"文创方面，酒店在2021年装修时引入了新国潮风雅颂风格（见图4-6），在设计中融合了多种河南属地文化元素，如"黄河几字湾"造型的电视背景墙和象征"嵩山"的床背景墙，通过这些元素的融合，"粤港中州"创造出"脚踏祥云，称心如意"的国风文创空间；在"员工"文创方面，酒店鼓励员工参与文创活动，通过手绘温馨卡、精美手提袋等方式，向宾客展示郑州特色和酒店周边的美食、景点等，员工们作为文创的实践者和文化的传递者，在酒店的文化创意中扮演着重要角色。

从产业融合视角来看，酒店通过与河南博物院等机构合作，将酒店服务与文化资源结合起来，不仅仅是物理上的结合，更重要的是在服务和产品方面的整合。例如，酒店设计文化主题客房，将河南博物院的文物复制品作为房间的装饰，以历史故事作为客房文化背景，为顾客提供沉浸式的文化体验。此外，通过组织专门的文化主题活动，如导览、讲座和工作坊，让顾客直接参与文化学习和体验活动。这种融合模式不仅增加了酒店的文化价值和市场吸引力，也加深了历史文化机构与酒店业的合作关系，推动了地方文化遗产的活化利用和当地旅游业的发展。

通过有效促进酒店与客户的价值共创，"粤港中州"增强了顾客的参与

图 4-6　粤港中州国际饭店新国潮风雅颂风格装修

感和满意度。顾客通过参与酒店提供的文化教育和体验活动，不仅获得了知识和乐趣，还能与家人共享宝贵的亲子时光，这些体验本身就是一种酒店与顾客的独特价值共创过程。同时，顾客的这些正面体验又转化为口碑和忠诚度，进一步增强了酒店的品牌影响力和市场竞争力。此外，通过销售河南博物院的文创产品，酒店不仅增加了收益，也帮助各文化机构扩大了市场影响力和收益渠道，实现了多方共赢。

2. 融合红色文化资源：兰考中州国际饭店

"酒店+文化"的又一拓展是中州国际与红色旅游资源的融合。2024 年 6 月 7 日，"焦裕禄精神代代传——河南红色旅游宣传推广活动"在河南焦裕禄干部学院举行。在这次活动中，兰考县人民政府与中州国际酒店集团举行了兰考中州国际饭店合作签约仪式。河南历史悠久，文化厚重，拥有丰富的红色历史文化资源，这片土地上的红色精神熠熠生辉，激励着一代代中华儿女为中华民族伟大复兴而奋斗。近年来，河南省坚持推动"红色旅游+"多元业态融合，探索红色文化旅游产业的创新发展，运用丰富的红色资源，打造广大游客接受红色文化洗礼、坚守红色信仰、传承红色精神的生动课堂和重要阵地，走出了一条红色旅游融合创新的高质量发展之路。兰考县委、县政府依托焦裕禄精神推动研学旅游的发展，推出了焦裕禄精神、黄河安澜、乡村振兴、绿色发展等精品研学线路，打造焦裕禄纪念园、黄河湾风景区等主题鲜明、功能齐全的研学营地，创建一批研学旅行品牌，高位推动兰考文旅蓬勃发展。兰考中州国际饭店运营后，将成为兰考对外开放的形象窗口、一道亮丽的风景线和城市名片，为兰考的文旅发展增光添彩，对提高兰考接待服务水平、推动旅游经济发展必将起到积极的促进作用。这是又一次中州国际酒店集团通过跨界融合，发挥协同效应并实现优势互补的成功案例。

（二）"酒店+餐饮"

在当前市场环境下，星级酒店餐饮业务正面临着品牌多元化和社会餐饮专业化的双重挑战，历来以住宿为主的酒店在与社会餐饮竞争中不占优势。因此，近年来部分酒店转做简餐或标准餐，一方面减少了投入、降低用工和经营成本，另一方面便于微信、手机 App 等移动终端客人消费。然而，中州国际酒店集团利用其根植本土经营的优势，和长期拥有的客户资源及品牌优势，为客户餐饮提供独特体验，同时满足消费者对于就餐环境、食品质量和文化体验的需求。

1. 沉浸式历史文化体验：中州宋宴

中州国际酒店集团精心打造定位为中高端的"中州宋宴"文化品牌，其灵感来源于酒店集团对高端餐饮市场发展趋势的洞察和对宋代饮食文化的推广。宋文化主题餐厅"中州宋宴"融合南北宋时期的美食精华，汲取宋朝积淀的深厚文化营养，再现宋人多滋多味的雅韵生活。宋代饮食文化以其丰富多彩的烹饪方式、清新雅致的生活气息和广博深厚的文化底蕴被消费者广为关注，相关影视和文学作品的流行也推动了消费者对宋式生活方式的热情。借助现代互联网技术和营销方式的创新，中州国际酒店集团通过线上和线下相结合的商业模式推广"中州宋宴"品牌，并借助该品牌树立集团在高端餐饮市场的独特优势，实现多样化的品牌矩阵和市场扩张。

"中州宋宴"通过深度融合历史文化资源，将南北宋时期的美食精华与现代餐饮服务结合起来。它汲取了南宋和北宋的经典菜肴精华，通过古法烹饪与创新手法制作特色美食，将饮食文化融入酒店的整体设计和服务体验。同时，酒店通过打造宋代主题的美学场景，举办焚香、品茗、抚琴等文化活动，为客人营造跨越千年的历史氛围。"中州宋宴"瞄准高端市场，将品牌定位为中高端宋文化主题餐厅。在品牌建设中，它注重通过视觉、听觉、味觉、触觉和嗅觉多维度打造综合体验，营造工笔彩绘般的宋代文化氛围。这种定位不仅满足了高端餐饮市场的需求，还通过沉浸式的文化体验为客户提供差异化的选择。在竞争激烈的餐饮市场，中州宋宴积极拓展产业链模式，提供定制宴会、预制菜和食材配送等服务，进一步丰富其产品和服务体系。此外，"中州宋宴"还将宋代茶道展示、宋式花艺课堂和书画展览等项目纳入品牌体系，通过文化、体验与品牌的融合，形成完整的宋文化产业链，进一步提升了酒店品牌的影响力。

"中州宋宴"通过举办文化活动和历史讲座，吸引顾客积极参与其中，在与客户的价值共创互动中使客户成为宋文化的体验者和传播者。顾客在此不仅能沉醉于宋代美学场景，品尝古风美食，更能与酒店共同体验历史文化，从而加深对品牌的忠诚度与认同感。与此同时，"中州宋宴"与供应商、文化机构等合作伙伴紧密合作，共同研发特色菜单，开发文创产品，为餐饮产品赋予了丰富的文化内涵。它还与非物质文化遗产传承人携手，策划了宋代美食秀、书画展览等一系列活动，将宋文化产业链中的各方利益相关者紧密联结在一起，实现共同成长与价值共享。通过这些多元化的合作模式，"中州宋宴"不仅为顾客带来了别具一格的体验，还与合作伙伴和供应商建立了互利共赢的关系。

2. 传播豫菜文化：中州·豫雅园

"中州·豫雅园"是集团传承与发展豫菜文化的重要餐饮品牌，以"复兴和繁荣豫菜，令世人认识豫菜、了解河南"为品牌文化的核心内容。豫菜是中华文明的重要载体，豫菜曾风光无限，早在4000多年前的夏朝，夏启在今河南禹州举行献祭活动并设国宴，宴请各方诸侯，史称"钧台之享"。商朝伊尹提出了"五味调和""以汤说美味"的理论，这是与豫菜有关的最早的烹饪理论。豫菜是中国烹饪文化的渊源和主体，有"百菜之源、菜系之母"之称，历史上作为宫廷菜而风靡全国。"中州·豫雅园"推崇食物的原汁原味，取食材自然之味，仅用简单的煮、焖等做法，搭配秘制配方烹饪出一道道回味悠长的美味；对品味的先后顺序与食材味道的结合也作了精细的研究，为食客营造具有河南特色的就餐仪式感。为此，"中州·豫雅园"重新定位豫菜美学新文化，以继承和弘扬豫菜文化为己任，向世人展示河南的豫菜特色和文化。另外，信阳和开封是河南本地最讲究吃的两个城市，但饭菜风味有别，中州国际酒店集团旗下许多酒店都开设有信阳菜馆和开封菜馆，在传播豫菜传统名品佳肴和风味小吃的同时，也让酒店成了游客品尝豫菜的打卡地。

中州国际酒店集团立足中华文明和中华民族重要的发源地河南，不断以传承和发扬豫菜文化为己任，借助自身品牌影响力令豫菜走向全国，让更多人了解河南，走进河南。2023 年，在由河南省文化和旅游厅指导、河南省旅游饭店业协会承办的"春满中原·老家河南"美食季活动中，河南省旅游协会执行会长、中州国际酒店集团董事长王志指出："美食承载着乡情，承载着美好，承载着文化，也承载着激发城市活力和推动消费复苏的重任。饭店人要共同努力，擦亮河南美食品牌，推动河南美食走向更广阔的市场，进一步释放河南省餐饮消费的巨大潜力，激活美食消费新需求，以助推双循环新发展格局的加速形成。"

（三）"酒店+旅游"

1. 嵩山少林禅文化：中州国际少林大饭店

2024 年 3 月 11 日，中州国际酒店集团与中国嵩山少林寺少林接待中心正式签署了合作协议建立中州国际少林大饭店（见图 4-7）。"慈悲喜舍，成就未来"的企业核心价值观体现了佛教中四种崇高的心灵境界"慈爱、同情、喜悦和舍离"，企业以慈悲和包容的心态对待员工和客户，促进酒店内在成长，助力企业长远发展。中州国际酒店集团与嵩山少林寺景区的这一合作，把地域文化、旅游资源、酒店特色与中州国际品牌叠加融合，打造中原文旅新地标。这是中原文化走向国际的新窗口，也是现代饭店旅游业与传统文化相结合的重要标志，是为中原人民、全国人民与世界友人打造的"新中原文明""新黄河文明"体验中心。

这次合作实现了酒店与佛教文化资源的整合和特色禅文化的打造。中州国际少林大饭店的设计以少林禅文化为主题，与少林寺建筑风格、武术、壁画、雕刻等传统文化元素相融合。禅修垫、围棋、禅香和禅茶等主题客房设施展现了禅意美学，为游客提供别具特色的住宿体验。在这里，游客可以静心冥想、修习禅艺、品味素食，感受少林文化与自然景观相融合的宁静氛围。

这次合作将中州国际酒店集团与嵩山少林寺景区资源紧密联系在一起，双方通过共享资源、协同打造，共同创建了集禅文化、旅游、休闲于一体的综合性服务模式。此外，中国嵩山少林寺少林接待中心位于登封市，距离少林寺、嵩阳书院、中岳庙等知名景点仅十分钟车程。通过酒店与周边景区的旅游资源整合，中州国际酒店集团不仅提供优质的住宿服务，还让游客能够深度体验当地的文化和旅游资源，实现了酒店与景区的联动效应。中国嵩山少林寺少林接待中心还与政府、旅游协会及其他机构合作，助力河南省旅游产业发展，提升了登封市的整体接待水平。

图 4-7　登封中州国际少林大饭店

2. 特色民宿：信阳何家寨露营地与中州悦隐·南湖山居

中州国际酒店集团与信阳市景区的合作包括何家寨露营地与中州悦隐·南湖山居项目（见图4-8和图4-9）。2021年12月30日，中州国际酒店集团与河南旅辰旅游开发有限公司签约合作信阳何家寨露营地项目，联手打造何家寨中州国际度假野奢帐篷酒店、中州悦隐悬崖民宿和中州悦隐城堡民宿。何家寨露营地位于十万亩茶园的核心产区，拥有茶园、山谷、河流等独特景观。中州国际酒店集团与河南旅辰旅游开发有限公司携手，充分利用当地丰富的茶文化资源，为客户提供独特的自然和文化休闲体验。[①] 2023年10月8日，中州国际酒店集团签约信阳中州悦隐·南湖山居，共建高端、特色民宿休闲度假地，推动城市文旅创新发展。通过深度挖掘信阳市的自然与人文资源，集团将酒店、茶文化、山景与民俗元素相结合，凭借自身的品牌影响力和标准化运营管理经验，将信阳本土的自然资源与文化资源整合到酒店业务中，构建了以茶文化为核心特色的旅游体验项目。信阳中州悦隐·南湖山居项目专注于信阳"茶、菜、水"三大特色文化，酒店设计简约时尚，设有24小时咖啡厅和茶室，为顾客营造独特的社交氛围，使他们在低调的文化气息中获得舒适雅致的星级体验。[②]

何家寨露营地和中州悦隐·南湖山居项目在为不同客户群体提供独特的休闲度假方式的过程中实现了与消费者的价值共创，体现了非标酒店更加个性化和多样化的服务特色。何家寨露营地则以"豫风楚韵"为主题，融入高空溜索、音乐酒吧、剧本杀等丰富多彩的娱乐项目，为游客带来更具冒险性与娱乐性的休闲项目。在优美的自然环境中，客户可以体验信阳的茶文化、山谷风情与民俗特色，享受多元化的休闲度假体验。同时，信阳本土的红色文化是教育人、激励人、塑造人、厚植爱国情怀的生动课堂。何家寨也是红色文化研学课堂、爱国主义教育圣地。在何家寨观瞻红色石屋，重走将

---

① 作者与中州国际酒店集团信阳何家寨露营地项目总经理朱国华先生的访谈，2024年6月28日，于信阳。

② 作者与中州悦隐·南湖山居项目总经理苏勇先生的访谈，2024年6月28日，于信阳。

军岭，驻足曙光门，聆听红色故事，追寻红色记忆，传承红色文化，赓续红色血脉。

图 4-8 信阳何家寨露营地

中州悦隐·南湖山居具有简约时尚的现代民宿装潢风格，以"醇享生活"为价值主张，独特的 24 小时咖啡厅和茶室营造富有格调的社交氛围和浓郁文化气息中的低调生活态度。茶室、社交空间和民俗风情的融合，让顾客体验"返璞归真、回归自然"的居住意境。中州国际酒店集团凭借其品牌影响力与综合平台资源，帮助整合信阳的旅游和自然资源，实现了企业与地方旅游文化产业的互利共赢。中州国际酒店集团通过与何家寨露营地及中州悦隐·南湖山居项目的跨界合作，实现了资源整合和创新发展的目标，打造了具有区域特色和市场吸引力的高品质旅游项目。形成了"以茶促旅，以旅带茶，茶旅互动"的良好局面，茶旅融合绘就绿水青山新画卷。

图 4-9 信阳中州悦隐·南湖山居

3. 旅游观光：小浪底中州国际饭店与中州悦隐·伏羲山会盟山居

2016 年 3 月 31 日，中州国际酒店集团与小浪底水利枢纽风景区旅游服务合同签约仪式在黄河小浪底旅游开发有限公司举行，标志着中州国际酒店集团在以酒店管理为主业的大框架下跨界发展迈出了重要一步（见图 4-10）。黄河小浪底水利枢纽风景区位于济源市西南 30 公里黄河中下游交界处，地跨黄河南北两岸，交通便利。西起八里胡同，东至黄河西滩，全长 54 公里，分为四大精华景区：西霞湖、大坝湿地公园、张岭半岛、黄河三峡。黄河小浪底水利枢纽风景区以黄河上最大的水利工程小浪底水利枢纽工程为依托，以黄河文化及水文化为内涵，多角度展示宏伟壮阔的治黄工程、厚重的黄河历史文化、俊秀迤逦的黄河山水画卷，并通过深度体验，唤起中华儿女对母亲河的情感回归，从而满足人们观光、休闲度假、科学考察、爱国主义教育等需求。完善的服务设施和优质的接待服务使景区先后被评为"国家级水利风景区""国家 4A 级旅游景区""国家级环保样板工程""全国一流生态旅游精品""中国最具吸引力的地方""河南省十大旅游热点景区""河南省十大最美丽的湖"。"小浪底樱花节"入围"美丽中国品牌节庆榜""中国最负国际盛名休闲旅游节庆"等，是中原地区最具特色的风景线之一。中州国际酒店集团与黄河小浪底旅游开发有限公司合作共赢，强强联合，充分发挥两家公司强大的企业文化及管理优势，利用中州国际酒店集团在品牌、资源、人才、市场、技术、客源及管理上的优势，力争把黄河小浪底水利枢纽风景区打造成为河南省旅游业及国家水利系统最具实力的一流景区。

中州国际酒店集团与新密市伏羲山会盟山居民宿服务有限公司携手打造的中州悦隐·伏羲山会盟山居，不仅提升了伏羲山旅游区的旅游品质，更把新密市旅游发展推向一个新高度（见图 4-11）。

中州悦隐·伏羲山会盟山居项目位于河南省新密市西北部伏羲山旅游区内，风景秀美，交通便利。中州悦隐·伏羲山会盟山居项目占地 70 亩，建筑面积约为 3000 平方米，拥有客房 29 间，餐厅包厢 9 间，帐篷书屋 1 座，泳池 2 个，泡池 4 个，是目前国内唯一一家拥有悬崖泳池的民宿，设计理念

图 4-10　黄河小浪底水利枢纽风景区

资料来源：中州国际酒店集团微信公众号。

先进，功能完善，是集餐饮管理、住宿服务、休闲观光为一体的高端精品民宿。伏羲山旅游区规划面积 36 平方公里，拥有省级旅游度假区 1 个，国家4A 级旅游景区 3 个，国家 3A 级旅游景区 1 个。是集奇峡幽谷、流泉飞瀑、丹霞石林、兰草红叶、雨墨云烟于一处的大型自然山水景区，其峡谷风情、高山美景、丹霞地貌、田园风光和红色印记等旅游资源堪称中原一绝。历史文化底蕴厚重，既是旅游观光、休闲度假、修身养性的福地，也是追溯中华民族之源、寻根问祖的圣地。

4. **高品质商务接待：洛宁中州华悦饭店与周口中州国际大饭店**

2020 年 8 月 17 日，洛宁中州华悦饭店项目签约仪式在郑州新华中州国际饭店举行，该项目是洛宁县内目前唯一按照五星级标准设计建造的园林式度假酒店；项目总投资近 6 亿元，占地 63 亩，总面积为 50559.71 平方米（见图 4-12）。

中州华悦饭店定位为五星级轻奢精品型饭店，将文化、艺术、生活融为一体；建成后的洛宁中州华悦饭店是集住宿、餐饮、政务接待、商务会议、

图 4-11　中州悦隐·伏羲山会盟山居

图 4-12　洛宁中州华悦饭店

休闲度假为一体的综合性五星级酒店项目，是中州国际集团布局洛阳区域的第七家品牌酒店。星级酒店代表着当地旅游的品质，中州国际高端酒店品牌的入驻有助于提升洛宁的旅游品质、城市品位和接待水平，带动当地经济发展。洛宁是中华文明发祥地之一，历史古迹众多，文化底蕴厚重，发展潜力巨大。洛宁县政府与中州国际酒店集团的战略合作，有利于加快洛阳副中心城市建设，提升洛宁城市品位，优化城市配套设施，对当地文旅产业发展也具有十分重要的意义。

2024 年 6 月 12 日，周口中州国际大饭店合作签约暨揭牌仪式在周口商水举行。周口中州国际大饭店是按照五星级酒店标准设计建造的高品质商务型酒店，地处"伏羲故都，老子故乡"周口，文化氛围极为浓郁，酒店主要定位为高档政务商务酒店。饭店位置优越，装修幽雅精致，以为政务商旅客人和会议组织者提供量身打造的专属服务和高度个性化的钻石级服务为特色。

该项目是商水县人民政府招商引资项目，中州国际酒店集团将发挥其在品牌价值、管理模式、文旅资源、人才技术等方面的优势助推当地文旅产业高质量发展，实现双方资源融合，开启文化旅游、高端商务政务接待等多方面合作，互利互惠、携手共赢。目前中州国际酒店集团已在周口布局六家品牌饭店，集团旗下四大品牌也悉数落地周口区域。中州国际大饭店是集团旗下的高端饭店品牌，周口中州国际大饭店的顺利签约运营，将使顾客有更多机会感受中州国际独特的服务文化，开启美好的尊享之旅，品味"中州国际"典雅精致的生活方式。在周口市委、市政府和商水县委、县政府的大力支持下，周口中州国际大饭店必将成为当地的形象窗口和城市名片，助力周口市商水县城市文旅产业发展及经济文化交流。

（四）"酒店+数字化"

1. 智慧营销与智能管理平台

构建酒店新质生产力，需要推动酒店技术研发与运用，推进前瞻引领新产业的基础设施建设。部分人对酒店业存在偏见，认为酒店只是对客服务，能使用的新技术也只是送菜机器人等简单的智能应用设施，事实上酒店新技术的研发与应用远不止于此。中州国际酒店集团与国内知名云 PMS 服务商石基集团签约，携手打造集团化、全方位的智能管理、智慧营销平台。石基集团的 iHotel 云平台具备在集团管理、资源整合、在线直销与分销等方面的技术优势，通过这个平台，集团能够将旗下酒店品牌的管理、预订、CRM 管理、ADM 管理、BI 智能分析等融为一体，全面整合资源。该合作将帮助中州国际酒店集团合理调配内部资源，挖掘最大价值，同时创新产品组合方式、拓宽营销渠道，为集团持续扩张和用户体验提升打下坚实基础。

2. 高端饭店项目的数字化技术支持

2022年2月10日，中州国际酒店集团与河南郑州安视博科技有限公司正式签约中州华悦五星级酒店项目。该项目位于郑东新区CBD，凭借智能化设施和完善的娱乐、餐饮、会议等配套服务，为顾客提供综合性高端酒店体验。中州华悦饭店拥有庄重的外观和精致的内饰，将文化、艺术、生活与现代时尚相结合，为客户提供奢华舒适的住宿环境。河南安视博科技有限公司以其物联网技术和数据资源优势为酒店项目提供强大的数字化技术支持，确保设施和服务的智能化和高效管理。中州国际酒店集团通过引入数字化科技提升酒店集团的智能化水平和管理效率，将物联网和交通数据资源优势融入酒店设施，为高端酒店项目提供全方位的数字化技术支持。这一跨界合作为中州国际酒店集团在新的市场竞争环境下开创了新的发展局面，提高了品牌的市场竞争力和客户满意度，奠定了坚实的技术基础。

3. 集团数字化管理体系的建立

近年来，集团旗下各品牌酒店加快数字化转型，加强大数据的应用和分析。通过对这些市场数据的收集和分析，集团旗下酒店掌握了更多市场供求变化数据和酒店潜在市场数据，确定了酒店在竞争市场中的定位，从而使集团制定了准确的营销策略，确保市场产品价格和服务品质的合理与准确。通过数字化统计和分析，中州国际酒店集团旗下酒店在经营中有诸多获益，如通过客人在酒店的消费、喜欢的房间类型、所使用的订房渠道、平均住宿天数、入住酒店的行程原因、喜欢的菜肴等信息，酒店能够提前充分掌握客人的消费行为与兴趣偏好。在客人再次入住时，酒店可以提前做好准备，提高客人的满意度，将客人发展为酒店的忠实客户。集团旗下品牌酒店郑州绿城中州国际大饭店在数字化转型进程中，在中央空调节能控制、客房智能化管控、PMS管理系统和楼宇用电数字化系统方面，都实现了良好的效果和收益。集团通过建立大数据中心，完成旗下酒店经营数据、成本数据等的收集、分析和整理，帮助集团旗下酒店进行客户分析、能耗管理、人工管理等的精细化和高效运营。集团通过数字化管理系统，对旗下酒店设备进行可视化管理，提供监测和预检修服务，降低设备故障率，提高设备利用率和安全性。通过数字化推广，集团旗下酒店实现客人入住、选房、退房、开发票等全程自助服务功能，节约客人办理时间，提升客人满意度。通过数字化、智能化技术如手机 App，实现客房温度、灯光、娱乐、生活辅助等方面的智能控制和个性化定制，提升客人住宿体验。未来，中州国际酒店集团还将应用根据人工智能和数字孪生技术开发出的全新物业管理体系，努力打造个性化智慧酒店。数字化物业管理体系既可以实现综合信息管理、自主运行控制、设备设施运维、能源与碳排放管理，还能实现智能无人值守，减少运行值班人员数量、故障处理时间和降低排放诊断成本等。

（五）"酒店+艺术"

1. 杂技魔术艺术体验

2024 年 3 月 20 日，中州国际酒店集团与河南省杂技家协会签署战略合作框架协议，在杂技魔术马戏进景区、进酒店、进万家以及魔术小剧场打造等方面进行实践探索。双方秉承"优势互补、共建双赢"的原则，共同培育推进"杂技魔术+旅游""杂技魔术+酒店"融合新业态，打造一批思想性、艺术性、观赏性有机统一，内容丰富的杂技文化产品，携手推动杂技演艺事业和区域文旅融合的相互转化。

此次合作充分发挥了杂技和魔术表演的独特魅力，将艺术巧妙融入酒店服务，为客人提供丰富多样的住宿体验。河南省杂技家协会拥有专业的表演资源，而中州国际酒店集团提供优质的场地和庞大的客户基础，双方在合作中实现资源共享，创造了文旅融合的新业态。酒店客人可以在住宿期间近距离欣赏精彩的杂技和魔术表演，提升了住宿的附加值并加强了客户对酒店品牌的黏性。与此同时，这次合作还涉及多个利益相关者，包括政府、旅游协会、杂技协会和酒店管理公司等。多方协同合作，优势互补，共同创造了具有文化价值和娱乐性的产品，并将河南省的杂技和魔术推广到更广阔的旅游市场。

2. 文化艺术主题酒店：海口大鹏中州国际饭店

海口大鹏中州国际饭店（见图 4-13）是一家四星级文化艺术主题酒店，由大鹏集团投资兴建，中州国际酒店集团管理，酒店占地 50 余亩，坐落于风光秀丽的国家 4A 级旅游景区盈滨半岛。酒店第 10 层的大鹏美术馆收藏众多国画精品，使酒店成为真正的文化驿站。艺术与酒店的“联姻”促进了商业和当代艺术的并存，但“酒店+艺术”绝不仅仅是挂几幅壁画、放几个装饰品，而是建筑外观、空间设计和艺术品选择的整体统一，是设计创造适宜客人生活与活动的空间。要做到这一点，设计师要重视对人体工程学、环境工程学、审美心理学、社会意识形态等多方面的研究。该酒店的设计真正做到了以人为本，把“人”的需要放在首位，从物质功能和精神体验两方面实现“住酒店、品艺术”的时尚旅行方式的设计理念。

图 4-13　海口大鹏中州国际饭店

除此之外，中州国际酒店集团还与中原出版集团携手将新华书店“尚书房”品牌成功引入河南大学校园内的开封中州颐和酒店，书店与酒店的场景整合既提高了书店的阅读体验，也拓宽了同场景内所提供的服务功能，为在校大学生和顾客“提供了一种生活方式”；郑州新华中州国际饭店的记忆时光酒店、拾光阁西餐厅、杜岭街老郑州文化,成为怀旧老郑州的打卡地;集团管理多年的北京东交民巷饭店、老巷子餐馆再现当年老北京印象。

综上所述,酒店业新质生产力体现为以科技创新驱动产业发展,建设现代化酒店产业体系,形成酒店先进生产力。"新"可以是新技术、新业态和新模式,"质"指的是高效能和高质量。中州国际酒店集团新质生产力的培育主要体现在以下几个方面。一是融合新技术、新业态和新模式,让中国酒店业实现"创道引领",精准应对市场,让酒店产品回归服务本质。二是以酒店为载体,以文化为灵魂,以新旅行方式、新生活方式、新生产方式为核心的产业多元融合创新,推动酒店产业高质量发展。随着科技的迅猛发展和产业结构的深刻变革,理解、认知和发展新质生产力已成为当下我国实现产业转型升级和高质量发展的内在要求和重要着力点。新质生产力为中州国际酒店集团的未来发展注入了强大的动力,通过智慧酒店建设、个性化服务提供以及可持续发展理念实践,中州国际酒店集团将不断提升自身竞争力,为客人带来更加美好的住宿体验。

第五章
中州国际的社会责任担当
与品牌的持久竞争力

　　企业社会责任的履行不仅体现企业对经济、社会和环境的全面关注，也是品牌可持续发展战略的重要组成部分。现如今越来越多的企业认识到，仅仅通过口碑、回报率等传统维度已远不足以塑造品牌影响力，履行社会责任是企业获得持久竞争力的核心要素之一。学界研究同时表明，企业社会责任的表现与员工、投资者和客户的认同感与忠诚度，企业品牌价值提升表现出极为显著的关联性。中州国际酒店集团的社会责任履行实践证实了大企业、大责任、大担当有助于树立企业良好的声誉，并在公众心目中塑造积极的品牌形象，从而获得了投资者、消费者等利益相关者多方的长期信任和支持。

第一节　企业社会责任与品牌可持续发展

一　社会责任的概念

（一）社会责任的内涵

英国学者奥利弗·谢尔顿（Oliver Sheldon）最早提出企业社会责任的概

念，他把企业社会责任与经营者满足产业内外各种人类需要的责任联系起来，呼吁企业既要思考员工和股东等内部群体的利益需求，又要思考消费者、政府、社区等外部利益群体的诉求，认为企业社会责任含有道德因素在内。① 企业社会责任目前已经越来越多地受到企业界和理论界的关注，并且对其内涵与外延有着不同视角的解读。

笔者认为目前在不同学派的观点中，卡罗尔（Carroll A. B.）关于企业社会责任内涵与外延的界定更为全面与合理。他把企业社会责任定义为"某一特定时期社会对组织所寄托的经济责任、法律责任、伦理责任和慈善四个方面的期望"，并以"金字塔图"描绘了不同层次（见图5-1）。②

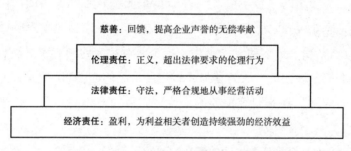

图 5-1　卡罗尔企业社会责任的"金字塔图"

卡罗尔描绘了企业社会责任的四个层次。企业最基本的层次是经济责任，即企业的根本责任是维持生存与可持续发展，通过提高效率、创新和优化资源配置，确保其商业模式在经济上的长期稳定性和盈利能力，这也是保证企业履行其他社会责任的物质基础。企业同时必须遵守所在国家和地区的相关法律法规，依法经营，然而法律常常因为滞后或立法者局限性等原因，无法涵盖社会对企业的所有期望。因此，在盈利与合法的基础上，作为企业公民

---

① Sheldon O., *The Philosophy of Business：A Treatise on the Principles of Social Responsibility*, A. W. Shaw Company, 1923.

② Carrol A. B., "The Pyramid of Corporate Social Responsibility：Toward the Moral Management of Organizational Stakeholders," *Business Horizons*, 1991.

（Corporate Citizen），① 企业还被社会期望遵守正确、正义和公平的，却尚未形成法律条文的价值观和规范，即伦理责任，从而避免或尽量减少对利益相关者的损害。至于金字塔顶端慈善，则完全取决于企业的自觉意愿，既非强制或法律要求，也非利益相关者对企业一般伦理方面的期望，社会往往期待企业成为一位优秀的企业公民，多行善，为社区生活质量的改善作出财力和人力资源方面的贡献。卡罗尔强调了企业的义务是使对利益相关者的正效用最大化，而尽量减少其负面影响。这一定义为理解企业在社会中的作用提供了一个全面的框架，强调企业应超越单纯的经济目标，积极履行对社会的责任。企业需要把企业公民的哲学理念付诸实践，而非停留在口号上。

然而，卡罗尔的"金字塔图"并非指企业按照由低到高的次序履行其责任，而是企业应同时履行其所有的社会责任。现代管理学大师德鲁克在《管理：任务、责任、实践》一书中，把企业对社会的影响和对社会的责任作为管理的第三项任务，认为其与"取得经济上的成就""使工作富有活力并使职工有成就"具有同等重要的地位，应在同一时间和同一管理行为中去执行。②

（二）企业社会责任的本质内涵

企业社会责任的本质内涵就是，除了法定的经济责任外，企业还必须履行其对所有利益相关者的道德责任。企业的利益相关者有两类，③ 一类是主要利益相关者（Primary Stakeholders），包括员工、客户、投资者、股东、政府监督机构、供应商以及提供必要基础设施的机构和社区，他们对企业的生存起着重要的决定性作用；另一类是次要利益相关者（Secondary

---

① 美国波士顿学院企业公民研究中心释义："企业公民是指一个具有将社会基本价值与日常商业实践、运作和政策相整合的行为方式的企业。一个企业公民认为公司的成功与社会的健康和福利密切相关，因此，它会全面考虑公司对所有利益相关人的影响，包括雇员、客户、社区、供应商和自然环境。"美国安利公司总裁德·狄维士表示，"我们应该将公司视作社会的公民，一个有着自己'感情和想法'的公民，他在参加经济活动时，也承担着一定的社会责任"。企业公民的概念强调了企业作为社会的一个主要部分，有权利也有责任为社会的一般发展作出贡献。

② Drucker P. F., *Management: Tasks, Responsibilities, Practices*. Harper & Row, 1974.

③ Clarkson M. B. E., " A Stakeholder Framework for Analyzing and Evaluating Corporate Social Performance. ," *Academy of Management Review*, 1995: pp. 92-117.

Stakeholders），包括媒体、行业协会、竞争者和特殊利益团体等，他们通常不参与公司业务，但有一套价值观和行为标准判断企业行为是否可接受。

一般而言，具体行业或企业所在的环境不同，企业的利益相关者及其对企业的期望也不相同，企业需要识别不同的利益相关者并在社会责任承担方面给予积极回应，确保其行为符合和超出利益相关者的预期。员工要求企业确保工资和健康福利水平符合行业和本地标准；企业需要讲诚信，保护消费者的知情权和自由选择权，确保信息披露和产品安全等；企业有责任选择符合道德标准的供应商，确保原材料和产品的生产过程符合社会和环境标准；针对环保群体的期望，企业需要将产品和服务对环境的不利影响最小化，在推动经济发展的同时寻求与生态保护的平衡，避免对自然环境和生物多样性造成不可逆转的损害；而社区是企业赖以生存的环境，正如土壤和空气一样给企业提供生存和发展的机会和空间，因此企业不仅要做好企业公民，还要充当主角；政府在市场经济条件下通过监督、协调和服务，代表国家维护公共利益，企业要积极支持政府组织的社会公益活动等。例如，香港嘉里酒店是香格里拉酒店集团旗下的一家豪华酒店，该酒店的可持续发展和企业社会责任主要围绕五个关键领域：社区参与、环境和生物多样性、员工发展、可持续供应链、健康与安全。①

二　企业社会责任及其品牌的持久竞争力

（一）企业社会责任与企业品牌持久竞争力呈正相关

早在 2500 多年前，老子就提出"道者，物之所由也；德者，物之所得也"的精妙论断，"道"通常指代正确的行为准则、道路或方法，"德"则指道德品质或遵循这些准则的能力，说明"道"、"德"与"得"在本质上的相通性。

当前，越来越多的企业意识到讲究伦理道德、承担社会责任所带来的成

---

① 香港嘉里酒店官网，https：//www.shangri-la.com/cn/hongkong/kerry/about/corporate-social-responsibility。

效和长期回报。这是因为做好企业公民本身就是对自我形象的宣传，直接决定员工、投资者和客户对企业的认同感与忠诚度，满足政府和社会期望也会提高企业的品牌影响力和市场核心竞争力，并进一步实现全球可持续发展目标。首先，社会责任的实践有助于塑造酒店的正面形象，因为它向公众展示了企业的价值观和承诺，这对于取得消费者信任至关重要。当酒店在环保、社区服务、员工福利和公平贸易等方面表现出积极的行动时，这些行为会被视为其品牌文化的一部分，从而吸引那些具有相同价值观的顾客。其次，社会责任的实施能够增强员工的归属感和忠诚度。当员工认为他们工作的公司不仅关心利润，而且关心社会福祉时，他们更可能对工作感到满意，并将这种积极态度反映在客户服务中。这种内部文化的强化反过来又能提高客户体验，进一步巩固品牌形象。最后，社会责任的承担可以作为差异化策略，帮助酒店在竞争激烈的市场中脱颖而出。通过强调其社会责任活动，酒店可以吸引那些寻求可持续旅游或有社会意识的消费者。然而，社会责任的实践需要真诚和一致性，如果酒店的社会责任行为被视为营销手段而非真正的承诺，那么可能会损害品牌声誉。因此，酒店在推广其社会责任活动时必须确保这些行动与其核心价值观相符合，并且在所有层面上都得到贯彻执行。大多数研究表明，当企业被置于社会责任指数排行榜上的时候，利益相关者的正向反应会很积极。公司的社会责任与经营业绩之间有着正相关关系。[①] 这正体现了社会交换理论的思想，社会交换是建立在信任基础上的自愿性活动。[②] 信任是交换行为的基础，只有双方之间建立信任，才会采取相应的回报行为。

　　一个好的企业能为顾客提供优秀的产品和服务，而一个伟大的企业不仅能为顾客提供优秀的产品和服务，还能竭尽全力使这个世界变得更美好。福特汽车公司现任董事长兼首席执行官比尔·福特（Bill Ford）相信，任何企业的长期成功都离不开持续为客户、员工和社区创造价值，同时也要关爱地

---

① Robbins S. P., Coultar M., *Management*, Fifth Edition, New Jersey: Prentice Hall International Inc., 1996.

② Blau P. M., *Exchange and Power in Social Life*, New York: Wiley, 1964.

球。主动承担社会责任，是确保企业基业长青的战略选择，这往往体现在企业文化特别是企业的愿景、使命和价值观中。例如，福特汽车公司诞生于1903年，自创立之初就一直秉承"创建一个更美好的世界，让每个人都能自由出行，追逐梦想"的宗旨。这不仅是企业自创立以来多年的使命传承，也是企业不断追求的未来发展方向。追求"可持续发展目标"一直是福特汽车公司的长期发展战略核心，截至2024年，福特汽车公司已连续25年发布《可持续发展报告》（Sustainability Report）。2024年的报告专注于福特公司可持续发展目标实施方案中关于"产品和服务、环境保护、社会影响、公司治理"等四个方面。

（二）企业伦理文化是企业承担社会责任的道德基础

发展出一个符合全球和社会标准的伦理文化（Ethical Culture），是督促企业主动承担社会责任、选择符合商业伦理行为的重要基础。伦理文化作为企业文化的重要组成部分，其价值观和标准被认为是组织最恰当的实践。它的目标是最小化对强制合规执行的要求，与此同时最大化对伦理原则的运用。如胖东来作为一家河南本土的零售企业，不仅在商业上取得了成功，更在社会责任和企业伦理文化方面树立了典范，赢得了消费者和社会的广泛认可。胖东来坚持"只有员工幸福，顾客才会幸福"的经营哲学，认为提高员工的幸福感是企业提供优质服务和提高顾客满意度的基础。创始人于东来打造出被称为"6A级旅游景区"的胖东来超市，将"爱和自由"理念不断融入企业文化，在残酷且充满厮杀的商业战场，建造一座乌托邦。作为老板他痛恨"内卷"，规定"员工每天只上7小时的班""员工每年强制休假40天""员工想请假，不许不批假""中高层如果18：00后还在公司，发现一次罚款5000元"等一系列看似很反常理的硬规定，实际上为的是员工能够快乐工作、快乐生活，这些无疑是对员工真实需求的尊重和满足。胖东来非常重视员工的福利和工作环境，提供高于行业平均水平的收入，并将大部分公司利润分给员工。试想在如此人文关怀下，哪个员工不会产生幸福感？又如何不会对企业产生归属感与认同感？员工只会更加珍惜工作机会，以更高的工作热情和创造力为顾客提供微笑服务，为企业的发展贡献自己的力量。

因为胖东来的服务伦理是"强制员工对着顾客笑是不道德的，是对人性的扭曲，服务应该是真诚的而不是一种表演"。[①]

第二节 酒店企业社会责任及其品牌的持久竞争力

"企业文化理论之父"沙因指出，企业伦理的核心是人高于物、群体高于个体、社会高于利润，坚持这三条核心价值观，企业可以做到百年不衰；企业伦理的本质是价值排序和伦理排序，诚信是其灵魂。这些价值观原则在企业社会责任（CSR）和环境、社会及治理（ESG）实践中尤为重要，它们指导着酒店企业在面对道德和经营决策时如何平衡不同利益相关者的需求。通过这些原则，企业可以建立一个更加公正、包容和可持续的经营模式，促进企业与社会、环境的和谐共生。在实际应用中，这些原则要求企业领导者和管理者在成熟的企业社会责任认知的基础上制定战略和日常运营，不断反思和评估其决策对所有利益相关者的影响，确保企业的长期成功不仅仅建立在财务表现上，还建立在对社会和环境的积极贡献上。

一 酒店业社会责任与酒店品牌可持续发展

（一）中国酒店业关于社会责任认知的发展

中国酒店业履行社会责任的实践与认知经历了一个长期的发展过程。中华人民共和国成立后，政府对一些老酒店进行整顿改造，并新建了一批宾馆，主要任务是接待领导人和外宾。在计划经济体制下，企业承担的多是"政治任务"，因此这一阶段酒店的社会责任主要体现在以下三点。一是为政府和外宾提供服务，满足国家对外交流和接待的需求。二是酒店业作为劳动密集型产业，在一定程度上为社会提供就业机会，促进劳动力的合理配置。三是酒店作为接待外宾的重要场所，也是文化交流的重要窗口，促进了中外文化的交流与融合。

---

① 《2024 东来说》节目。

随着改革开放的不断深入和社会主义市场经济体制的建立，中外合资酒店兴起，中国酒店业开始引入国际酒店先进的管理经验和技术，以满足国内外游客的需求。由于在改革开放初期我国酒店业面临的市场环境与国际市场存在较大差异，"以经济建设为中心"让大多数企业无暇他顾，导致社会责任在追逐国民生产总值的过程中逐渐失语；与此同时，改革开放初期我国关于企业社会责任的法规和政策尚不完善，缺乏对企业履行社会责任的引导和规范；且国内消费者对企业社会责任的意识和要求相对较低，这也在一定程度上影响了酒店业在社会责任方面的发展。此时，企业社会责任理念在经济全球化背景下经过 20 多年的发展，已成为各跨国企业竞相追捧的国际潮流，并已成为世界一流跨国酒店核心竞争力的重要组成部分。在这场全球化的企业社会责任建设中，中国酒店业与国际酒店业的差距也在逐渐拉大。

但是随着改革开放的不断深入和社会主义市场经济体制的不断完善，短时间内中国的酒店企业就已经在各地百花齐放。我国酒店业不仅在经营管理上更加注重社会责任，而且在文化传承、环境保护等方面也展现了积极作为，在社会责任方面与国际酒店业的差距逐渐缩小。第一，中国酒店业通过引入国际管理集团的管理理念和实施现代化科学管理，开始接轨国际标准，提升服务质量和管理水平，而国家标准如《旅游饭店星级的划分及评定》的出台，也推动了酒店业的标准化和规范化，强化了酒店业的社会责任意识。第二，随着消费者对住宿体验要求和社会责任意识的提升，酒店业更加关注客户需求和满意度，开始推行绿色酒店理念，注重节能减排和可持续发展，体现了对环境保护的社会责任，并且互联网技术的发展，尤其是在线旅游平台（Online Travel Agency，OTA）的兴起使得酒店业更加注重客户反馈和服务质量，从而提升了对社会责任的认识。第三，酒店企业开始从短期公益慈善活动转向长期和系统性的社会责任管理，更加关注利益相关方的长期回报和社会的可持续发展。第四，在发展中酒店企业更加注重民族文化的传承和创新，通过打造具有中国特色的酒店品牌，强化民族文化自信和社会责任。第五，酒店企业更加注重多元化的社会责任，包括提升服务质量、保障消费者权益、促进就业、参与社区发展、直接对接帮扶贫困村、助力乡村振兴等。一些酒店企业开始发布 CRS 报告或 ESG 报告，记录和展现餐饮住宿行业在履行社会责任、发扬行业风采、引领行业进步、构建和谐社会等方面的历程。

作为服务行业，酒店企业更加深入和多元化履行社会责任，不仅有利于利益相关者，也是对本企业员工最好的教育方式；同时因为树立了良好的企业公民形象，对同行也有示范、带动作用，进而能够造福全社会。总之，在社会主义市场经济体制不断完善的过程中，面对经济高速发展带来的社会问题，我国酒店业通过促进就业、提高生活水平、保护环境等措施，展现了对社会责任的积极应对和承担。

（二）市场经济环境下酒店企业的 ESG 实践

市场经济环境下，投资者为了更好地评估企业的价值，对企业履行社会责任的行为按照环境（Evironment）、社会（Society）和治理（Governance）三个要素进行了更加清晰的界定和要求。ESG 不仅仅是企业社会责任的实施或公益活动的堆叠，而是一种系统性战略思考，将企业与企业赖以生的行业生态、经济环境乃至全人类与之共生的社会环境、自然环境融合，获得一种正面的双向奔赴，即企业对外部环境产生正面影响，外部环境反哺企业，赋予企业可持续发展的可能。酒店业作为一个庞大的产业，不仅其本身，而且其上下游产业均与民生、道德、社会责任息息相关。酒店企业从"E"的角度，可以基于本地资源实际，从规划设计、开发建设、节能减排展开；从"S"的角度，以增加就业、帮扶弱势群体、促进文化交流、消除误解、增加企业及社区幸福感为己任；从"G"的角度，可以进行持续投入，迭代发展技术，保护数据安全性和用户隐私等。酒店企业作为一个地方对外交流的载体与平台，通过贯彻 ESG 理念与举措发挥其品牌辐射力与影响力，如锦江集团及下属企业、控股公司每年都积极参加慈善社会活动；作为全球酒店行业龙头，万豪国际集团积极响应国家"双碳"目标，在 2021年 9 月提出"最晚于 2050 年实现净零排放"目标，将可持续发展理念融入中国区酒店的运营中，包含减少浪费、尽责采购、节能减排、"益起旅行"以及员工培训五大方面，每年的 5 月 17～19 日这周是万豪国际集团的"员工感谢周"。

不可忽视的是，ESG 要求酒店企业在利益相关者多方之间做好平衡，如平衡环境保护与宾客体验，环保举措不能影响宾客体验；酒店企业需要搭建和维护绿色供应链，确保供应商提供的产品符合环保标准，同时满足宾客的期望；酒店企业通过使用可再生能源、优化能源管理、减少资源浪费等措施降低自身的碳足迹，同时确保这些节能措施不会影响酒店的服务质量和宾客的舒适度；酒店企业通过参与社区服务、提供就业机会、支持社区文化和公益活动，提升品牌形象和社会影响力；酒店企业应优化公司治理结构，确保决策过程透明、公正，包括董事会的多元化、高管薪酬政策、继任计划等，同时要加强利益相关方的信任。

二　数智化背景下酒店企业社会责任的新议题

面对旅游业的发展和消费者对高品质住宿体验的不断追求，酒店行业正积极拥抱创新，探索数字化转型、个性化服务、社交属性提升以及绿色可持续发展等多元化发展路径。数字化的变革升级在保护环境的同时也为顾客提供了更加便捷的服务，例如门卡从塑料到环保塑料，到再生木质材料，再到技术引领的蓝牙门锁，酒店企业 ESG 实践的递进，在数字化时代为客人带来的便捷并没有牺牲任何品质感，反而赋予其与时俱进的科技感。然而，在酒店业全方位实施数字化革新、客户体验全面升级的背景下，酒店企业也开始面临社会责任的新问题。例如，旅游数智伦理是数字经济时代我国旅游业实现高质量发展和提升游客和员工获得感、幸福感、安全感的重要保障，负责任的数智创新需要打造旅游企业数字伦理战略和文化，规范游客数字运用行为。①

首先，针对酒店的核心利益相关者消费者，酒店业会对客户数据进行收集和分析，如何保护客人的隐私权和知情权，确保个人信息不被泄露和滥

---

① 谷建敏、谷慧敏、李彬、吕点点：《科技向善：旅游数智伦理与负责任的数智创新》，《旅游学刊》2023 年第 10 期。

用，知晓酒店如何收集、使用和存储他们的个人数据，以及这些数据如何被用于个性化服务等成为重要的社会责任议题。尽管 AI 技术的发展使酒店业经营更加高效，但人性化服务仍然是客户重视的关键因素之一。客人期待在旅途中获得独特的体验和关怀，AI 虽然可以模拟人类交互，但在处理复杂的情感和非标准化需求时，仍然存在局限性，影响了酒店的人情味和人性化服务体验。另外，酒店业数字化转型涉及在线预订、移动支付、客户关系管理等多个环节，旨在提升酒店服务效率和客户体验，然而数字化服务可能加剧数字鸿沟，使得一些不熟悉技术的客人难以享有公平交易的权利。

其次，员工是酒店企业运营的基础，员工既能够明显感知酒店的社会责任，又可以促进酒店企业的可持续发展，员工对于酒店承担社会责任的感知会影响其工作投入程度和敬业程度。[①] 随着技术的发展，员工需要适应新的服务模式，如基于移动应用和在线平台的客户服务。因此员工需要接受新的培训以适应数字化转型，同时酒店企业也需要关注他们的职业发展路径，未来人工智能应用可能会取代一些传统岗位，如前台接待、客房服务等，引发员工冗余及失业问题。

最后，数智化不仅关乎酒店企业效率的高低，更关系到"企业公民"的形象，并进一步影响企业的持续竞争和抗风险能力。例如，未来企业可能会面对 AI 责任归属的难题，即 AI 是否有资格成为某一事件（或后果）负责任的行为者，而不仅仅是由人类操控的技术工具；AI 在辅助酒店决策时，其算法和决策过程的透明度和公正性需要得到保证。

需要说明的是，无论技术如何更新换代，管理者特别是创始人或企业家的社会责任认知，直接决定着企业能否将社会责任融入企业发展战略规划，确保社会责任的长期性和系统性。希尔顿酒店创始人康拉德·希尔顿（Conrad Hilton）在其自传《旅店大王希尔顿》一书中写道："一个人、一个企业，有权利塑造世界，决定世事的方向，但是，一个人所能做的，只能

---

① 李锋：《酒店社会责任感知对员工敬业度的影响研究》，硕士学位论文，四川农业大学，2022。

是与世人共同合作，创造更加幸福美满的社会。"四季酒店集团的创始人、董事长与首席执行官伊萨多·夏普（Isadore Sharp）在其自传《四季酒店云端筑梦》中讲述："从 1980 年开始，四季酒店集团从支持一位名叫特里·福克斯的癌症患者参加马拉松活动做起，长期资助社会团体、日托机构、学校、敬老院甚至监狱，开展跑步运动，一直坚持了几十年，四季酒店传递的都是'人类共同承担责任、相互关爱、共同分享'的社会道德和责任。"

第三节　中州国际：立己达人的社会责任与担当

党的二十大报告提出"推动绿色发展，促进人与自然和谐共生"。从生态文明建设角度看，这一点指明了中国式现代化的本质要求，为酒店业的低碳绿色转型提供了方向和动力。中州国际酒店集团秉持的社会责任理念是"低碳绿色，助益社区社会改善"。这是集团以长期主义视角追求可持续的商业发展，将社会责任理念纳入企业战略的顶层设计，并沉淀于企业文化之中。集团一贯注重员工个人、企业与环境的和谐发展，热心社会公益事业，在社会突发事件中勇担社会责任。

一　中州国际的长期主义价值导向

如前一节所述，企业勇担社会责任的前提是企业家的社会责任认知以长期主义价值观为导向，而不只以短期收益为经营目标。对这一点王志董事长非常认同："20 世纪 90 年代末在中州国际集团重组前的动荡阶段，我个人也曾经深陷职业发展的迷茫，有去民营酒店企业就职拿高薪的机会，但因其短期利益导向和社会责任认知与我个人长期主义的价值观格格不入，所以我坚定地选择了把'中州国际'品牌基业长青作为职业生涯的奋斗目标。我相信企业一旦以挣快钱为目的，一定会忽略消费趋势和长期市场的变化而难以创新，甚至以牺牲员工和社会利益为代价，损害品牌形象和声誉。企业的可持续发展必须与社会的整体福祉相协调。"他强调："管理者们也需要具备长期主义的视角，这样才会包容员工的错误，允许员工试错，然后才会有员工成长的可能，进而推动企业的发展。"①

凡是具有持久竞争力的酒店品牌都有着共同的特点，一是企业的目标清晰而简单，二是企业创造价值的方式与目标一致。通俗地说，就是企业"做得对"和"做得好"要并行。中州国际酒店集团选择实现价值创造的方式是"发挥品牌和运营管理优势以迎合消费升级趋势，追求基业长青"，这与集团"让生活更美丽"的企业使命保持高度一致。本着"专注、融合、可持续"的经营理念，集团以专业化的态度深耕细作酒店核心业务，以数字化技术重构运营流程，精准洞察和满足客户个性化需求，转型不转行；集团在发展历程中秉持融合思维，以"大旅游、大健康"的理念践行文旅融合、跨界融合、本土文化和国际前沿融合、传统和现代融合。与此同时，集团立足长远，立己达人，打造百年民族品牌和道义集团，不仅向社会输出优质服务，同时输出优秀文化、人才及管理模式，做优秀的企业公民。中州国际酒店集团始终坚持以社会责任为支点，在专业领域承担企业应尽的义务。作为中国旅游饭店业协会副会长单位，集团通过积极参与行业标准制定、行业发展趋势研究和行业人才培养，为行业的发展和所在地的经济、文化建设作出贡献。无论是成就还是坚守，都离不开一代代中州国际人在历史洪流中所积淀的独特的企业文化底蕴，这笔宝贵的精神财富也将指引着新时代的中州国际人继续奋勇拼搏。

二 民族品牌扛鼎者的社会责任实践与担当

（一）"黄埔军校"：酒店业职业经理人成长的摇篮

多年来，中州国际酒店集团长期主义的价值观导向首先体现在始终把维护员工的基本权益和关注员工个人成长作为集团发展的第一要务。随着集团发展壮大，越来越多的职业经理人不断成熟，走向更广阔的天地。从员工职业生涯管理和酒店行业发展的长期视角看，中州国际酒店集团不仅为自身培

---

① 作者与王志董事长的访谈，2024 年 1 月 14 日，于郑州。

养了一支高效的管理团队，同时在更大范围内为酒店行业输送了大量高素质的酒店管理人才。曾经从中州集团"大院"成长起来的许多职业经理人已走出郑州，走向全国各地，成为各大酒店连锁集团如喜来登、万豪、希尔顿、艾美等世界知名酒店集团在中原地区乃至全国各地的行业高管。这些从中州国际成长起来的职业经理人，说起"娘家"或见到曾经工作过的老同事，无不感恩动容。

中州国际酒店集团能够成为中原地区乃至全国酒店业职业经理人成长的摇篮，离不开集团长期坚持"人业共兴，追求卓越"的人才管理理念。这是一种平衡和全面发展的管理哲学，旨在实现企业、员工和社会的和谐共生和可持续发展。正如京瓷公司创始人稻盛和夫（Kazuo Inamori）所提到的："企业的存在，就是为保障这些企业内的社会公民的收益、生活，保障他们的人身安全、幸福、自由，发挥他们的聪明才智，这是企业获得管理合法性的基础，也是它存在的价值和意义。"同样因管理创新而闻名的通用汽车公司（General Motors）的斯隆（Alfred P. Sloan Jr.）有着类似的见解，他相信企业对员工不再拥有权力，而应最大限度地赋予员工最基本的权利，比如工作的权利，发挥自己才干并获得相应收入的权利。

首先，中州国际酒店集团旗下的各个酒店在日常管理中非常注重保护员工的合法权益，集团经常要求管理者做到"己所不欲，勿施于人"，让员工有尊严地生活和工作。即使疫情三年期间，集团也维持正常安全的运营，未实施裁员，并每月按时发放员工工资，在出现闭店情况时，集团向待岗员工给予补助。在工作中对员工严格要求，在生活上给予关爱，提供保障，多次在员工困难（家人病危、家庭重大变故）时施以援手。集团给员工提供具有竞争力的薪酬和福利，包括医疗保险、退休金计划、员工住宿等，以提高员工的生活质量。因为酒店的工作是"人服务于人"，只有员工自己活得体面，才会让客户体验到有尊严的服务。酒店企业要 24 小时运营，经常要面对各种紧急情况或突发事件，集团经常通过灵活的工作安排和培训，帮助员工更好地平衡工作压力和个人生活，并鼓励员工参与决策过程，为员工提供反馈渠道，让员工的声音被听到并将其纳入管理决策。

其次，集团为员工提供全面的培训计划和职业发展机会。中州国际酒店学院帮助员工提升专业技能和职业素养，为学员打下坚实的专业基础。学员在培训中被鼓励创新思维，这使他们能够在酒店管理实践中不断寻求技术创新，推动行业技术进步。集团同时注重员工国际视野的培养，使员工不仅能服务好来自五湖四海的客人，更能够在未来职业生涯发展中适应全球化的酒店业环境。针对管理人员的培训还包括领导力和团队管理方向的课程，如培养“首席学习官”（Chief Learning Officer），引领“中州国际”成为学习型组织并实现高质量发展。

最后，企业文化建设和职业晋升平台的打造与培训课程相辅相成。集团内部打造“教练式文化”“人人文化”助力每一位学员领导力的培养，深刻领悟践行企业的服务理念，并不断传承与创新“中州国际”的民族品牌文化，教育和激励每一位员工成为酒店可持续发展的大使。除了提供清晰的职业发展路径，多年来集团还建立了广泛的行业联系和人脉网络，这一宝贵的资源平台吸引了大量优秀职业经理人助力中州国际民族品牌的发展。因为他们意识到，中州国际酒店集团已不仅仅是一个工作平台，更是人生成长的舞台。

以上因素使得从中州集团“大院”走出的职业经理人能够在酒店业中脱颖而出，成为行业内的领导者和精英。中州国际酒店集团在人力资源管理上已经跳出传统企业人才培养“投入产出”的视角，从更大的行业格局下实施战略性的人才管理。事实证明，这些社会责任的担当大大提升了员工的忠诚度，[1] 非但不会带来集团的人才流失，反而因“螺旋镖”效应[2]源源不断地吸引越来越多曾经走出去的优秀职业经理人，在职业生涯成熟阶段回到中州国际这一卓越的人才平台，投入酒店管理人才的培养事业。

中州国际酒店集团已把行业人才培养当作自身作为“企业公民”义不容辞的责任，培养具有社会责任感、道德水准和专业能力的行业精英。一是通过在行业内共享人才培养资源，如实训基地、课程体系、专家资源等，提

---

① 谷慧敏、贾卉、赵亚星：《企业社会责任对酒店员工离职倾向影响研究：组织认同的中介作用》，《中国人力资源开发》2017 年第 4 期。

② Schein E. H., *Organizational Culture and Leadership*（4th ed.），Jossey-Bass，2010.

高人才培养的效率和质量。二是通过与教育、科研、政府等不同领域机构合作，共同开发课程和培训项目，培养符合行业发展需求的人才。

近年来，河南省教育厅、人力资源和社会保障厅为全面提高省内中等职业学校专业课教师的专业理论和技能水平，设置了河南省职业院校"双师型"教师培养培训项目。郑州旅游职业学院依托中州国际酒店集团负责完成此"双师型"教师培养培训活动。①集团执行总经理朱莉女士对本次活动全程给予了高度的重视，并提出"培训专业化、沟通透明化、工作高效化、服务优质化"的工作目标，要求各参与酒店要确保所有到岗实践的教师能够真正体验专业化的品质服务，真正践行"双师"特色。集团也与多所高校和职业院校联手合作，提供在中州国际酒店集团或其他关联酒店的实习和工作机会，让学员获得宝贵的一线工作经验。

（二）低碳绿色：以绿城中州国际大饭店为例

饭店作为高消费场所，每年不仅消耗着大量的资源和能源，同时还排放大量的大气污染物。一座中等规模的三星级饭店，一年大约要消耗 1400 吨标准煤的能量，可向空中排放 4200 吨二氧化碳、70 吨烟尘和 28 吨二氧化硫。而一座建筑面积在 8 万~10 万平方米的大型饭店，全年消耗大约 13 万~18 万吨标准煤。酒店消耗大量的能源与资源，同时排放着大量的大气污染物，已成为城市主要污染物来源之一。②作为一个面向公众的行业，酒店业"绿色、低碳、节能、环保"的理念深入人心，为全社会行业低碳节能树立典范，并赢得更多的顾客。可持续酒店业联盟（SHA）的报告显示，酒店业需要在 2030 年之前减少 66% 的绝对碳排放量，在 2050 年之前减少 90% 的绝对碳排放量，才能确保行业的预期增长不会导致相应碳排放的增加。

随着行业内卷和洗牌持续加剧，中州国际酒店集团不断通过提高运营效率、采用节能技术和管理创新来降低成本；同时建立绿色供应链，与利益相关方合作共同提高整个供应链的环保标准和效率；并与行业相关方展开实践

---

① 中州国际酒店集团公众号，2017 年 9 月 13 日。
② 《专家：发展低碳饭店面临的问题与对策》，中国新闻网，https：//www.chinanews.com/ny/2011/02-09/2829533.shtml，2021 年 2 月 9 日。

探索，共同推动酒店业拥抱双碳时代的新机遇，涌现出了如绿城中州国际大饭店、鹤壁迎宾馆、开封中州国际饭店、焦作迎宾馆、登封中州华鼎饭店等一批节能减排工作的先进典型，受到了社会各界的认可（见图 5-2、图 5-3、图 5-4、图 5-5）。出于在低碳绿色环保方面的卓越表现，集团曾荣获"中国最具社会责任酒店集团""卓越影响力酒店集团"等殊荣。

图 5-2　综合智能型花园式五星级酒店鹤壁迎宾馆

图 5-3　开封市首家五星级酒店开封中州国际饭店

图 5-4 五星级园林式酒店焦作迎宾馆

图 5-5 登封中州华鼎饭店

绿城中州国际大饭店(郑州 CBD 会展中心店)由郑州绿城房地产开发有限公司投资,委托中州国际酒店集团全权管理,于 2014 年 10 月正式开业。作为低碳酒店试点单位之一,绿城中州国际大饭店当前正积极探索基于碳普惠的碳资产价值开发研究,力争建设全国酒店低碳化示范项目。绿城中州国际大饭店位于郑州市金水路与中州大道交会处,紧邻 CBD 会展中心,承东启西,交通便利。饭店整体按照现代中式风格设计,传统而不保守,简洁而不简单。饭店拥有风格各异的客房 212 间,"清净暮舍"环保房型配置有新风净化系统,让客人远离雾霾的同时呼吸新鲜空气;智能窗帘、智能灯光、一键睡眠、一键开门模式让人印象深刻。5 个可容纳 30~150 人的不同规格的会议室配备现代化视听设备,是商务活动、亲子旅游、举办各种会议的理想场所。第 14 层的观景自助餐厅让消费者享用美食的同时尽揽 CBD 美景,第 15 层的自助式洗衣房、第 29 层的健身房 24 小时免费开放。"感动常在,情满绿城,乐享中州"是饭店秉承的经营理念,为消费者提供更好的服务是员工团队不断追求的。

绿城中州国际大饭店坚持以低碳应用技术为导向,重视低碳转型的重要性,通过能碳智慧管理实施平台,以智慧化、数字化手段实现能碳实时动态管控。饭店大楼按照国家节能环保标准建设,全楼玻璃为双层隔热真空玻璃,照明灯具均为 LED 绿色光源,各步梯灯具使用稳定感应技术的声光控开关。饭店中央空调系统为两套独立的风冷热泵系统,分别为饭店和办公区供冷和供暖。经改造,对中央空调系统部署 AIOT 智能云控平台,实时监控中央空调系统的能耗与设备运行情况,实施水泵变频优化及冷热源控制,并基于实时数据结合 AI 算法,自动形成节能运行和管控策略,使系统始终处于最优节能运行状态。饭店主要采取的节能策略如下。

第一,结合 AI 算法对系统数据进行分析,判断末端需求,智能启停。

第二,结合多个影响因素,基于机组原有群控功能进行智能调温。

第三,通过控制水泵转速,实时监测管路情况,对水泵进行变频控制。

自 AIOT 智能云控平台接入,已历经多个完整的制冷季和采暖季,并通过对比测试对节能效果进行了验证。以 2022 年中央空调系统节能数据为例,在保证酒店舒适度的前提下，极大减少了空调系统的运行费用，制冷季节能率高达 19.00%，采暖季节能率高达 24.43%（见表 5-1）。

表 5-1 2022 年绿城中州国际大饭店中央空调系统节能数据表

单位：%，千瓦时

阶段	月份	节能率	当月节电量
制冷季	7 月	19.00	18234.60
	8 月		24985.40
	9 月		4239.60
	合计		47459.60
采暖季	12 月	24.43	51602.03
	1 月		48107.74
	2 月		44517.75
	3 月		3416.28
	合计		147643.80

资料来源：绿城中州国际大饭店。

在通过绿色管控降低消耗方面，饭店要求无纸化办公，采用钉钉、酒店管理系统等现代化线上或移动办公室软件实现文件审批抄送，工作巡检日报提交、会议纪要传达等工作，每年节约工作中的 A4 纸约 5 万张，在线签署加快审批流程，减少传统纸质签署的时间和沟通成本，提高办公效率的同时节省了大量相关办公费用。客房部在保证对客正常运行的情况下，对长住房卧具三天更换一次；易耗品洗护由小件装更换为大瓶补充装的"三洗一护"；2023 年起，饭店逐步更换洗护用品包装，将一次性小瓶装调整为 400 毫升大瓶装，减少了包装弃置对环境的污染；在马桶抽水箱内放置矿泉水瓶，提高水位，减少出水量；减少一次性拖鞋的使用，引导客人尽量使用沐浴拖鞋或配备的环保拖鞋；此外，牙刷、梳子等包装使用可降解材料，最大限度降低环境污染；将达不到配备客房内标准的卷纸进行回收，整理成卷，放置在公卫区域使用；要求饭店各部门对废弃且无保密文字和数据的纸张进行重复使用；等等。

在通过绿色管控减少污染方面，饭店要求各部门人员进行垃圾分类，对可回收垃圾（纸箱/盒、塑料瓶、废弃金属设备、木质设施等）进行回收，综合放置在饭店的废品回收站，统一由专业人员进行处理；饭店客房门锁使用的电池逐渐更换为充电电池，减少普通电池使用对环境造成的污染。饭店采用低碳环保措施不仅有助于减少对环境的污染，也能满足顾客对绿色环保的需求。

饭店物业结合电力数字化系统，在提升工作效率的同时也提升了电力安全，通过数字化平台数据，根据用电峰谷合理安排电力使用，有效节能降耗。企业将线下电力管理改为线上，对电费、物业费等实行更集中的维护和管理。比如通过后台运维，方便对所有智能断路器的采集数据及操作记录进行统计查询，便于对特殊用户电表跳闸、余额不足提醒等信息进行管理。

为了使低碳环保理念深入人心，绿城中州国际大饭店将低碳环保的定期培训作为实现可持续发展战略的重要组成部分，一方面强化低碳环保的基本概念和重要性、国家相关政策法规、行业标准以及酒店在绿色低碳方面的责任，培训员工如何减少能源消耗，包括从水电气、智能控制设备等的使用到垃圾分类、回收利用等日常工作的每个环节；另一方面培训员工如何向客人传达低碳环保的重要性并鼓励顾客参与环保活动，以及在环境事故或灾害发生时的应急响应和处理程序。饭店不断探索各种低碳环保激励机制，一方面奖励员工积极寻找和实施改进酒店环保绩效的方法，另一方面对于顾客参与环保活动的行为及时奖励，比如赠送免费早餐券、累积低碳消费积分等。绿城中州国际大饭店的绿色低碳空间展示如图5-6所示。

实践证明，酒店低碳环保的行动不仅能够为消费者和社会创造价值，同时因为树立了积极的酒店品牌形象，特别是吸引了对环境问题有意识的消费者，进一步增强了客户满意度和忠诚度，为酒店自身带来了经济上的回报和市场上的长期利益。自2014年10月开业以来，绿城中州国际大饭店的荣誉如表5-2所示，绿城中州国际大饭店以其低碳化服务模式获得了专业评审机构和市场的广泛认可，成为新时代新文明的领跑者。①

---

① 作者与郑州绿城中州国际大饭店总经理蔡南松先生的访谈，2024年6月24日，于郑州。

饭店楼体

饭店大堂

环保智能房型

清净暮舍房型

自助早餐厅

自助洗衣房

图5-6　绿城中州国际大饭店绿色低碳空间展示

资料来源：中州国际酒店集团提供。

表5-2　绿城中州国际大饭店的荣誉

年份	评审单位	奖项
2015	携程旅行网	卓越服务奖
2016	中国饭店金马奖评审委员会	国内商旅首选酒店
2017	中国饭店金马奖评审委员会	国内商旅首选酒店
2018	携程旅行口碑网	2018最绿色环保酒店奖
2018	中国饭店金马奖评审委员会	国内商旅首选酒店
2019	美团/大众点评	"2019必住榜"郑州必住酒店
2019	中共未来路街道工委	先进单位

续表

年份	评审单位	奖项
2019	中国金马奖评审委员会	中国最佳商务酒店
2019	全球旅游业"金樽奖"评选委员会	2019年度全球酒店业最佳精品酒店
2020	携程旅行	最受喜爱特色酒店
2020	美团/大众点评	"2020必住榜"郑州必住酒店
2021	中国金马奖评审委员会	国内商旅首选酒店
2021	携程旅行	人气酒店奖
2022	携程旅行	最佳口碑酒店
2022	河南酒店网	最值得推荐的高端酒店商务宴会餐厅
2023	中国金马奖评审委员会	商务酒店公众口碑大奖
2023	河南省旅游协会	第三届"金樽奖"最佳商旅酒店
2023	携程旅行	最佳合作奖
2023	旅游饭店业品质服务大会组委会	品质服务最佳酒店
2024	中国文旅金马奖评审委员会	卓越服务奖
2024	河南中州国际酒店集团有限公司	突出贡献奖
2024	河南酒店网	河南最美服务酒店

（三）政企合作：助力中原地区经济和文化建设

酒店不仅提供住宿，还与旅游、餐饮、娱乐和其他休闲活动紧密相连。因此，酒店行业对于地方经济发展至关重要，不仅为地方发展提供就业机会，还为各种供应商、合作伙伴创造商机。近年来，中州国际酒店集团不断加强与河南省各地方政府和企业的合作，目前已遍及郑州、开封、安阳、信阳、焦作、鹤壁、新乡、周口、漯河、驻马店、濮阳、南阳、平顶山、三门峡等十多个地市，发展了从豪华型到高中端型酒店等100多个项目。这些合作项目体现了中州国际酒店集团与地方政府在推动地方经济发展、整合当地历史文化资源以及打造城市新地标等方面的共同努力。如中州国际酒店集团在周口市布局五家品牌饭店，集团旗下四大品牌也悉数落地伏羲故都；中州国际酒店管理集团在鹤壁市签约两家五星级饭店，提升了中州国际品牌在豫北的影响力。中州国际酒店集团不仅扩大了自身的业务版图，也为地方政府带来了经济增长和社会就业机会。集团的酒店经营经验对提升当地服务业水平起到极大的示范作用，推动河南省更多的旅游饭店成为展示河南形象的重要窗口、体验文旅文创融合场景的美好载体。作为中国旅游饭店业协会的副会长单位，中州国际酒店集团推动了中原地区与外部酒店资源的引入和协调，助力中原地区旅游饭店业的高质量发展。

不仅如此，集团以诚信为经营之本，在与各供应商的合作过程中，均保证按时结算货款，不拖欠、无押款。中州国际旗下的各酒店企业积极响应当地社区的服务要求，参与社会公益活动，如关爱孤儿和残障人士等，支持社区发展。例如，绿城中州国际大饭店每年都向金水区慈善总会捐赠，全力支持郑州市金水区慈善事业；在 2021 年"7·20"暴雨事件中主动承担所连接小区地下室抽水救助及整体消杀工作；疫情期间主动配合所属社区做好疫情防控工作。有许多外地企业家来豫后，首选中州国际品牌旗下的酒店入住，切身体验并见证了河南人的厚重，通过中州国际这一窗口对河南留下美好印象，甚至毫不犹豫地决定留下来投资。

作为中国旅游饭店业协会副会长、全国星评委国家级星评员、河南省旅游协会执行会长，王志董事长不仅有一名酒店集团领导人的担当，还不断为河南地方经济和河南旅游饭店业的发展尽心尽力，特别是推动了河南文旅融合战略走深走实，加快塑造"行走河南·读懂中国"文化旅游品牌。

2023 年 12 月 20 日，由河南省文化和旅游厅主办的"冬游中原·河南旅游饭店美食推广活动"启动。王志在启动仪式的致辞中这样讲道："河南地处中原，历史文化深厚，餐饮品类众多，启动'冬游中原·河南旅游饭店美食推广活动'的主要目的，首先就是要通过各种优惠活动直达市场主体。其次是提振市场信心促进消费的'关键内容'。旅游饭店行业作为最活跃的消费业态，是扩消费、稳就业的重要载体，将其作为稳增长、促消费、保民生的一项重要内容进行谋划推进。最后是推动'美好生活从五星开始'。进一步挖掘星级酒店客户，关注家庭群体和追求品质生活的年轻人，让更多的人了解星级酒店，让百姓走进来，来星级酒店举办升学宴、谢师宴、家庭宴等聚会活动。"在长达几个月的美食季中，中州国际酒店集团带领各会员单位为消费者完美呈现了星级酒店的高品质中原美食，充分挖掘餐饮文化内涵、打造美食文化品牌、繁荣中原饮食文化事业，推动河南餐饮业发展，大大提升了自身的品牌形象和社会影响力。集团作为有情怀、有追求、有担当、有品质的河南行业领军企业，勇于担当社会责任，为行业发声，为河南文旅行业的发展积极贡献力量，充分展现了自身雄厚品牌实力及潜力。

（四）寻味河南：豫菜文化的传承与推广

如果说一个地区的历史由文化圣地来彰显，魅力由美景风光来流露，那么让一个地区具有回味无穷魅力的一定是美食。餐饮文化的传承与推广是一个专业化、系统化的过程，而传播符合中国人度假需求的餐饮文化，除了构建品牌理念，更应引入复合型专业人才队伍，他们不仅要懂酒店管理运营，还要懂餐饮文化，拥有艺术鉴赏力以及丰富的历史文化知识。作为中原文化的传承与创新者，中州国际酒店集团长期致力于餐饮文化推广，目前旗下酒店推出了"中州宴+"系列餐饮品牌，其中影响力最大的有"中州·豫雅园"、"中州宋宴"、中州花园餐厅，涵盖豫菜（信阳菜）、杭帮菜等多个菜系品类。

中州国际酒店集团借助自身品牌影响力，为中原本土文化的传承与创新，特别是"豫菜"文化的传承推广、走向全国作出了突出贡献，令更多人熟悉了"老家河南"。众所周知，豫菜是中国烹饪文化的渊源和主体，有"百菜之源，菜系之母"之称，历史上作为宫廷菜而风靡全国，也是中国八大菜系之一。中州·豫雅园的创始人高殿文师从国宝级豫菜泰斗吕长海大师，学艺27年，专注豫菜的经典传承和创新，才有了如今为人称道的以"雅"著称的中州·豫雅园（见图5-7）。他多次参加中国厨艺烹饪大赛，获得中国青年烹饪艺术家荣誉称号；他也是河南厨王争霸赛擂主、北京国际烹饪技术大赛蓝带勋章获得者、国际先锋美食交流功勋人物。中州国际酒店集团推广豫菜，推崇河南文化理念，与始终秉持匠心，以传承豫菜文化、培养豫菜名厨、加快技术创新为理想的高殿文先生不谋而合。经典品牌，强强携手，双方以继承和弘扬豫菜文化为己任，向世人展示河南的豫菜特色和文化。中州·豫雅园重新定位豫菜美学新文化，推崇原汁原味，取食材自然之

图 5-7　中州·豫雅园旗舰店郑州新华中州国际饭店

味，仅用简单的煮、焖等做法，搭配秘制配方烹饪出一道道回味悠长的美味菜肴；对品味的先后顺序与食材味道的结合也进行精细研究，为食客营造出具有河南特色的就餐仪式感。

信阳菜在中州，不只是一个单纯的餐饮品牌，更是河南文旅产业融合、河南文化自信的体现。为了让世人了解"中州国际"和"信阳菜"这两个"老家河南"标志性的文化符号，以及相遇相知、彼此成就的故事，王志董事长以其历史视角纵观古今，娓娓道来，亲笔撰文《信阳菜在中州》，将历史、智慧、情怀和审美融合在一起，使读者在阅读中获得知识的充实和情感的愉悦。

综上所述，中州国际酒店集团的实践已证明，每一个具有创业精神的企业家，都会用一生的眼光权衡而不会以眼前得失作为行为选择的标准；同样每一个基业长青的企业，都会把对行业的贡献和对社会的责任作为企业的使命。

附录　信阳菜在中州[*]

王　志[**]

豫风楚韵，河汉三衢，山水茶都。

在我半个世纪的生命里，有一座城市，它的水土孕育出了灵俊之魂，它的气质滋润出了多情的味蕾。一品江山，两点清泉，翻飞上下，毛尖的清醇是刻在记忆深处的印记。这是老乡信阳为我们带来的归属与重塑，也是中国信阳真正的大道至简。

如果说茶是一种境界，那么美食则是一座城深入人心最为犀利的语言。肉香浓郁肉皮酥软的信阳焖罐肉、入口爽滑豆香四溢的青菜炕李家寨豆腐、汤汁清润鸭肉细嫩的老鸭汤炖新会水饺……一道道地道信阳菜，让人不忍停箸，大快朵颐之余，又总是让人恍惚间有了回家的感觉，睡梦之中，灯火依稀，浮现在面前的，永远是戒不掉的乡愁与思恋。

无论是在彩云之南的腾冲中州颐和酒店泰象餐厅、天之涯海之角的三亚湾中州国际大饭店鹿鸣餐厅、美丽椰城的海口大鹏中州国际饭店，还是身处幽静山野的卓越创意设计民宿中州悦隐·伏羲山会盟山居，抑或在繁华都市的郑州新华中州国际饭店南湾一景餐厅，都能闻到信阳菜的味道。中州国际和信阳菜，这两个老家河南标志性的文化符号，至此相遇相知、成就传奇。

信阳处于淮河、长江两大文化体系之间，受地形阻碍，北接陈汝，连接襄郢，襟带长淮，控扼颍蔡，面山负野，四望平舒，肘腋安风，四方辐辏，是南北两大文化相互影响渗透、交流、融合之地。从卤肉到鱼丸、从炖鱼到鹅块、从豆腐渣到焖罐肉，饮食口味自然也是南北兼顾、东西交融。倡导绿

---

[*]　本文发表于《中国信阳菜》（信阳菜文化研究和产业发展促进会主办的内部交流刊物，2022年第 1 期）。

[**]　王志，中国旅游饭店业协会副会长，国家级星评员，河南省旅游协会执行会长，中州国际酒店集团董事长。

色食品，大量使用野生原料，是信阳菜显著的特点。信阳菜有狭义、广义之别。从狭义上讲，是地方菜，属江淮菜系一个流派，这是地理意义上的信阳菜。从广义上讲，又是一个立体、综合概念。

"磨砻流玉乳，蒸煮结清泉；色比土酥净，香逾石髓坚。"

说到这里，不得不提的是信阳李家寨豆腐，其品质完全可以与元朝郑允端《豆腐》诗句相匹配。信阳菜以咸、香、微辣、醇厚为主味，菜色微重、口感滑爽；在信阳菜技术层面，包括技术人才及其影响、多种技法交叉运用，充分借鉴了鄂菜、粤菜和川菜的技法，与信阳地方菜科学融合，形成了信阳菜成熟的烹饪体系，也提升了信阳菜整体的烹制水平。

信阳菜在中州，不只是一个单纯的概念，更是河南文旅产业融合、河南文化自信的体现。我们今天华夏文明传承的意义之一，便是在一餐一碗之间，寻觅寻常而深远的历史。

中州国际酒店集团作为中国民族品牌先锋、河南本土品牌领军企业，目前在新西兰、帕劳共和国以及中国的北京、河南、海南、云南、新疆、山西、湖北等省份管理酒店 100 余家，累计管理酒店 300 多家，是中国中西部地区规模最大、实力最强、最具权威性的从事酒店、度假村及景区投资、管理、培训、咨询的专业化集团公司。集团旗下拥有"中州华鼎饭店""中州华悦饭店""中州国际饭店""中州颐和酒店""中州华舍""中州悦隐""中州颐和公寓"等十二大民族饭店品牌。集团多次被原国家旅游局、文化和旅游部、中国旅游饭店业协会授予"中国饭店业民族品牌先锋""中国饭店业民族品牌 20 强""中国最具规模的 30 家饭店集团""中国饭店集团 60 强""中国最具投资价值酒店品牌""中国最具品牌影响力酒店集团"等殊荣，2019 年正式成为中国旅游饭店业协会副会长单位，2021 年正式成为河南省旅游协会执行会长单位。集团旗下酒店在当地承担着重要的政府接待和商务活动任务，多次完成党和国家领导人以及国际知名人士的重要接待任务，取得了良好的社会效益和经济效益，成为当地一道亮丽的风景和城市名片。同时，集团作为有情怀、有追求、有担当、有品质的河南酒店行业领军企业，勇于担当社会责任，为行业发声，为河南代言，为豫菜（包括信阳菜)振兴搭建良好平台,为河南文旅行业的发展积极贡献力量,充分展现了自身雄厚品牌实力及潜力。

2008年,中州国际酒店集团旗下位于河南大学金明校区的开封中州颐和酒店将信阳菜首次引入开封星级酒店中,南湾一品采用源头直供,以信阳当地食材、南湾湖矿泉水加工出原汁原味正宗信阳菜,为信阳菜的异地推广成功迈出了第一步。这也是中州国际和信阳菜的第一次牵手。此后,集团旗下新乡长垣中州国际饭店、郑州康利中州国际大饭店、绿城中州国际大饭店、郑州粤港中州国际饭店、新华中州国际饭店、百利中州国际饭店、洛阳中州国际饭店、登封中州华鼎饭店、周口淮阳中州国际饭店、开封中州国际大饭店、开封中州华悦饭店、鹤壁中州国际饭店等品牌饭店及焦作迎宾馆、鹤壁迎宾馆纷纷引入信阳菜,让当地消费者品尝到了舌尖上的豫风楚韵。集团为快速推广信阳菜,与河南知名餐饮品牌金玉满堂开展战略合作,引进了6~8家信阳菜餐厅进驻集团旗下品牌饭店,为信阳菜在河南本土业务快速扩张、生根落地创造了新模式、新路径。随着集团市场的不断拓展,信阳菜也乘着中州国际酒店集团的东风先后落地北京、云南、海南、新疆等地,为河南美食文化的宣传推广起到了先锋作用。

2015年,五星级国际品牌索菲特国际饭店粤味轩中餐厅出现了信阳菜的零点菜单,肉嫩汤鲜风味独特的红焖南湾甲鱼、肥而不腻入口柔和的罗山大肠汤香气飘逸在食客面前,这标志着中州国际多年以来矢志不渝地对信阳菜示范酒店的推广建设已达到了前所未有的水平和高度。

信阳菜在中州,已经成为河南文旅产业融合的成功示范案例,这让我们看到了中原饮食文化发扬光大和豫菜振兴的成功路径模式。在中州国际酒店集团多年努力推广下,信阳菜已走出河南,走向全国,发展飞速,经营规模日益扩大。信阳菜也成为河南的饮食文化符号,成为展示河南形象的亮点和名片。

如果说菜系之分,是为了让我们的味蕾铭记民族文化的地域特色,那么中州国际今天所推广的信阳菜,可以说是没有派别的文化大同,也是另一种方式的哲学探索,作为华夏儿女,作为炎黄后人,我们背负着更加艰巨的使命，那就是从这朴实的菜品之中，让中国乃至世界感受信阳味道的真正光芒：

大道至朴，和而不同；

与天地生，治万物心。

附：信阳菜在中州国际的十道经典名菜

1. 红焖南湾甲鱼（肉嫩汤鲜，风味独特）

红焖甲鱼由甲鱼和鸡制作而成，因"姬"同"鸡"谐音，甲鱼又叫"鳖"，鳖与"别"谐音，故名"霸王别姬"。正宗的信阳"霸王别姬"由潢川鳖和固始三黄鸡制成，味道十分鲜美，是初春和冬季的上等佳肴。

2. 信阳焖罐肉（肉香浓郁，肉皮酥软）

焖罐肉是信阳特色名菜，是早年腊月时信阳人用来储存猪肉的一种方式。焖罐肉选择的食材是当地淮南黑猪，它是信阳特有品种，不仅营养丰富，而且肉质浓香。

3. 罗山大肠汤（肥而不腻，入口柔和）

信阳罗山县有一种传统小吃，主要由淮南猪大肠、豆腐、猪血辅以各种秘制调料炖制而成。大肠汤做法考究，吃起来也是别有一番滋味，配上香甜可口的信阳米饭，让你一吃就难以忘怀。爱上猪大肠，从罗山大肠汤开始。

4. 固始汗鹅块（肉嫩汤鲜，口味偏辣）

固始汗鹅块是信阳固始县的一道地方特色菜，以鹅为原材料，经过特殊烹饪加工而成，肉质鲜嫩，汤清醇厚，口感极佳。因为在制作过程中要将滚烫的汤浇在鹅块上，鹅块表面会出现一层汗斑，故又称"汗鹅块"。

5. 信阳仔公鸡焖板栗（咸中带甜，肉嫩味香）

板栗焖鸡本是山东传统名菜，属于鲁菜系，但信阳仔公鸡焖板栗却有自己的独特风味。信阳板栗甘甜、清香，尤以新县卡房板栗最具名气（卡房乡是板栗之乡、银杏之乡）。可糖炒，可腌制，还可做出《舌尖上的中国》推荐的板栗焖鸡。板栗糯而不松，加上正宗散养土鸡肉，是美味并且做法简单的一道信阳土菜。

6. 清炖南湾鱼头（肉质细嫩，味道鲜美）

南湾鱼含有人体必需的多种维生素及稀有元素，其中有抗癌元素之称的"硒"的含量更是普通鱼类的 3~5 倍，尤其是南湾白花鲢，头部富含 DHA，素有"花鲢美在腹，味在头"之说。

7. 清炖牛肚绷（汤汁浓厚，口味甘醇）

清炖牛肚绷，入口易嚼又不失劲道；汤汁浓厚，口味甘醇，喝完满口留香。牛肉含有丰富的蛋白质、氨基酸，其营养成分比猪肉更接近人体需要，也更能提高机体抗病能力。它对生长发育及术后、病后调养的人在补血、修复组织等方面特别适宜，尤其寒冬食牛肉，有暖胃作用，为寒冬补益佳品。

8. 老鸭汤炖新县水饺（汤汁清润，鸭肉细嫩）

选用当地散养麻鸭，产于河南省信阳市潢川、商城、固始等县区。麻鸭易饲养、生长快、肉质好，用新县当地小萝卜（也可根据季节选择瓠子、冬瓜、竹笋）和井水温火炖出鸭汤，配以新县手工水饺，清香、味甜、可口，且有清热泻火之功效。

9. 青菜炝李家寨豆腐（入口爽滑，豆香四溢）

炝豆腐是经济实惠的家常菜，小白菜的功效是清肺止咳，养阴生津，解毒。豆腐含有丰富的植物蛋白，有生津润燥的功效。李家寨豆腐用优质大豆、山泉水加上传统工艺古法磨制而成，营养丰富、口味纯正地道，口感润滑细腻、醇香。小白菜炝豆腐具有绿白相衬，清新鲜嫩的特点，味道清爽可口，有健脾开胃的作用。

10. 笨黄瓜

笨黄瓜生在大山深处，绿色纯天然，顺手摘下便可直接入口，香脆可口，品质极佳。若采摘后用刀切成段，凉拌、煎炒也是一道不错的下酒下饭菜。

附　录
中州国际酒店集团大事记

1999年

1999 年 5 月 21 日　河南省中州宾馆酒店管理有限公司注册成立。

法定代表人：万根。

总经理：张华友。

副总经理：王克利。

经营范围：酒店管理，酒店管理信息咨询，酒店用品用具及服务。

1999 年 10 月　与太康县太康宾馆签订委托管理合同。

2000年

2000 年 3 月　与辉县百泉大酒店签订委托管理合同。

2000 年 4 月　与首家三星级酒店长葛大酒店签订委托管理合同。

2000 年 10 月 16 日　吴德州任公司总经理。

2001年

2000 年 1 月 1 日　吴德州、王克利任公司副总经理。

2001 年 1 月　与安阳飞鹰大酒店签订委托管理合同。

2001 年 7 月 信阳羚锐大厦签订委托管理合同。

2001 年 9 月 与首家四星级酒店焦作山阳宾馆签订委托管理合同。

2002年

2002 年 5 月 济源雅士达酒店签订委托管理合同。

2002 年 7 月 9 日 公司名称变更为：河南中州国际集团管理有限公司。

法定代表人：万根。

总经理：张华友。

副总经理：王克利。

经营范围：企业管理及咨询服务、信息服务；酒店用品用具的销售。

2003年

2003 年 4 月 与焦作怀源假日酒店签订委托管理合同。

2003 年 5 月 与首家省外酒店项目江西萍乡萍钢大酒店签订委托管理合同。

2003 年 9 月 与首家五星级酒店鹤壁迎宾馆签订委托管理合同。

2003 年 11 月 与省外首家四星级酒店山西晋城太平洋大厦签订委托管理合同。

2004年

2004 年 1 月 王志任公司副总经理，王文革任公司副总经理，朱艳峰任公司副总经理。

2004 年 4 月 与太康新华中州大酒店签订委托管理合同。

2004 年 4 月 与江西省第二家酒店项目新余悦华商务酒店签订委托管理合同。

2004 年 4 月 与河南淮滨县淮河饭店签订委托管理合同。

2004 年 10 月　与安徽宿州汇源大酒店签订委托管理合同。

2004 年 12 月　与平顶山佳田国际大酒店签订委托管理合同。

2005年

2005 年 1 月　与郑州道成中州国际饭店签订委托管理合同，冠名中州国际饭店品牌，是公司首家冠名中州国际饭店的品牌店。

2005 年 1 月　与焦作迎宾馆签订委托管理合同。

2005 年 2 月　与商丘永城永煤宾馆签订委托管理合同。

2005 年 3 月　与中州商务酒店文化路店签订管理合同，是公司首家冠名中州商务酒店的品牌店。

2005 年 6 月　与西峡鹳河中州国际饭店签订委托管理合同。

2005 年 6 月　与省外首家五星级酒店苏州春申湖度假酒店签订委托管理合同。

2005 年 7 月　公司获得"中国旅游饭店业协会 2004 年中国饭店业民族品牌先锋"荣誉称号。

2005 年 9 月　与焦作星鹏中州度假酒店签订委托管理合同。

2005 年 10 月　与山西兰花大酒店签订委托管理合同。

2005 年 10 月　与周口总商会会馆签订委托管理合同。

2006年

2006 年 3 月　与省内第二家五星级酒店开封中州国际饭店签订委托管理合同。

2006 年 3 月　与焦作东方宾馆签订委托管理合同。

2006 年 3 月　与焦作新亚细亚大酒店签订委托管理合同。

2006 年 5 月　公司获得中国旅游饭店业协会 2005 年中国饭店业"民族品牌二十强"荣誉称号。

2007年

2007 年 5 月　公司获得中国旅游饭店业协会 2006 年中国饭店业“民族品牌二十强”荣誉称号。

2007 年 6 月　与中州商务酒店郑州东风路店签订管理合同。

2007 年 7 月　与开封中州国际金明酒店签订管理合同。

2008年

2008 年 2 月　公司荣获中国酒店星光奖“中国最佳本土酒店管理集团”称号。

2008 年 6 月　公司获得中国旅游饭店业协会 2007 年中国饭店业“最具规模的 30 家饭店管理公司（集团）”荣誉称号。

2008 年 9 月　公司获得中国饭店业领袖峰会“中国十佳酒店管理公司”称号。

2008 年 10 月　与郑州瑞景中州国际饭店签订委托管理合同。

2009年

2009 年 6 月　公司获得中国旅游饭店业协会 2008 年中国饭店业“最具规模的 30 家饭店管理公司（集团）”荣誉称号。

2009 年 12 月　与南阳富唐中州国际饭店签订委托管理合同。

2010年

2010 年 1 月　王志任集团公司总经理。

2010 年 1 月 8 日　朱莉任公司总经理助理，兼任项目发展部总监；李明任公司总经理助理，兼任郑州瑞景中州国际饭店总经理。

2010 年 1 月 27 日　王文革任公司副总经理；朱艳峰任公司副总经理，兼任郑州中州温泉酒店总经理。

2010 年 3 月 6 日　集团荣获中国饭店金马奖"中国最具竞争力民族酒店品牌"暨"中国十佳酒店管理公司"称号。

2010 年 3 月 22 日　王文革任公司副总经理，兼任公司运营支持部总监；朱莉任公司副总经理，兼任公司项目发展部总监。

2010 年 8 月　与郑州百利中州国际饭店签订委托管理合同。

2010 年 8 月　与信阳信合中州国际饭店签订委托管理合同。

2010 年 9 月　公司获得中国旅游饭店业协会 2009 年中国饭店业"最具规模的 30 家饭店管理公司（集团）"荣誉称号。

<h1 style="text-align:center">2011年</h1>

2011 年 1 月　王文革任公司副总经理，兼任公司运营支持部总经理；朱莉任公司副总经理，兼任公司项目发展部总监；李明任公司总经理助理，兼任郑州瑞景中州国际饭店总经理；桂焱秋任公司总工程师，兼任公司工程技术部总经理；李维男任公司行政人事部总经理；王新全任公司品牌管理部总经理；易广国任公司经营管理部总经理。

2011 年 2 月　公司开启改制工作，改制基准日：2011 年 12 月 31 日，公司 70% 的国有股权对外公开转让。

2011 年 3 月 16 日　集团荣获中国饭店金马奖"十佳中国酒店管理公司"暨"十大中国酒店品牌"称号。

2011 年 6 月　北京东交民巷饭店签订委托管理合同，是公司在北京的第一家委托管理酒店。

2011 年 7 月　公司获得中国旅游饭店业协会 2010 年中国饭店业"最具规模的 30 家饭店管理公司（集团）"荣誉称号。

2012年

2012 年 2 月　朱莉任公司常务副总经理，兼任公司项目发展部总经理；李明任公司副总经理，兼任郑州瑞景中州国际饭店总经理；桂焱秋任公司总工程师，兼任公司工程技术部总经理；刘畅任公司总经理助理，兼任开封中州国际饭店总经理。

2012 年 3 月 18 日　集团获得第十二届中国饭店金马奖"十佳中国酒店管理公司"暨"十大中国酒店品牌"称号。

2012 年 3 月　公司获得中国酒店星光奖 2011"中国最佳酒店管理集团"称号。

2012 年 5 月　与海南陵水乐龄中州国际大饭店签订委托管理合同，是公司在省外首家中州国际大饭店品牌店。

2012 年 6 月　公司获得中国旅游饭店业协会 2011 年中国饭店业"最具规模的 30 家饭店管理公司（集团）"荣誉称号。

2012 年 8 月　与登封中州华鼎饭店签订委托管理合同，是公司首家中州华鼎品牌店。

2012 年 12 月 20 日　河南中州国际酒店管理集团有限公司成立。

2013年

2013 年 3 月 23 日　集团荣获第十三届中国饭店金马奖"十佳中国酒店管理公司"称号。

2013 年 9 月　集团获得中国旅游饭店业协会 2012 年中国饭店业"最具规模的 30 家饭店管理公司（集团）"荣誉称号。

2013 年 9 月 28 日　集团旗下四星级酒店信阳信合中州国际饭店荣膺国家"四星级旅游饭店"揭牌仪式举行，集团董事长王志出席仪式并致辞。

2013 年 9 月 30 日　集团董事长王志先生接受河南酒店网专访，对再度入围年度最具规模中国酒店集团 30 强进行深度交流。

2013 年 10 月 26 日 河南省人民政府副省长张广智在相关领导陪同下到集团旗下四星级饭店云南腾冲丰胜中州颐和酒店视察并指导工作。

2013 年 10 月 31 日 中州商务酒店漯河运跃店举行开业庆典仪式，集团常务副总经理朱莉出席仪式并致辞。

2013 年 12 月 12～13 日 集团在 2013 年中国饭店业发展高峰论坛荣获中国饭店业杰出奖"2013 中国杰出本土酒店管理公司（集团）"。

2014年

2014 年 1 月 1 日 云南腾冲丰胜中州颐和酒店开业庆典隆重举行，集团领导出席并致辞。

2014 年 1 月 7 日 帕劳之星中州国际海上度假酒店签约仪式在中州皇冠假日酒店举行。集团与帕劳之星泛太（集团）有限责任公司完美联姻，开创了中国本土民族酒店品牌首度落户帕劳共和国的先河。

2014 年 1 月 12 日 海南陵水乐龄中州国际大饭店一期工程试营业。

2014 年 3 月 19～21 日 集团荣获第十四届中国饭店金马奖"投资方首选中国酒店管理公司"称号；王志董事长荣获"推动行业发展功勋人物奖"。

2014 年 3 月 21～22 日 集团管理层深入海南陵水乐龄中州国际大饭店检查指导工作。

2014 年 6 月 25～27 日 集团获得中国旅游饭店业协会 2013 年度"中国饭店集团 60 强"荣誉称号。

2014 年 6 月 30 日 集团董事、常务副总经理朱莉接受河南酒店网访谈，发表《发展品牌战略 创新管理机制》专题讲话。

2015年

2015 年 1 月 集团旗下郑州绿城中州国际饭店、郑州爱琴海中州颐和酒店、新乡中州颐和酒店盛装开幕。

2015 年 3 月　朱莉任公司常务副总经理，兼任公司项目发展部总经理；李明任公司副总经理，兼任郑州瑞景中州国际饭店总经理；桂焱秋任公司总工程师（享受公司副总经理待遇），兼任公司工程技术部总经理；李维男任公司总经理助理，兼任公司行政人事部总经理。

2015 年 3 月 25～26 日　集团荣膺第十五届中国饭店金马奖“最受消费者欢迎中国民族品牌酒店集团”称号。

2015 年 7 月 8～9 日　集团获得中国旅游饭店业协会 2014 年度“中国饭店集团 60 强”称号。

2015 年 12 月 26 日　天基宾馆加盟集团并正式更名为天基中州颐和酒店。

2016年

2016 年 3 月　集团与杭州米订信息技术有限公司共同合作开发的以酒店移动端预订、促销、互动为指向的集团酒店营销平台——“中州国际酒店管理集团移动互联网营销系统（GMSS）”正式上线。

2016 年 3 月 10 日　集团与开封兰考中澳中州颐和酒店全权委托管理签约仪式成功举行。这是集团在开封区域管理的第六家品牌连锁酒店。

2016 年 3 月 16～18 日　集团荣获第十六届中国饭店金马奖“中国最具发展潜力酒店集团”称号。

2016 年 3 月 31 日　集团与小浪底水利枢纽风景区旅游服务合同签约仪式在黄河小浪底旅游开发有限公司举行。这是集团继 2014 年 8 月与黄河水利水电开发总公司“联姻”管理小浪底中州国际饭店基础上，再次与黄河小浪底旅游开发有限公司开展深度合作。

2016 年 5 月 1 日　集团正式签约海口大鹏中州国际饭店，成功接管温德姆酒店集团旗下的戴斯品牌酒店。

2016 年 6 月 19 日　新疆哈密禾禾中州国际饭店揭牌仪式举行，这标志着河南省开展"豫哈丝路行——旅游援疆 1+1 结对帮扶活动"再结新硕果。

2016 年 7 月 20～21 日　集团蝉联中国旅游饭店业协会 2015 年度"中国饭店集团 60 强"荣誉称号。

2016 年 9 月 8 日　集团与郑州信息工程职业学院校企合作签约暨揭牌仪式成功举行。

2016 年 12 月 12 日　集团旗下开封中州国际饭店荣获"全国旅游系统先进集团"荣誉称号。

2017年

2017 年 1 月　海口大鹏中州国际饭店挂牌。

2017 年 1 月　五星级经典奢华主题文化酒店登封中州华鼎饭店试运营。

2017 年 2 月　朱莉任公司常务副总经理，兼任公司项目发展部总经理；李明任公司副总经理，兼任郑州瑞景中州国际饭店总经理；桂焱秋任公司总工程师（享受公司副总经理待遇），兼任公司工程技术部总经理；李维男任公司总经理助理，兼任公司行政人事部总经理；王新全任公司总经理助理，兼任公司运营管理部总经理。

2017 年 2 月 9 日　集团与河南美景集团郑州美景置业有限公司签约郑州美景中州国际饭店项目。这是集团在郑州区域布局管理的第 10 家中州国际饭店品牌连锁酒店。

2017 年 3 月 1 日　集团正式签约商丘永城汉宫中州华鼎饭店，是继登封中州华鼎饭店挂牌之后的第二家中州华鼎品牌店。

2017 年 3 月　集团与河南检察职业学院签署"校企合作"协议。

2017 年 3 月 16 日　集团正式签约三亚强远中州国际大饭店。

2017 年 3 月 21～23 日　集团荣获第十七届中国饭店金马奖"中国最具投资价值酒店品牌"称号；王志董事长荣获"中国酒店业年度十大影响力人物"称号；集团常务副总经理朱莉荣获"中国酒店业新领军人物"称号。集团旗下多家酒店揽获第十七届中国饭店金马奖"中国最佳建筑设计酒店"

等多项大奖。

2017 年 5 月 1 日　黄河生存岛·中州景秀度假村正式挂牌。

2017 年 5 月 3 日　集团与河南东方天中伟业实业有限公司签约平舆上河城中州国际温泉酒店项目，是集团在豫南签约的规模最大、服务项目最全、以温泉为主题的项目。

2017 年 5 月 8 日　集团与乐东佛罗新丹假日酒店正式签约海南乐东中州景秀度假酒店项目。

2017 年 6 月　集团与国内知名 PMS 服务商杭州绿云签约，携手打造集团智能管理、智慧营销平台，开启酒店集团发展变革新篇章。

2017 年 6 月 7 日　集团与河南航天集团再度"联姻"，正式签订开封中州国际华悦饭店全权委托管理合同。这是继与开封中州国际饭店投资方河南航天集团成功合作十年之后，继续深入合作的第二家五星级饭店，也是集团在开封区域管理的第七家品牌连锁酒店，是开封市区继开封中州国际饭店等三家五星级酒店之后的第四家按照五星级标准建造的饭店。

2017 年 6 月 20 日　集团组织在海南陵水乐龄中州国际大饭店成功召开集团海南区域饭店联席会议。

2017 年 7 月 3 日　集团形象宣传片首发。

2017 年 7 月 19～20 日　集团蝉联中国旅游饭店业协会 2016 年度"中国饭店集团 60 强"荣誉称号。

2017 年 7 月 7 日　集团与中力国际投资集团顺利签约濮阳中力中州国际饭店项目，这是集团首次进入豫北城市濮阳。

2017 年 7 月　集团与黄河小浪底旅游开发有限公司签订《战略合作框架协议书》。

2017 年 8 月 9 日　洛阳栾川天河中州国际度假酒店隆重揭牌，这是集团在洛阳区域开业运营的第四家品牌连锁酒店。

2017 年 8 月 18 日　集团与香港锦垣集团正式签约淮阳中州华悦饭店（五星级）、淮阳羲皇中州国际饭店（四星级）两个项目。

2017 年 9 月 16 日　为期两天的嵩山论坛 2017 年会在登封中州华鼎饭店

举行，世界多元文化的学术代表、海外华文媒体等嘉宾聚首中岳嵩山。

2017 年 8 月 20 日至 9 月 5 日　集团与郑州旅游职业学院联合开展"双师型"教育培养培训活动。

2017 年 9 月　集团与广州金房卡科技公司签订《战略合作协议书》。

2017 年 10 月　郑州大学旅游管理学院特聘教授王志董事长应邀为郑州大学旅游管理专业本科生就酒店行业前沿发展和个人职业发展做题为《坚持成就梦想　坚守创造传奇》的讲座。

2017 年 10 月　王志董事长当选河南财经政法大学校友会 MBA 分会副会长，并被聘为河南财经政法大学工商管理专业硕士企业家导师。

2017 年 10 月 27 日　鹤壁中州华悦饭店项目签约仪式在鹤壁迎宾馆举行。集团第二家五星级酒店中州华悦饭店落户鹤壁。

2017 年 11 月 10 日　集团 2017 年工作会议在郑州绿城中州国际大饭店举行，集团领导、总部各部室经理级以上人员、集团各区域总经理、项目总经理等 60 余人出席了本次会议。

2017 年 11 月 16 日　淮阳中州华悦饭店奠基仪式隆重举行，集团董事长王志及集团董事、常务副总经理朱莉参加了奠基仪式。

2017 年 11 月 28 日　集团与河南御玺酒店有限公司正式签约郑州御玺中州国际饭店。至此，集团在郑州区域布局管理的旗下品牌酒店仅"中州国际饭店"已达 11 家。

2017 年 11 月　集团微信运营平台正式上线。

2017 年 12 月 6 日　集团与信阳新港饮食有限公司签约信阳明港中州国际饭店项目。

2017 年 12 月 26 日　王志董事长一行赴海南，对集团海南区域旗下多家品牌酒店进行为期一周的检查指导工作。

2017 年 12 月　集团荣获 2017 年度"中国品牌连锁饭店集团（管理公司）品质榜 20 强"荣誉称号。

2018年

2018 年 1 月 18 日　集团与郑州科技学院签约郑州科院中州颐和酒店项目。

2018 年 2 月 8 日　集团与新乡封丘鸿基酒店有限公司正式签订鸿基中州国际饭店全权委托管理合同。

2018 年 3 月 21~23 日　集团荣获第十八届中国饭店金马奖“最受消费者欢迎中国民族品牌酒店集团”称号；王志董事长荣获“全球文旅及酒店业影响力人物”奖；集团董事、常务副总经理朱莉荣获“中国酒店业新领军人物”奖。集团旗下多家酒店揽获第十八届中国饭店金马奖“中国最佳卓越服务酒店”等多项大奖。

2018 年 3 月 21 日　董事长王志率领集团管理层、部分酒店业主及业主代表和旗下十四家酒店总经理组团深入海南酒店市场考察调研。

2018 年 3 月 31 日　集团与夏邑万力置业有限公司正式签约栗城中州国际饭店。

2018 年 5 月 11~13 日　集团荣获 2018 年全球旅游业金樽奖“全球酒店业最具影响力品牌”企业奖；董事长王志获得 2018 全球旅游业“马可波罗勋章”奖。

2018 年 5 月 18 日　集团与河南检察职业学院的校企合作签约暨揭牌仪式举行，集团成为河南检察职业学院教学实训基地。

2018 年 5 月　集团在迈点研究院发布的《2018 年 5 月中国旅游住宿业品牌 100 强榜单》中迈点品牌指数为 231.93，位列中国旅游住宿业国内高端品牌 100 强第 13 位。

2018 年 6 月 29 日　集团与信阳涌丰置业有限公司签约信阳中州华舍·郝堂溪园别墅酒店项目。

2018 年 7 月 16 日　集团蝉联中国旅游饭店业协会 2017 年度“中国饭店集团 60 强”荣誉称号，是自 2013 年度首次发布“中国饭店集团 60 强”

以来连续五年获得这一殊荣。

2018 年 7 月 18 日　董事长王志率团考察上海费尔蒙和平饭店等上海外滩高端酒店。

2018 年 8 月 3 ~ 14 日　集团与郑州旅游职业学院"双师型"教育培养培训活动成功举行。

2018 年 9 月 4 日　集团与香港金怡国际集团签约高阳山温泉度假区中州华鼎饭店全权委托管理合同。

2018 年 9 月 19 日　集团董事、常务副总经理朱莉在中国旅游业女性发展论坛，荣获"新时代中国旅游业杰出女性管理菁英"称号；集团旗下鹤壁迎宾馆执行总经理宋红艳、焦作迎宾馆总经理侯珺颉荣获"新时代中国旅游业杰出女性服务楷模"称号。

2018 年 10 月 1 日　郑州中州华舍 CBD 会展中心店正式开业。

2018 年 11 月 9 日　河南（郑州）国际现代农业博览会在郑州国际会展中心开幕，集团董事长王志荣膺"河南休闲农业与乡村旅游推动力人物"称号；集团旗下高端民宿项目信阳中州华舍·郝堂溪园荣获"河南休闲农业与乡村旅游最佳潜力奖"。

2018 年 11 月 4 ~ 16 日　中国旅游饭店业协会第八届二次理事会暨行业发展论坛召开。王志董事长被中国旅游饭店业协会参会理事全票表决增补为常务理事。

2018 年 11 月 18 ~ 20 日　集团荣获中外酒店白金奖"中国最具品牌影响力酒店集团"称号。

2018 年 11 月 27 日　集团与信阳淮滨秦淮国际大酒店有限公司顺利签约，原秦淮国际大酒店更名为秦淮中州国际饭店，正式加盟中州国际酒店集团。

2018 年 12 月 7 日　集团荣获河南省旅游协会首届金樽奖"河南省最具品牌价值酒店管理公司"称号；王志董事长荣获"河南省旅游饭店业领军人物"称号。

2018 年 12 月 9 日　中州颐和酒店旗舰店——中州颐和酒店河南大学店正式揭牌。

2018 年 12 月 13 日 郑州空港中州国际饭店正式揭牌。是集团公司布局郑州航空港经济综合实验区，郑州区域第 12 家“中州国际饭店”品牌酒店。

2018 年 12 月 13 日 集团与南阳桐柏水濂洞酒店有限公司签约水濂中州颐和酒店。

2018 年 12 月 28 日 集团荣获中国酒店业金象奖“最佳酒店管理集团”称号；王志董事长荣获“最具影响力人物”称号；集团董事、常务副总经理朱莉荣获“卓越贡献人物”称号。

2019年

2019 年 1 月 17 日 集团荣获河南省旅游协会“河南省旅游行业最具影响力品牌企业”称号；董事长王志荣获“河南省旅游行业杰出贡献奖”。

2019 年 1 月 26 日 淮阳中州华鼎饭店奠基仪式隆重举行，集团董事长王志和集团董事、常务副总经理朱莉等参加了奠基仪式。

2019 年 1 月 27 日 信阳明港中州国际饭店盛大开业。

2019 年 3 月 1 日 集团与河南检察职业学院校企合作首届实习生见面会在集团总部举行。

2019 年 3 月 16 日 2019 河南地区皇金管家服务研讨会在登封中州华鼎饭店举行，集团董事长王志等出席本次研讨会。

2019 年 3 月 29 日 中国旅游饭店业协会第八届三次常务理事会在杭州召开，集团董事长王志出席本次会议。

2019 年 3 月 26~29 日 集团荣获第十九届中国金马奖多项大奖：集团荣获第十九届中国金马奖“十佳中国酒店管理公司”称号；集团董事长王志荣获“改革开放 40 年全球文旅产业功勋人物”、“全球文旅及酒店业影响力人物”称号；集团董事、常务副总经理朱莉荣获“中国酒店业新领军人物”称号。集团旗下十七家酒店揽获多项大奖。

2019 年 4 月 11~12 日 集团荣获 2018~2019 中国酒店业金光奖“中国酒店业最具影响力本土酒店集团”称号；集团董事长王志荣获“中国酒店

业杰出领袖人物"称号；集团董事、常务副总经理朱莉荣获"中国酒店业杰出女性人物"称号。

2019 年 4 月 23 日　登封中州华鼎饭店荣膺五星级旅游饭店。至此，河南省内挂牌五星级饭店共 21 家，集团直管五星级饭店独占 3 家。

2019 年 5 月 9 日　中国旅游协会组织的 2019 地方旅游协会座谈会在郑州绿城中州国际大饭店召开，中国旅游协会副会长兼秘书长张润钢主持会议，集团董事长王志出席此次会议。

2019 年 5 月 11 日　王志董事长在郑州大学 MBA 大讲堂举行主题演讲。

2019 年 5 月 20 日　集团迎来首个"品牌日"。

2019 年 5 月 18~19 日　集团应邀出席 2019 全球文旅产业论坛暨 2019 全球酒店业文化产业高峰论坛和第十一届全球旅游业金樽奖、马可波罗勋章颁奖盛典，集团揽获 2019 年度金樽奖"全球酒店业最佳酒店管理集团"奖，董事长王志主持新中国成立 70 周年特别对话《文旅产业的下一个黄金十年》分论坛并获得新中国成立 70 周年"文旅产业杰出贡献人物"奖。

2019 年 5 月 23 日　集团与河南省新华书店文化发展有限公司正式签约郑州新华中州国际饭店项目。

2019 年 5 月 29 日　集团与熊客智能沙发科技有限公司签订休闲产品开发战略合作协议。

2019 年 6 月 27~29 日　集团蝉联中国旅游饭店业协会 2018 年度"中国饭店集团 60 强"荣誉称号。

2019 年 7 月 13 日　王志董事长在河南财经政法大学 MBA 学院作主旨演讲。

2019 年 7 月 18 日　集团与河南金玉满堂餐饮管理有限公司签约新乡金玉满堂中州国际饭店，是集团公司在新乡区域布局的第五家酒店，也是集团在新乡市主城区布局的首家"中州国际饭店"品牌。

2019 年 7 月 23 日　集团与郑州市天河实业投资集团签约中州悦隐·大槐树四合院民宿及大熊山中州景秀度假村项目。

2019 年 7 月 29 日　集团 2019 年官微纪念款中州行权益金卡上线。

2019 年 8 月 12 日　集团与河南金玉满堂餐饮管理有限公司签约洛阳金玉满堂中州国际饭店明堂景区店。

2019 年 8 月中旬　王志董事长应邀出席河南文旅产业发展座谈会，以《中原逐鹿，打造河南文化旅游 IP》为题做了精彩发言，并向副省长戴柏华详细汇报了集团在酒店集团化建设、酒店加景区的跨界融合实践、民宿品牌打造等方面取得的成绩和经验，针对促进河南文旅产业融合发展等方面提出了一些建设性的意见和建议。

2019 年 8 月 21 日　集团与周口中州颐和酒店有限公司成功签约周口中州颐和酒店全权委托管理合同。

2019 年 9 月 4~6 日　由中国旅游饭店业协会、北京中瑞酒店管理学院主办，集团公司承办的"2019 年首期高级贴身管家培训班"在郑州新华中州国际饭店成功举办。河南省旅游协会秘书长滑蕾、集团董事长王志出席开班仪式并致辞。

2019 年 9 月 17 日　新华书店"尚书房"开业仪式暨《赋说中原》签售活动在开封中州颐和酒店举行，集团与新华书店携手开启了酒店、高校、新华书店三者相结合的合作方式。

2019 年 9 月 25 日　王志董事长出席中国旅游协会与鹤壁市人民政府战略合作框架协议签订仪式。

2019 年 9 月 26 日　集团总工桂焱秋当选河南省旅游协会民宿与精品酒店分会副会长。

2019 年 10 月 11 日　王志董事长赴京出席"不忘初心、牢记使命"主题教育行业调研座谈会并作精彩发言。

2019 年 10 月 19 日　集团与新西兰 GOODHEALTH TECHNOLOGY LIMITED 在郑州顺利签订战略合作协议，集团品牌家族之高端民宿品牌中州悦隐正式落户美丽的南太平洋岛国——新西兰。这是继 2014 年集团首次走出国门，与帕劳之星泛太集团成功签约帕劳共和国帕劳之星中州国际海上度假酒店和帕劳中州贝客薇莱别墅酒店后中州国际品牌实现了又一次海外跨越。

2019 年 11 月 6~7 日　集团经营管理论坛在焦作迎宾馆顺利举行，集团领导、总部相关部门负责人、集团旗下项目总经理及经营部门总监等 50 余人出席。

2019 年 11 月 30 日　集团形象宣传片 2019 年升级版震撼上线。

2019 年 12 月 13 日　在中国旅游饭店业协会第八届三次理事会上，王志董事长全票补选为中国旅游饭店业协会副会长。

2019 年 12 月 27 日　王志董事长出席河南酒店领袖团"赢销中原 2020"暨亚太赢销酒店联盟聘任仪式并作开场致辞。

2019 年 12 月　集团与河南通许龙成置业有限公司签约开封通许龙成中州国际饭店项目；与河南庞兴置业有限公司签约开封尉氏中州颐和酒店项目；与鹤壁淇滨区签订中州国际饭店投资协议。

2019 年 12 月　集团获得河南省文化和旅游厅、河南省旅游协会颁发的"河南省旅游行业特别贡献奖"。

2020 年

2020 年 1 月　集团与春晖建设集团有限公司签约信阳潢川中州华悦饭店项目；与洛阳嘉悦酒店管理公司签约洛阳中州颐和酒店项目。

2020 年 2 月 12 日　集团发布中州国际防控新冠肺炎疫情工作手册。

2020 年 2 月 18 日　集团与云南腾冲市云隐山房客栈有限公司签约腾冲中州逸景客栈·云隐山房项目，是继丰胜中州颐和酒店后在云南布局管理的第二家休闲度假连锁酒店。

2020 年 3 月　搜狐河南发布行业发展"我有话说"之王志董事长专访。

2020 年 3 月 13 日　集团向重疫区捐赠抗疫紧缺物资。

2020 年 5 月 11 日　集团抖音账号正式上线。

2020 年 5 月 21 日　集团公司联合河南一电教育科技有限公司举办"庆六一·献爱心"公益活动，为 100 个幼教机构及 100 名 3～7 岁学龄前儿童赠送品质消毒防疫用品及提供其他优质服务。

2020 年 6 月　集团董事长王志出席河南省旅游饭店行业主题座谈会并

发表讲话。

2020 年 6 月 18~19 日 集团蝉联第二十届中国金马奖，荣获"投资方首选中国酒店集团"称号；集团董事长王志荣获"中国酒店业十大影响力人物"称号。

2020 年 6 月 22 日 集团与北京乐创酒店管理有限公司签署战略合作协议，共同开发"中州有戏"电影酒店品牌项目。

2020 年 7 月 11 日 由集团公司、有戏电影酒店、网易河南酒店频道主办的"新文化 IP+酒店跨界融合——2020 酒店业总经理品牌分享会"在郑州新华中州国际饭店举行。

2020 年 7 月 19 日 王志董事长应邀出席河南省文旅厅跨省旅游专题工作会议并作为河南旅游饭店业的行业代表发言。

2020 年 7 月 27 日 集团董事、常务副总经理朱莉出席省文旅厅"老家河南　清凉一夏"活动并发言。

2020 年 7 月 28 日 集团与河南金玉满堂餐饮管理有限公司签约漯河中州国际饭店项目。

2020 年 8 月 17 日 集团与洛宁县人民政府正式签约洛阳洛宁五星级中州华悦饭店项目。

2020 年 8 月 22~23 日 集团蝉联中国旅游饭店业协会 2019 年度"中国饭店集团 60 强"荣誉称号。

2020 年 8 月 21 日 集团董事、常务副总经理朱莉出席文化和旅游部复工复产座谈会并发言。

2020 年 9 月 9 日 王志董事长出席中国·河南招才引智创新发展大会。

2020 年 10 月 22 日 集团与郑州财经学院合作签署校企合作协议。

2020 年 11 月 14 日 集团董事、常务副总经理朱莉任河南省旅游协会旅游饭店业分会副会长。

2020 年 11 月 12 日 集团与驻马店新蔡县飞龙国际酒店正式签约，新蔡飞龙国际酒店更名为飞龙中州国际饭店。

2020 年 12 月 17~19 日 王志董事长出席中国旅游饭店业协会第八届四

次理事会暨 2020 年饭店行业发展论坛，并主持饭店行业发展论坛第一单元。

2020 年 12 月　"中州国际饭店"上榜迈点研究院 2019~2020 年华中地区酒店品牌影响力 50 强前三名。

2020 年 12 月 28 日　集团与京悫酒店管理（北京）有限公司签订北京北方佳苑饭店委托管理协议，成为继北京东交民巷饭店之后集团战略布局首都北京的第二家四星级饭店。

2021年

2021 年 1 月 18 日　三亚班兰中州国际大饭店开始内部试运营。

2021 年 1 月 31 日　周口中州颐和酒店隆重开业。

2021 年 3 月 17 日　集团与开封发展投资集团举行项目合作座谈会。

2021 年 3 月 17 日　王志董事长应邀出席省总工会龙祥宾馆升级改造方案论证会。

2021 年 3 月 20 日　王志董事长等领导出席河南省旅游饭店业第二届"金樽奖"颁奖典礼并为获奖集体和个人颁奖。

2021 年 3 月 29 日　王志董事长应邀出席"第三十届上海国际酒店及餐饮业博览会"开幕仪式，并为获奖单位颁发 2021 年度"觅乐"TOP10 酒店餐饮产品创新奖。

2021 年 4 月 22 日　集团与建业集团达成战略合作。

2021 年 5 月 28~30 日　集团荣获第二十一届中国金马奖"中国最具社会责任酒店集团"称号；集团董事长王志荣获"中国酒店业年度影响力人物"荣誉称号；集团董事、常务副总经理朱莉荣获"中国酒店业最佳创新人物"荣誉称号。集团旗下八家成员酒店揽获多项大奖。

2021 年 5 月 21 日　集团更名为：河南中州国际酒店集团有限公司。

2021 年 6 月 3 日　洛宁中州华悦饭店奠基仪式圆满举行。

2021 年 6 月 21~22 日　集团获得中国旅游饭店业协会 2020 年度"中国饭店集团 60 强"荣誉称号。

2021 年 7 月 10 日 王志董事长在河南省旅游协会第五届会员代表大会上当选河南省旅游协会执行会长。

2021 年 7 月 16 日 集团签约新密中州悦隐·伏羲山会盟山居。

2021 年 7 月 20 日 集团董事长王志被全国星评委聘为国家级星评员。

2021 年 9 月 28 日 集团与安阳市政府签署文旅产业战略合作协议。

2021 年 10 月 25 日 巩义市首家五星级中州华悦饭店落地苏商置业智荟城。

2021 年 11 月 5 日 在河南省旅游协会第五届理事会第二次会长会议上,集团荣获河南省旅游协会"7·20 防汛救灾先进单位"称号。

2021 年 12 月 16~17 日 集团荣获 2021 第十三届五洲钻石奖"年度品牌酒店集团发展及投资价值奖";王志董事长被授予"中国文旅产业年度杰出企业家"荣誉称号。

2021 年 12 月 27 日 在中国旅游饭店业协会第九届会员代表大会暨九届一次理事会上,王志董事长再次全票当选中国旅游饭店业协会副会长。

2021 年 12 月 30 日 集团与河南旅辰旅游开发有限公司签约信阳何家寨露营民宿基地项目,联手打造何家寨中州国际度假野奢帐篷酒店及中州悦隐悬崖民宿、中州悦隐城堡民宿。

2022年

2022 年 2 月 10 日 集团与河南郑州安视博科技有限公司正式签约中州华悦五星级酒店项目,喜迎 2022 年虎年开门红。

2022 年 3 月 3 日 王志董事长出席"2022 酒店数智化转型及双碳目标高峰论坛"并致辞。

2022 年 4 月 29 日 新密中州悦隐·伏羲山会盟山居揭牌营业。

2022 年 7 月 5~7 日 集团荣获第二十二届中国金马奖"卓越影响力酒店集团"称号,这是集团连续 13 年荣获中国金马奖;集团董事长王志荣获"中国酒店业年度影响力人物"称号;集团董事、常务副总经理朱莉荣获

"中国酒店功勋奖"称号。集团旗下成员酒店新密伏羲山中州悦隐·会盟山居荣获"卓越创意设计民宿"称号。

2022年7月17日　淮阳中州华悦饭店隆重开业。集团董事长王志和集团董事、常务副总经理朱莉及有关领导出席开业典礼，共同见证中州国际酒店集团与淮阳区的共赢新篇章。

2022年12月　集团获得中国旅游饭店业协会2020年度"中国饭店集团60强"荣誉称号。

2023年

2023年1月12日　王志董事长出席由河南省文化和旅游厅主办、河南省旅游饭店业协会承办的"春满中原　老家河南"新年美食季启动仪式并致辞。

2023年2月6日　朱莉任集团执行总经理。

2023年2月6日　李明任集团副总经理；桂焱秋任集团总工程师；李维男任集团总经理助理，兼任集团行政人事部总经理；王新全任集团总经理助理，兼任集团品牌管理部总经理；李德珩任集团投资运营部总经理。

2023年3月9日　集团宣传片VERSION 3.0震撼上线。

2023年3月20~22日　王志董事长应邀率团出席中国旅游饭店业协会第九届二次理事会扩大会暨中国饭店行业发展论坛。

2023年4月22日　《低碳酒店碳标签评价技术规范》标准工作组成立暨第一次工作会议在北京召开，王志董事长作为标准编制工作组创始委员应邀出席了本次工作会议。

2023年4月23日　王志董事长出席河南省旅游饭店业第三届"金樽奖"颁奖典礼并致辞。集团荣获"最具投资价值酒店品牌"奖；集团旗下酒店共荣获十六项集体奖。会上，集团与中国电信股份有限公司河南分公司签署了中国电信翼云居商旅平台战略合作协议。

2023年4月23日　王志董事长出席河南春季文化和旅游大集开集仪式

并签约文旅产业战略合作协议。

2023 年 4 月 23 日 2023 年河南省文化旅游"拼经济·促消费"座谈会在郑州召开。集团董事长王志代表河南省旅游协会及集团公司出席本次座谈会并就行业发展的新趋势进行发言。

2023 年 5 月 12 日 王志董事长应中国佛教协会副会长、少林寺方丈释永信法师的邀请，率集团管理层赴登封嵩山少林寺景区考察调研、洽谈合作项目。

2023 年 5 月 25～27 日 集团荣获第二十三届中国金马奖"卓越影响力酒店集团"奖；集团董事长王志荣获"中国酒店业年度影响力人物"称号；集团董事、执行总经理朱莉荣获"中国酒店杰出总裁"称号。集团旗下成员酒店揽获多项集体及个人奖项。

2023 年 5 月 26 日 集团被聘为河南省公安与司法骨干职业教育集团副理事长单位。

2023 年 6 月 9 日 集团签约信阳淮河饭店、新疆阿勒泰中州颐和酒店两个项目。

2023 年 6 月 24 日 王志董事长当选为河南财经政法大学校友会 MBA分会会长。

2023 年 7 月 2～4 日 集团获得中国旅游饭店业协会 2022 年度"中国饭店集团 60 强"荣誉称号。

2023 年 10 月 8 日 集团签约信阳中州悦隐·南湖山居项目。

2023 年 10 月 26 日 王志董事长出席"冬游中原·老家河南"旅游季暨驻马店旅游之夜启动仪式。

2023 年 11 月 9～10 日 集团董事、执行总经理朱莉当选全国工商联房地产商会酒店文旅分会、亚太酒店协会副会长。

2023 年 11 月 29 日 集团在 2023 迈点文旅住宿节暨第五届文旅投资运营大会上，荣登 2023 年度"中国酒店集团规模榜 TOP60"。

2023 年 12 月 10～12 日 集团在中国旅游饭店业协会九届第三次理事会扩大会暨中国饭店行业发展大会上，荣获中国旅游饭店业协会"2023 年度最佳协作伙伴奖"。

2023 年 12 月 20 日 王志董事长出席冬游中原·河南旅游饭店美食推广活动启动仪式并致辞。

2023 年 12 月 26 日 开封中州国际饭店顺利通过第三次全国五星级饭店评定性复核检查工作。

2023 年 12 月 27 日 由河南省旅游饭店业协会联合国内优秀协会与行业平台共同举办的"2023 年旅游饭店业创新发展大会"在郑州召开。集团董事长王志出席会议并致辞;集团董事、执行总经理朱莉出席会长会议并作为颁奖嘉宾出席了颁奖典礼,为获得"旅游饭店业品质服务最佳婚礼酒店"奖项的酒店颁奖。集团旗下多家成员酒店荣获"2023 年旅游饭店业品质服务奖"。

2024年

2024 年 1 月 集团获得河南省文化和旅游厅、河南省旅游协会颁发的"河南省旅游行业突出贡献奖"。

2024 年 2 月 25 日 集团 2023 年度工作会议在郑州新华中州国际饭店圆满召开,集团领导和总部各部室人员及来自全国各地的集团旗下酒店职业经理人 160 余人出席本次会议。

2024 年 3 月 20 日 集团与河南省杂技家协会签署战略合作框架协议。

2024 年 3 月 11 日 集团与中国嵩山少林寺少林接待中心合作签约仪式在少林寺成功举行。双方合作后,少林接待中心将冠名"中州国际少林大饭店",并全权委托集团管理。

2024 年 3 月 22 日 集团董事、执行总经理朱莉当选为河南省旅游饭店业协会女总经理专委会会长。

2024 年 4 月 2 日 王志董事长授聘为"中国民族品牌饭店"评定委员会专家评委,并作为嘉宾出席以"新质生产力赋能中国民族品牌饭店高质量发展"为主题的圆桌对话。

2024 年 5 月 7～8 日　集团荣获第二十四届中国文旅金马奖“杰出酒店集团”奖；集团董事长王志荣膺“中国酒店年度影响力人物”称号；集团董事、执行总经理朱莉荣膺“中国酒店新锐领军人物”称号。集团旗下成员酒店揽获多项集体及个人奖项。

2024 年 6 月 17～19 日　由中国旅游饭店业协会主办的第二十一届中国饭店集团化发展大会，在无锡成功举办。集团获得中国旅游饭店业协会 2023 年度“中国饭店集团 60 强”荣誉称号，这是集团连续十一年荣获这一殊荣。

图书在版编目（CIP）数据

传承与创新："中州国际"的民族品牌铸就之道 /
陈峥著. --北京：社会科学文献出版社，2024.8.（
新时代河南企业创新发展论丛）. --ISBN 978-7-5228
-3984-4

Ⅰ. F279.245

中国国家版本馆 CIP 数据核字第 2024Z248B7 号

新时代河南企业创新发展论丛

传承与创新："中州国际"的民族品牌铸就之道

著　　者／陈　峥

出 版 人／冀祥德
责任编辑／张铭晏
责任印制／王京美

出　　版／社会科学文献出版社·皮书分社（010）59367127
　　　　　地址：北京市北三环中路甲 29 号院华龙大厦　邮编：100029
　　　　　网址：www.ssap.com.cn
发　　行／社会科学文献出版社（010）59367028
印　　装／三河市龙林印务有限公司

规　　格／开本：787mm×1092mm　1/16
　　　　　印张：15.25　字数：230 千字
版　　次／2024 年 8 月第 1 版　2024 年 8 月第 1 次印刷
书　　号／ISBN 978-7-5228-3984-4
定　　价／89.00 元